بروتوكولات حكماء العرب

نص أدبي بقلم

دكتور محمد عباس

1334هـ

2013 م

إلي شهداء رابعة..

إلى شهداء النهضة..

إلى الشهداء الساجدين..

إلى شهداء المنصة..

إلى شهداء رمسيس..

إلى شهداء أبي زعبل

إلى كل شهدائك يا مصر

....

أهدي هذا العمل..

ليس إهداء

لقد اكتشفت مذهولا أن البطل الرئيسي في
هذا العمل الأدبي يكاد يكون هو الفريق

السيسي.. رغم أنني كتبته دون أن أعرف
حتى اسمه..

بروتوكولات حكماء العرب

-1-

كيف وصلت إليّ هذه البروتوكولات⍰⍰

ليتني كنت أستطيع أن أقول لكم⍰⍰⍰⍰

لكنني ممنوع من التصريح والبوح⍰⍰

قد أستطيع أن أحوم من بعيد وأن أشير وأن ألمح .. لكنني لن أستطيع أبدا أن أبوح وأصرح⍰⍰

ممنوع أنا من أن أمارس المتعة الوحيدة للبؤساء والمكروبين والمساكين .. متعة أن أفضفض بما عرفت وأن أثرثر بما سمعت وأن أحدث عما رأيت⍰⍰

ممنوع⍰⍰

ثم إن هناك مشكلة أخرى أبادر بالاعتراف بها.. وإلا بدا لي أو لكم أنني أتعمد الغموض كي أعطيكم إحساسا كاذبا بأهميتي.. أو أنني أتورط في الكذب عليكم كي أثير المزيد من فضولكم، فما ذكرته على الفور قد يوحي لكم بأنني أعرف الكثير الكثير لكني أخبئ هذا الكثير .. وأخفيه عنكم.. وذلك كله غير صحيح.. فما أشد جهلي بالأمر كله.. حتى أن كل ما أعرفه لم يرو فضولي أنا نفسي ولن يروي بالتالي فضولكم.. بل إنني أعترف أنني أكثر منكم فضولا.. فأنا المعنيُّ بالأمر بل والمتورط فيه دون إرادة مني.. ودون أي سابقة قد تبرر أو تفسر إسناد الأمر إليّ أنا بالذات دون أي واحد منكم⍰⍰

كنت مسكينا من المساكين مثل معظمكم.. حتى فوجئت بالأمر.. وبذلك الشخص المجهول الذي لم أره حتى الآن، وبتلك الرسالة الغامضة التي لا أعرف مبتداها أو منتهاها أو حتى فحواها⍰

لقد حذرني الشخص المجهول الذي أرسل إليّ هذه البروتوكولات من أن أبوح باسمه.. ودهشت من الأمر لأنه في الحقيقة لم يخبرني باسمه????

وحذرني من أن أشير إلى جنسيته رغم أنني لا أعرف من أي البلاد يكون.. كل ما قاله لي أنه من بلاد لا إله إلا الله محمد رسول الله.. وهو بهذا الشكل لم يحدد مكانا ولم يستثن بلدا.. لأنه.. حتى وإن اختلفت الرؤى.. فإن كل البلاد هي بلاد لا إله إلا الله محمد رسول الله بعد أن بلغ الأمر ما يبلغه الليل والنهار فلم يستثن بيت مدر و لا وبر.

لقد نبهني المرسل المجهول ألا أبذل جهدا في محاولة كشف جنسيته بقراءة أختام البريد على المظروف.. قال إن هذه الأختام على المظروف الذي يحتوى على مخطوط هذه الأوراق لا تدل على مكانه .. فقد تعمد أن يرسل المظروف من بلاد غير بلده.. وزيادة في الحرص فإنه لم يرسله بنفسه.. ولم يكن أبدا في البلاد التي أُرسلت الأوراق منها??

لقد حاولت طيلة قراءة هذه الأوراق أن أستنبط من أي البلاد يكون??

في فقرات كنت أهتف: إنه من مصر??

لكنني في الفقرة التالية كنت أهتف: لا.. بل ليبيا.. بل السودان.. بل السعودية.. بل سوريا.. بل الشام.. بل إيران.. بل الهند والسند.. بل بخارى.. بل سمرقند.. بل الداغستان.. بل البوسنة والهرسك.. بل الأندلس.. بل.. بل.. بل.. بل??

وأحيانا كنت أهتف: العرب.. المماليك.. الجراكسة.. التتار.. الفرس.. الأتراك.. البربر??

ولم يقتصر الأمر على ذلك.. لأنني كنت في أحيان أخرى أصيح: هذا هو الملك فلان.. أو الرئيس أو الأمير .. أو الشيخ.. أو الوزير.. أو اللواء ..أو البكباشي.. أو العقيد..أو الجنرال..أو الكاتب??

لكنني أصارحكم القول يا قراء.. أنني في كل مرة كنت أشعر بخيبة أمل فظيعة.. إذ ما أكاد أضع يدي على يقين حتى يختفي.. رغم أن السطور تشف حتى تكاد تنطق.. والمعاني ترق حتى تكاد تُرى.. لكنها لا تنطق أبدا ولا تُرى??

لا أعرف أيضا الفترة الزمنية التي كتبت فيها هذه البروتوكولات.. فأثناء قراءتي لها كنت أظن أحيانا أنها كتبت أمس أو اليوم وأن من كتبها قد تعمد أن يدس فيها أحداثا قديمة تنصلاً مما قد تجره عليه من متاعب .. وفى أحيان أخرى كنت أؤكد أنها كتبت منذ ألف

عام.. لكن المرسل المجهول دس فيها ما حدث بالأمس وما يحدث اليوم وما قد يحدث غدا .. ربما إسقاطا على ما يمكن أن يحدث لنا في المستقبل .. بل أحيانا كان يشير إلى حرب بالصواريخ زمن السيف.. وفي أحيان أخرى كان يرمز إلى حرب بالسيوف زمن الصواريخ.. ولست أدرى لماذا فعل ذلك؟.. لماذا حرص على كل هذا الغموض.. أهو مجرد الإخفاء لأصل نص خطير كهذا؟ .. أم أنه بالغموض يدس تأثير قوة الأسطورة فيما يكتب.. أم.. أم .. أم ؟

على أنني أريد أن أصارح القارئ أيضا.. أن الخط والمداد الذي كتبت به هذه البروتوكولات ليس خطا واحدا ولا لونا واحدا.. بل إن الأغلب أن عشرات الأيدي وربما مئاتها قد اشتركت في كتابتها.. ولقد حاولت حتى بتحليل نوع الورق والمواد الكيماوية المستعملة في هذا المخطوط أن أستكنه منها غموض التاريخ والجغرافيا فعجزت؟!

حاولت واجتهدت وعجزت؟!

كان يلزم للأمر كي يتم مراكز بحث كبرى ومعامل هائلة قائمة على أحدث وسائل التكنولوجيا. ولست واثقا من أن ذلك كله لو كان قد توفر كان كفيلا بحل الأمر؟

هل لو كنتُ جامعة أو مركز أبحاث أو وكر مخابرات أو حتى ملكا أو رئيسا: هل كان هذا سيساعدني على فك هذا اللغز؟

علمي الضئيل وثقافتي المحدودة وأفقي الضيق تخبرني جميعا أن المزيد من المعرفة لا تقلل مساحة الجهل، بل على العكس، كل علم جديد يزيد من إدراكنا لحجم ما نجهل. المصباح الصغير في بقعة ظلام دامس يعطيك دائرة صغيرة من الضوء ويكشف حولها دائرة ظلام أكبر، وكلما اشتدت قوة المصباح ازداد قطر دائرة الضوء وازدادت أيضا مساحة الظلام المحيطة. المعرفة كالمصباح. لاحظوا الآن.. في إطار هذا المثل أنني تكلمت عن مساحة للضوء تمثل قدر علمنا .. وتحيط بها مساحة أكبر بكثير من الظلام المُدرك تمثل جزءا من جهلنا .. دعونا الآن من الظلام غير المدرك.. لأنه محير جدا.. وربما تتشوش عقولكم إذا ما حدثتكم الآن عنه.. فدعونا نَعُدْ إذن إلي ما كنا فيه.. حيث أنني واثق أن قلة الوسائل لم تكن السبب فيما ألمّ بي.. وربما إذن لو توفر لي كل ما أريد من وسائل المعرفة.. لأصبحت حيرتي من الأمر أكثر من حيرتي الآن.. لكنني لا بد أن أعترف.. أنني برغم الحيرة كنت واثقا من شيء ما.. كنت واثقا من أن هناك مخطوطا.. فقد كان في يدي.. وكنت واثقا من أن الأمر جد لا هزل.. وكنت واثقا من المرسل المجهول.. لكنني أعترف أيضا أن هذا اليقين الذي كان غالبا عليّ رغم دواعي الشك ..

إنما هو يقين لا يتعلق بالجهل أو المعرفة .. فحتى اليقين نفسه كان مجهول المنبع.. أو أن منابعه كانت توجد في إطار مساحة الظلام الهائلة المحيطة ببقعة الضوء المحدودة.. ولن نتحدث الآن عن يقين حقيقي إيجابي متفاعل فاعل.. وعن يقين آخر ليس يقينا.. يقين كالسراب.. يريح من لفحه الهجير وشوته الشمس وأضناه العطش فيوهمه أنه أوشك أن يجد الماء.. يقين جبان هش دافعه الرغبة في الركون إلى الراحة والخوف من المواجهة. لا أتحدث عن هذا. أتحدث عن يقين حقيقي?

حاولت أيضا في البداية أن أخمن من يمكن أن يكون قد صاغ هذه البروتوكولات: هل هو ملك أم رئيس أم أمير أم زعيم حزب سياسي أم ضابط مخابرات؟؟!!.. هل هي فلسفة عصابة كعصابات المافيا؟ أو جماعة كجماعات كوبنهاجن؟.. هل هي مؤامرة للاستيلاء على الحكم؟ أم أنها مؤامرة من الحكام كي لا يتركوا الحكم أبدا؟ .. أم أن ذلك كله غير صحيح وليس هذا المخطوط سوى منهج دراسي يدرس للنخب الحاكمة في عالمنا الإسلامي.. منهج يدرس في معهد سريّ لم نسمع به قط.. معهد قد يكون مقره في روما أو لندن أو باريس أو تل أبيب.. معهد لا مبنى له.. لكنه ينتشر كأذرع الأخطبوط أو كالسرطان في عواصمنا.. بحيث لا يكاد أن يكون هناك مسئول لم يتخرج منه??

فكرت أن تكون هذه الأوراق أيضا نص الخطبة الافتتاحية في أحد مؤتمرات القمة السرية التي لم يُعلن عنها.. أو أن ملكا قد كتبها لأبنائه وأحفاده كي ينشبوا مخالبهم في رعاياه أبد الدهر.. أو أنه رئيس.. هل يختلف الأمر??

هل يختلف???

كل ذلك كان مجرد احتمالات.. مجرد احتمالات وعناصر النفي فيها توازى عناصر الإثبات??

لكن ذلك الشخص المجهول الذي أرسل المخطوط إليّ لم يخف عنى أن خفاء هذه البروتوكولات لا يضارعه إلا علانيتها.. وأن كل الناس يعلمون بما فيها لكن لا أحد ينطق ببنت شفة.. قال إنه يفهم أن يتآمر الصياد على الفريسة لكنه لا يفهم أبدا كيف تتواطأ الفريسة معه في التآمر على نفسها.. ولقد صارحني أيضا أنه أرسل ملخصات مختلفات للمخطوط إلى عدد لا حصر له من الكتاب والمفكرين عارضا عليهم أن يحملوا أمانة نشر النص الذي سيرسلهم له لو وافقوا..حدث ذلك دون أي رد فعل منهم.. بل لقد اتصل بهم بعد ذلك – كيف؟ لم يفصح.. – ففوجئ أن أغلبهم وجه إليه أسئلة جعلته لا يشك أن مهنة الفكر والكتابة ليست إلا ستارا لعملهم في الشرطة أو المخابرات.. ولقد

امتنع تماما عن الظهور أمامهم.. فقد كان واثقا أنهم بغض النظر عن العجز والقدرة سيحاولون تسليمه للسلطات.. لم يقل لي المرسل المجهول كيف اتصل بهؤلاء الكتاب والمفكرين.. ولكنني أدرك أنه ما دام قد اتصل بهم فقد يتصل بي في أي يوم ..

يقتلني السؤال: لماذا اتصل بهم ولم يتصل بي.. ولقد فهمت ضمنا أنه يكن لهذه الحثالات البشرية والطفيليات الحيوانية كثيرا من الازدراء والاحتقار.. فلماذا إذن اتصل بهم ولم يتصل بي أنا؟!.. ولماذا أخبرني بكل ذلك فجعل وهم زهو تفردي بهذه البروتوكولات يزول.. ينهش القلق قلبي.. وأهاتف القلب غير المطمئن قائلا: فلتنتظر.. فربما يتصل بك. وها أنذا أنتظر.. أجمع له آلاف الأسئلة وأنتظر??

ملايين الأسئلة لكنى لا أملك إلا أن أنتظر??

هذا هو كل ما أعرف يا قراء وقد قلته لكم??

ما لم أقله لا أستطيع أن أقوله??

فأتوسل إليكم.. ألا تلحوا بأسئلتكم عليّ.. إلا إذا كنتم متواطئين مع الصياد والفريسة.. لأن بوْحي بأكثر مما بحت به قد يعنى هلاكي وهلاك الرسل الذين اشتركوا في توصيل هذه الأوراق إلي??

لذلك – أتوسل إليكم مرة أخرى– أن تقرءوا هذه البروتوكولات كما قرأتها.. ولتلفحكم نيرانها كما لفحتني.. ولتعذبكم كما عذبتني.. ولتتساءلوا كما تساءلت .. ولتفكروا كما فكرت ولتسهروا الليالي كما سهرت ولتبكوا كما بكيت ولتصرخوا كما صرخت وليمسكم الروع كما مسني بل وزلزلني.. فالأمر لا يخصني وحدي.. وما يتعلق بي من هذه البروتوكولات لا يزيد عما يتعلق بكم منها.. لكن قدري هو الذي جعلني مسئولا عن توصيلها لكم.. وهو قدر كان يمكن أن يحيق بأي واحد منكم??

ما أبهظنى .. ما أقض مضجعي.. علمي بأن أوراق هذه البروتوكولات ليست كاملة.. ولا مرتبة.. ولا أنا أستطيع أيضا أن أؤكد أن جميع أوراقها المبعثرة تنتمي لها .. وأن الصدفة أو التعمد لم تضيفا وريقات إليها.. وعلى سبيل المثال.. فإن تلك الورقة التي لا عنوان لها.. والتي سميتها أنا " الاعتراف بالإيمان" لا يمكن ضمها لأي فصل من الفصول.. ولا لأي بروتوكول من البروتوكولات.. لذلك لا أستطيع الجزم.. هل هي من البروتوكولات أم مدسوسة م لا.?

ما أبهظني أيضا وأقض مضجعي.. أن المقدمة والخاتمة قد سقطتا من الأوراق.. بحثت كثيرا فلم أجد.. لو أنني عرفت البداية لفهمت.. ولو أنني عرفت النهاية لعلمت..

تساءلت ... وتساءلت .. .وتساءلت.. و...و...و... وآلاف الأسئلة عجزت عن أن أجيب على سؤال واحد منها.. لذلك أطرحها عليكم كما وصلتني.. فلعل ما عجز عقلي عن فهمه.. تفهمه عقولكم..... فالأمر على أي حال ليس أمري وحدي.. فهو يهمكم كما يهمني.. ليس اهتمام اقتناص فرصة أو النجاح في صفقة أو تجنب شَرَك.. أو الإفلات من خديعة.. وليس أيضا إغراء حل لغز.. لا .. ليس أيا من ذلك.. الأمر أمر حياة أو موت.. بل أكثر من الحياة والموت!!

لا أريد أن أطيل عليكم.. لذلك أختم هذه المقدمة التي أخشى أن تكون قد طالت بالفعل بأن أحكى لكم عن حيرتي في كتابة عنوان هذه السلسلة من المقالات.. فقد كان العنوان الأصلي للأوراق:

"بروتوكولات حكماء العرب"

لكن خطا واضحا نتج عن قلم ما.. عمل بالشطب على كلمة "حكماء" ووضع أعلاها كلمة : " حُكّام ".. لكنني اخترت العنوان الأصلي.. لأغراض لن تخفى عنكم.. ولقد لجأت إلى هذه الحيلة البريئة المسالمة في أضيق نطاق.. لجأت إليها أثناء نسخي للمخطوط.. ولم ألجأ إليها إلا تقية عندما كانت الكلمات تكاد تصرخ: أنا أقصد فلانا!!

إنها عبقرية الصدفة.. أو عبقرية المخطوط.. وهى عبقرية لن أستطيع أبدا أن أقنع بها رجال الأمن وهم يعذبونني ساعة التحقيق.. ولا رجال النيابة وهم يتواطئون مع الشرطة.. ولا رجال القضاء وهم يتواطئون مع رجال النيابة ليحاكمونني.. ولأنني أدرك يا قراء أنه إذا وقعت الواقعة لن يتقدم منكم من يحميني.. وليس هذا قدحا فيكم.. ولا قلة ثقة بكم.. وإنما ببساطة.. لأنه لا أحد منكم يستطيع أن يحمى نفسه أو أهله بله أن يحميني.. لذلك تجوّزت ولا أقول تجاوزت.. فأبدلت كلمة هنا وكلمة هناك.. وحولت الماضي إلى مضارع والمضارع إلى ماض.. ورفعت حرف جر ووضعت آخر.. ولست أخفي عنكم.. أنني أثناء كتابتي لكم.. تكون إحدى عينيّ عليكم.. أما العين الأخرى.. فمركزة على جهاز الأمن الباطش الجبار.. مدركا أنه حتى الشيطان يمكن مقاومته بالاستعاذة منه وقراءة القرآن.. لكن أجهزة الأمن في أنحاء عديدة من عالمنا الإسلامي .. قد أشيع عنها أنها تمزق القرآن.. وتدوسه بالأقدام .. فكيف لا أخاف!!

ها أنذا أكاد أقع في الاستطراد مرة أخرى.. لذلك ألجم فمي.. وأكبح يراعى.. وأوقف تدفقي.. وأمنع خواطري.. لا لخشية الإملال بل مخافة الوقوع في المحظور!!

لذلك أتوقف FR

فلتدلفوا معي إلى الموضوع مباشرة:

البروتوكول الأول:

بسم الله الرحمن الرحيم

سنكون صرحاء ونناقش دلالة كل تأمل، بل كل كلمة، بل كل حرف، بل الصمت نفسه، وسنصل إلى شروح وافية بالمقارنة والاستنباط . وعلى هذا المنهج سأعرض منهج سياستنا.. ويجب أن تتنبهوا أننا إذ نتكلم هنا نتكلم كي نصل إلى أعماق الحقيقة المجردة.. وعليكم أن تنسوا تماما كيف تتحدثون إلى الناس.. حين لا يكون لحديثنا من هدف إلا إخفاء الحقائق.. إننا نتصارح هنا بعقل يختلف اختلافا كليا عن العقل الذي نستعمله في حياتنا العامة.. وعليكم أن تدركوا أن أي خلل في هذا التقسيم سوف يؤدى إلى هلاككم جميعا ..ولعلكم عاينتم بأنفسكم النتائج الفاجعة ونهايات البعض وعواقب الأمور عندما لم يفهم البعض هذه الحقيقة.

أكرر.. وأحذر.. أن الأمل الوحيد في احتفاظكم بأماكنكم هو أن تفكروا بطريقة مختلفة اختلافا كليا عن طريقة تفكير العامة والدهماء والجماهير.. لا أقول لكم أن هذه الطريقة مناقضة لطريقة الناس.. فالتناقض على أي حال يشكل نوعا ما من العلاقة ولو بالاختلاف.. لذلك لا أقول بالتناقض بل أقول أنه لا علاقة بين الطريقتين على الإطلاق.

إن هناك منكم من لا يزال في منصبه منذ عشرين أو حتى ثلاثين عاما.. بل لقد تجاوز البعض في حقب أخرى خمسين عاما.. وهؤلاء قد سمعوا مني أو من غيري قبل ذلك.. لكن حتى هؤلاء سيحتاجون إلى كل تركيزهم معي لأننا نطور خططنا باستمرار.. فالرعاع يطورون خططهم باستمرار.. والسادة

يزيدون من مطالبهم باستمرار.. ولتعلموا من الآن أن ما كان يصلح أمس رغم صحته لا يصلح اليوم.. وأن ما يصلح اليوم لا يصلح للغد .. في إطار من الحركة لا يتوقف.. فلا ثبات ولا دوام..

ثم أن هناك مشكلة أخرى. ذلك أن بعض من كانوا حكاما بالأمس يقبعون اليوم في السجون أو القبور أو معلقين على المشانق.. وأن بعض من كانوا رعاعا انضموا إليكم.. وهذا يزيد مشاكلنا إلى ما غير حد.. ليست مشاكل المضمون والقدرة على متابعته فقط.. بل ومشاكل الشكل والتأمين..

لكن.. من وجهة نظر أخرى فإن الأمر ليس معقدا.. إنه بسيط وسهل وبديهي.. حتى أنكم ستندهشون عندما تفهمونه على الوضع الصحيح.. ستندهشون لعدم فهمكم له هكذا منذ البداية.. فالأفكار مثل المشاهد التي يراها أي واحد منكم وهو يقود سيارته.. إنها تتغير باستمرار.. تتغير كتغير المياه الجارية في نهر فلا يدع لك جريانها الفرصة كي ترى نفس النهر مرتين.. أبدا.. أبدا. . لذلك لا تحكم على وضعين بنفس الحكم أبدا حتى ولو تصورت أنهما متماثلان..

إنني أعلم أن معظمكم لم يقرأ كتابا في حياته.. وأن قدرتكم على فهم التصور الفني للمعاني تكاد تكون معدومة إلا عند واحد وربما اثنين.. لذلك سأستعمل أسهل الألفاظ وأكثر المعاني مباشرة.. وأقول لكم الآن على سبيل المثال أنكم ربما تتخيلون أنكم كلما أوغلتم في المعرفة قلت مساحة جهلكم.. وهذا غير صحيح.. إنه يمكن أن يكون صحيحا في مقرر مدرسي محدود بين دفتي كتاب لو استوعبته فقد استوعبت الأمر كله.. في الحياة.. لا تسير الأمور على هذا المنوال.. بل تسير على العكس.. فكلما ازداد علمكم ازداد إدراككم لحجم جهلكم.. حتى إنهم يقولون أن العالم الحقيقي ليس من يعرف أنه يعلم كثيرا بل من يدرك أنه يجهل كثيرا.. هل يبدو الأمر صعبا عليكم؟ دعوني أعطيكم مثالا يشرح لكم الأمر.. في رحلات الصيد التي تقومون بها في الصحراء.. عندما تشعلون أنوار السيارة المنخفضة فإنكم ترون مساحة

محدودة من الضوء تحيطها مساحة أوسع من الظلام.. فإذا ما أشعلتم الأضواء العالية ازدادت مساحة البقعة المضيئة لكن مساحة الظلام ستزداد أكثر.. هذه القاعدة صالحة إلى ما لا نهاية.. كلما ازدادت قوة المصباح – وأرمز به هنا للمعرفة– ازدادت مساحة الظلام.. التي أرمز بها للجهل.

هناك أمر متصل منفصل.. كان يمكنني تأجيله لموضع آخر.. وفي جلسة أخرى.. لكن ذكره الآن سيوفر علينا بعض الوقت.. لأننا لن نعود إلى التذكير بالخلفية النظرية ولا بتفاصيل المثال.. ذلك أنك لو وجهت هذا الضوء مهما بلغت قوته إلى السماء في ليلة صافية شديدة الظلمة فإنك لن ترى شيئا على الإطلاق لأنكم لا ترون الضوء ذاته بل ترون ما يعكسه أو يمتصه أو يشتته.. وتماما كما أن عماء الأعمى لا يعني تلاشي الموجودات.. فإن ما أريدكم أن تنتبهوا إليه من المثل.. أن الأشياء قد تكون موجودة.. لكنكم لا ترونها. تلك نقطة هامة جدا.. ولكن هناك نقطة أخرى لا تقل أهمية عنها.. لأن العقل البشري الذي قد يعجز عن رؤية ما هو موجود قد يفعل العكس فيتوهم وجود ما هو غير موجود.

أريد أيضا – بداية – أن أنبهكم إلى الخلل الكامن في العلاقة بين الكلمات والمعاني وبين الحقيقة المجردة..

يجب أن تعلموا أن الكلمات والحروف مجرد أشكال.. شفرة.. تعمية.. رموز.. وأنها وحدها لا تعني شيئا.. فالماء مثلا.. ليس مكونا من الميم والألف والهمزة.. لكنه مكون من اتحاد ذرتين من الهيدروجين بذرة من الأكسيجين.. والفرق بين الحروف الثلاثة والذرات الثلاث هو الفارق بين الكلمة كرمز وبين الحقيقة كواقع.. ليس لحروف الكلمة أية علاقة بالذرات المكونة للمادة.. ليس ثمة أي تشابه ولا حتى دلالة.. ولو أننا اصطلحنا اليوم على أن نسمي الماء نارا.. واتفقنا جميعا على ذلك.. وسقنا الناس سوقا عليه.. فإن ذلك لن يؤثر على ذرتي الهيدروجين وذرة الأكسيجين أي تأثير..

هذه واحدة..

الثانية أن لفظة الماء نفسها تعنى مئات المعاني تختلف باختلاف سامعها وباختلاف الوقت.. فالماء بالنسبة لمعظمكم الآن يعنى هذا الكوب البارد الموضوع أمامكم لتشربوه.. أما عندما تعودون إلى مهاجعكم بعد نهاية هذا الاجتماع فهو يعنى دلوا من الماء الدافئ تغتسلون به.. بالنسبة لمرضى العيون قد تكون مياه زرقاء أو بيضاء.. وبالنسبة لمرضى القلب فإنه يعنى على الفور ماء على الرئة ولمرضى الكبد استسقاء ولمرضى الكُلَى بولا محصورا.. بالنسبة للفلاح يختلف الأمر.. لأنه لا بد أن يفكر في الري حين يسمع كلمة الماء.. لكنه يفكر فيه بمعنيين متناقضين.. ففلاح الصحراء يفكر في شحه أو انعدامه وفلاح الوديان يخشى من الفيضان الذي يجرف أمامه كل شيء.. . أما جندي المطافئ فيفكر في ماء يطفئ به حريقا.. لكن زميله .. الجندي الآخر الذي يعمل في سلك الأمن فقد يفكر في الطرق المختلفة التي يجعل بها الماء البارد جدا والساخن جدا أكثر تعذيبا للمتمردين والإرهابيين.. زميلهم الثالث الذي عبر قناة السويس لن يذكر إلا المياه التي سلطوها على الحاجز الرملي لينهار.. عالم البحار سيفكر في شيء آخر .. وهكذا دواليكم..

الكلمات إذن مجرد شفرة ورمز دالّ على معنى وهي لا تكتسب قيمتها إلا بالتواطؤ أو التآمر أو التوافق –سموها كيفما شئتم– مع المتلقي.. وليس هناك أي حكمة أو حصافة في أن نخلص لهذه الرموز إخلاصا أعمى..

على العكس..

إنها حماقة وخيبة وسبيل إلى الهاوية..

لا أقصد بالطبع أن تخرجوا من هذا الاجتماع ليصدر كل واحد منكم مرسوما بقاموس يغير فيه أسماء الأشياء.. تلك أيضا حماقة.. مثل حماقة ذلك الذي أضاف كلمة العظمى إلى بلده الصغيرة، فأصبح مضغة في الأفواه، أو ذلك الذي وضع لافتة كبيرة على السجن المركزي تقول:"دار الحرية" أو تسميتنا لدار الفناء بدار البقاء[1].. لكنني لا أقصد ذلك الآن.. قد أقصده في وقت آخر.. وقد أعود إليه.. وقد لا أعود إليه أبدا.. فالوقت ضيق والمهام

جمة والمشاغل لا تنتهي.. ما أقصده الآن شيء آخر.. لا ينصرف إلى رموز الأشياء بل إلى الحقيقة المادية .. وإلى حقيقة المعنى.. على أن ندرك بداية أن الحقيقة المادية ليست واحدة كما يظن معظمكم.. ذلك أن العقل البشري لا يعمل بطريقة عدسات الكاميرا بل بطريقة ريشة الرسام.. بعدسات الكاميرا تبدو الحقيقة موضوعية ومستقلة عن الذات.. أما بريشة الرسام فنحن لا نرى الحقيقة المجردة بل نرى ما يراه الرسام.. وهو ليس متطابقا بالضرورة مع الحقيقة. ثم إن هذا الكلام ليس صوابا مطلقا.. لأن الموضوعية المنسوبة إلى عدسات الكاميرا ليست كذلك بالضرورة.. فمجرد اختيار الصورة انحياز.. وزاوية اللقطة انحياز.. وإبراز صورة وإخفاء صورة انحياز.. والتحميض وطريقة الطبع ونوع الورق انحياز.. كما أن ما يرسمه الرسام يحوي جزءا من الحقيقة وجزءا من الرسام.. ولنفترض على سبيل المثال أن هذا الرسام يعاني من عمى الألوان.. وأنه ينقل في الصورة التي يرسمها بريشته اللون الأخضر الذي لا يستطيع أن يراه فيضع مكانه اللون الرمادي مفجرا التساؤل هل اللون الأخضر موجود ومستقل عن الذات الإنسانية أم أنه لا يكون كذلك إلا من خلالها وهل الحقيقة الموضوعية المجردة مستقلة عن العقل والحواس أم أنها ما يتصوره العقل والحواس.. ومن خلال هذا التصور فإن الحقيقة المادية تختلف من شخص لشخص ومن مكان لمكان ومن زمان لزمان.. ولابد أن تختلف وإلا ما كنتم هنا.

من هذا المنطلق فعندما أقول كلمة الحرية مثلا.. فلابد أن يختلف المعنى عند الحاكم عنه عند المحكوم.. لا.. ليس مجرد الاختلاف ما أقصده.. بل هو التضاد الكامل.. فعندما نتكلم – فيما بيننا فقط وليس أمام الدهماء – عن الحرية فإننا نقصد حريتنا نحن في الحكم وليس حريتهم.. بل إن أي قدر من الحرية يُمنح لأولئك السوقة هو انتقاص واستلاب لحريتكم يجب ألا تسمحوا به إلا لغرضين: الغرض الأول هو أن تحصلوا على الثمن.. أما الغرض الثاني فهو أن تجيدوا كالبهلوانات السير على حبلين مشدودين في اتجاه معاكس.. لأنكم إن منعتم الحرية تماما عن رعاياكم فإنهم سيثورون عليكم لتفقدوا

الحكم.. فإذا ما أسرفتم في منحهم الحرية سيثورون أيضا عليكم وستفقدون الحكم أيضا.. إن الجماهير كالعبد الخسيس.. إذا جاع سرق وإذا شبع زنى.. لذلك فإنكم مع مثل هذا العبد يجب أن تعطوه من الطعام ما يكفى بالكاد لأغراضكم في استخدامه بحيث لا يجوع ولا يشبع..

نعود إلى المثال الذي تركناه على الفور.. إلى كلمة الحرية.. إن عبقريتكم ونجاحكم يعتمد على استعمال نفس الكلمة للدلالة على المعنيين المتناقضين.. أن تقول الكلمة تقصد بها معنى في رأسك بينما يفهم سامعك نفس الكلمة لكنه يفهم منها المعنى المضاد تماما..

إن الشعوب تندفع كالعجماوات في اتجاه الكلمة التي تعنى معنى مجردا دون أن تتساءل أي تساؤل.. وعندما تلوح لهم بكلمة الحرية على سبيل المثال فإن أحدا لن يسألك: حرية من؟ أنا أم أنت؟ ثم كيف؟ ثم أين؟ ثم ماذا؟ ثم لماذا؟.. لن يسألكم أحد هذه الأسئلة.. رغم أن هذه التساؤلات بعينها هي التي يمكن أن تكشف لهم عن حرية كالماء وحرية كالنار.. وهذا العماء بالضبط هو المقود الذي تقودون به هذه العجماوات.. وعليكم أن تدركوا دائما أن الأعمى إذا قاد أعمى مثله فسيسقطان معا في الهاوية.. وعماء الشعوب ناتج عن مفهومهم المتحجر الجامد لمعنى الكلمات التي ضربنا عليها الأمثلة الآن..

ما ينطبق على كلمة الحرية ينطبق على آلاف الكلمات غيرها.. على ملايين الكلمات.. بل على الكلام كله.. وإنني أريدكم أن تتأملوا كلمتي هذه إليكم – في ضوء المفهوم الجديد وعلى مثال كلمتيْ الماء والحرية – وأن تطبقوا هذا المفهوم على كلمات كالاستقلال والرفاهية والديمقراطية والتنوير والدستور والسلام والحرب والإرهاب والتعصب والتطرف والتمدن والحضارة والتحضر والعلم والجهل والبداوة والتقدم والرحمة والأمن والأمان والأمانة والإيمان والتنوير والعلم ونزاهة الانتخابات وحرية التعبير وحرية المرأة..

عليكم أن تفهموا ما قلت.. فتلك هي الأبجدية التي بدونها لا يستقر الحكم في أيديكم أبدا..

أريدكم الآن وأنتم تسمعوني أن تتخلصوا من كل مفاهيمكم البالية عن الكلمات..

أريدكم أن تعلموا أنه لا يوجد حق وباطل .. ولا خير ولا شر.. ولا أمانة ولا خيانة.. ولا صواب ولا خطأ.. ولا حلال بالطبع ولا حرام–أعتقد أنكم تجاوزتم النقطة الأخيرة منذ زمان طويل بل إن بعضكم لم يؤمن بها أبدا– لا يوجد أي من ذلك.. يوجد فقط قوة وضعف.. مفيد وضار.. مكسب وخسارة.. أما الصواب فكل ما تستطيع أن تثبته بالقوة مهما كان خطؤه.. والباطل فهو كل ما يقوله آخر لا يملك سيفا يهددك به دفاعا عن حقه مهما كان صوابه.. افهموا ذلك وعوه.. كل كلمة من هذه الكلمات تحوى معنى ظاهريا عليكم أن تتشدقوا دائما به.. وفى نفس الوقت عليكم أن تفهموا معناها الباطني.. وهو ألا معنى محدد لها.. فالكلمة مشروع عمل.. فإذا نجح هذا العمل فالكلمة حق وخير وصواب وصدق.. وإذا فشل فالكلمة باطل وشر وخطأ وكذب.. وليس هناك أي مدلول آخر للكلمات غير ما أقول لكم..

إننا لا نستطيع أن نتقدم خطوة واحدة أبعد من هذا المدى الذي بلغناه قبل أن نعرج على كلمتين في غاية الأهمية.. هاتان الكلمتان هما: الله والدين..

هل استوعبتم أنني بدأت كلمتي لكم بـ "بسم الله الرحمن الرحيم".. كان هذا هو أول درس لكم.. فهل ياترى فهمتموه؟.. يجب أن تبدأ خطبكم للناس بالبسملة.. دون أن يعنى ذلك أي شيء آخر.. يقولون إن الناس على دين ملوكهم.. وأنا أقول لكم العكس.. إن الملوك يجب دائما أن يكونوا على دين رعاياهم.. !!.. ليس بالمعنى الحرفي.. إن الدهماء يحتاجون للإيمان فهو عزاؤهم الوحيد عن التعاسة والبؤس وأملهم الوحيد في الجزاء... بل إن إيمانهم هو على وجه الخصوص ما يحميكم منهم..

ولعلكم عاينتم ماذا حدث لبعض الأغبياء منكم والذين غامروا وقامروا بالهجوم المباشر على الدين.. لقد مزقوا تمزيقا..لأن الرعاع لا يفرطون في دينهم تحت راية الكفر أبدا..لكنهم لن يعارضوا التفريط فيه كله تحت رايات

الإيمان!.. دعكم من أغراضنا الدعائية حين نخلط ما بين الإيمان والإرهاب ولا تنسوا أبدا أن في إيمانهم أمنكم.. ولكن الترياق لهم سم لكم.. لأنكم لو آمنتم انتهيتم.

أرجوكم أن تنتبهوا معي.. فهذه المنطقة خطرة.. شديدة الخطورة.. الدين سلاح بتار لا تدَعوه أبدا في أيدي أعدائكم.. إنني لا أتدخل في عقائدكم الشخصية.. فليفكر كل منكم كيفما شاء.. لكن عليه أن يعمل بما نرى.. آمنوا أو اكفروا.. لكن إياكم أن تأخذوا الدين بمفهوم رعاياكم وإلا أقيمت على كل واحد منكم كل الحدود.. لا أتحدث عما في قلوبكم .. لكنني أتحدث عن الحكم.. كيف يستمر وكيف يستقر.. كيف نستثمر الدين للاستمرار.. وفى هذا المجال فإن الإيمان لا يعنى الإيمان بالله بل الإيمان بالحاكم.. والكفر لا يعنى الكفر بالله بل الخروج على الحاكم..

لقد كان أسلافنا مستعدين دائما للإيمان بالله طالما كان هذا الإيمان يعنى الحق الإلهي لنا في حكم الرعاع.. الآن.. بعد أن اكتشف هؤلاء الرعاع أننا ظللنا آلاف الأعوام نخدعهم وأن الله لم يعطنا أبدا حقا إلهيا في حكمهم فإن علينا أن نطور من أنفسنا وإلا ضاع منا الحكم.. ولتفهموا جيدا أن ضياع الحكم منا ليس معناه أن تهربوا إلى الخارج لتتمتعوا بملايينكم وملياراتكم على شاطئ بحيرة في سويسرا أو على ربوة في أورلاندو.. عليكم أن تفهموا أن أي واحد منكم أنتم النخبة الحاكمة ليس له إلا مكان من ثلاثة: القصر أو السجن أو القبر..

لنبتعد عن الله..

وليس معنى ذلك أي موقف ضد الله.. بل إن أي موقف ضد الله هو حماقة عاقبتها الوحيدة هي الهلاك.. أقصد طبعا هلاك الدنيا.. هلاك على أيدي رعاياكم .. لذلك علينا أن نحاول أن نثبت للدهماء والرعاع دائما أننا مع الله وأن الله معنا.. وعلينا دائما أن نقمع بأي درجة من العنف أي فئة من الناس تحاول إثبات أن الله ليس معنا أو أنه معهم..

إن خير النتائج في حكم الشعب ما ينتزع بالعنف والإرهاب والتزوير والتعذيب، لا بالمناقشات الأكاديمية.. إلا أنكم يجب أن تكونوا حريصين طول الوقت.. أن تستعملوا أشد وسائل الإرهاب وحشية لقمع المعارضين.. دون أن تعترفوا أبدا أنهم معارضون أو أنكم إرهابيون.!! ..

إن ذلك لا يتم بسهولة.. إذ لابد أن يحركه منهج شامل وعقل متكامل وفلسفة لا تغيب عن وعينا أبدا..

إنني ألاحظ في الحقب الأخيرة تدنيا خطيرا في وسائل تعاملكم مع رعاياكم.. لن أخدعكم.. ولن أتحدث عن مقاييس للشرف أو الأمانة أو النزاهة أو الشفافية.. فأنا أول من يدرك أن هذه المسميات هي وسائلنا لخداع الناس.. وأنتم ستهلكون في حالتين: الحالة الأولى ألا يقتنع الناس بها وأن يدركوا أن الحياة ليست إلا غابة ولا يجوز التعامل فيها إلا بمنطق الوحوش.. أما الحالة الثانية فهي أن تؤمنوا أنتم بالشرف أو الأمانة أو النزاهة أو الشفافية.. ساعتها ليس ثمة محيص من هلاككم.

أعود إلى تدني وسائل البعض منكم في الحكم وفي التعامل مع رعاياه.. ولكي أقطع عليكم الطريق ولا أبلبل أفكاركم فأنا أدرك أن الحكم لا يمكن أن يستمر أو أن يستقر دون استعمال أكثر الوسائل دموية وكذبا وخداعا.. لكن ذلك كله ينبغي أن يغلف بغلاف أنيق.. غلاف يخفي ما بداخله.. وينكره ويستنكره مهما بلغت الأدلة الثبوتية عليه.. ولقد بلغ انزعاجي مبلغا عظيما عندما لاحظت أن بعضكم مثلا مارس بغباء منقطع النظير تزوير الانتخابات بطريقة لم تحدث في التاريخ عندما استدعى جيشه كله ليحول بين الناس وبين الوصول إلى صندوق الانتخاب.. وكان العالم يرى ويصور ويعرض.. والغبيّ يظن أنه كسب المعركة بينما هو قد خسر شرعيته كلها في نفس اللحظة..

أرجو أن تكونوا قد استوعبتم أسلوبي في الشرح.. وأنني لا أستعمل الألفاظ بأي مدلول حقيقي.. وإنما أستعملها بالمدلول الذي اتفق الناس عليه.. وأنني في هذا الصدد لا أعترف إلا بشرعية واحدة.. هي شرعية التغلب بأي

وسيلة.. لكن هذه الوسيلة يجب أن يتم عرضها بالجلال المناسب. وأن يتم التوقف عن العرض كليا في الوقت المناسب. إن النجاح في الحكم كالنجاح في العمل أو الطعام أو الشراب أو المباريات أو الصداقة أو حتى العبادة.. وحتى.. حتى الحب.. فهذا النجاح يعتمد في أحد أهم وجوهه على قدرة المرء واستعداده للتوقف بينما ما تزال لديه الرغبة في الاستمرار والقدرة عليه لكن دون الجلال المناسب. إن هذه الخاصية موجودة في الطب أيضا.. فهناك حكمة طبية تقول أن الطبيب البارع ليس هو من يعلم متى يُقدم.. بل هو من يعرف متى يُحجم.

وعلى الرغم من كل ذلك الوضوح فإن هناك من لا يريد أن يتوقف أبدا حتى لو تحول إلى "مسخ" شائه مضحك ليقدم نموذجا هزليا مشوها للحكم.

ولقد شعرت بالخجل عندما سمح أحدكم بانتهاك أعراض النساء من رعاياه في الشارع.. تحت كاميرات الفضائيات الفاضحة.. كان أمرا مشينا جدا.. جعلني أشك في قدرتي على الشرح لكم.. على تعليمكم والتأثير فيكم.. خاصة مع هذا الرجل.. الذي يستمع إليّ بانتظام منذ أكثر من ربع قرن.

أريد أن أقول لكم شيئا هاما.. شيئا هاما جدا.. لا تنسوه أبدا.. وسوف أبدأ بضرب المثل كي تستوعبوا ما أقول.. إن أي داعرة لو اعترفت بأنها داعرة فإنها ستفقد إلى الأبد فرصتها في حياة حرة شريفة وكريمة.. وأنا لا أطلب من هذه الداعرة أن تتوقف عن الدعارة.. بل أطلب منها أن تتكر دائما وعلى طول الخط أنها داعرة وأن تتصرف طول الوقت على أنها أكثر النساء شرفا.. فذلك.. وذلك فقط.. هو الذي يزيد من سعرها في عالم الدعارة والأشراف جميعا.. إن عليها أن تراهن ليس على من يعرفون الحقيقة بل على من يجهلونها.. وسوف يكون نجاحها شبه مطلق لو اقتصرت نسبة من يعرفون حقيقتها على 10% أو 20%.

أرجو أن تكونوا قد تجاوزتم سذاجة البدايات الأولى وألا يشعر أحدكم بالإهانة لتشبيهي إياكم بالداعرات. سيكون ذلك مضحكا إذا حدث.

إذن فالحاكم مهما كان.. ومهما فعل.. عليه أن يبدوا مهيبا وقورا جليلا يتمسك بأهداب الأخلاق والشرف.. وأن يراهن طول الوقت على من يجهلون حقيقته لا على من يعرفونها.

لماذا كان عليك أيها العجوز الصغير أن تزوِّر وأن تنتهك الأعراض تحت كاميرات الفضائيات.. لماذا لم تفعل ذلك وأضعافه في الخفاء لتدّعي في نفس الوقت أنه لم يحدث أبدا ولتندد بمن يدعيه وتتهمه بأبشع الصفات.. لماذا؟.

نعود إلى مثل الداعرة.. نعود إلى المثل مكررين ما قلنا ففي التكرار إفادة لكم يا معشر الحكام.. إنها تعرف بالطبع أكثر من أي شخص آخر أنها داعرة.. كما أنها تعرف أن بعض الناس يعرفون أنها داعرة.. لكن كل رهانها يجب أن ينصب على من لا يعرفون. وفي اللحظة التي تصاب فيها هذه الداعرة بالانهيار فتظن أن الناس جميعا قد اكتشفوا سرها فقد انتهى أمرها.

كذلك الحاكم أو الملك أو الرئيس أو الأمير.. إنه يعرف أكثر من أي شخص آخر .. وأكثر من أشد معارضيه شراسة .. كما أنه – بمقاييسهم ومصطلحاتهم التي اتفقنا منذ البداية أنها خطأ– يعرف بمقياس هذه المصطلحات أنه لص وجلاد وخائن ومجرم وعميل وربما شاذ وكافر أيضا.. ذلك كله لا يهم.. وليس له معنى.. وحين يدرك أن البعض يفهمه على هذه الحقيقة فإن ذلك لا يهم أيضا.. ما يهم.. هو عدد الناس الذين يستطيع إقناعهم بأن الأمر ليس كذلك.. بل إنه على العكس من ذلك.. وأن أعداءه هم المجرمون وهم الجلادون وهم اللصوص وهم الشواذ وهم الكفرة.. إن بقاء الحاكم في مكانه يعتمد علي هذه المعادلة.. على نسبة الناس الذين يستطيع خداعهم. وفي اللحظة التي يظن فيها أن الناس جميعا قد اكتشفوا أمره .. فقد انتهى أمره.. ليكون بقاؤه في الحكم بقاء جثة ميت لم يدفن.. أما الخطأ الجوهري الكامن في هذا الموقف.. فهو أن الناس لا يمكن أن يتفقوا أبدا إلا بعد اعتراف صريح.. أما بدون هذا الاعتراف فإن من أعجب العجائب أن الناس مستعدون دائما لتصديق الكذاب وتكذيب الصادق.. وهذه قوة هائلة

يحسن البعض استغلالها فترفعه إلى أعلى عليين ولا يدرك البعض إمكاناتها فترده أسفل سافلين. يعني هذا أن الناس لن تجمع رأيها على الحاكم أبدا دون اعتراف صريح منه.. وما لم يدل بهذا التصريح فسوف تظل الغالبية أشد ميلا لتصديقه.

إنني أدرك أبعاد الضعف الإنساني.. كما أفهم الرغبة الكامنة عند كل إنسان على ظهر هذه الأرض في الانتحار والاعتراف.. وهي رغبة لا يكاد يفلت منها أحد ولو لثانية واحدة طول عمره.. تحت وطأة هذا الضعف فإن الواحد منكم.. والذي يعرف عن نفسه ما يعرف.. يظن أحيانا- في نوع من الانهيار العصبي- أن الآخرين جميعهم قد عرفوا.. وأن أمره انكشف.. وأنه لم يعد لديه أي وقت كي يضيعه في محاولات الإخفاء.. لذلك لا يتورع عن ارتكاب أمور مشينة وحقيرة.. كمنع الناخبين من الوصول إلى صناديق الانتخاب وانتهاك أعراض النساء في الشارع.. وأرجو ألا تخطيء أحدكم في فهمي.. أنا لا أستنكر الفعل.. بل أستنكر فعله في العلن. إن مثل هذا الحاكم يهبط بجلال الحكم المفترض إلى مهانة لص يَهرَب أو قاطع طريق يواجه أعداءه بالسنجة والمطواة والمسدس[2].

والآن سوف أسألكم سؤالا هاما جدا راجيا أن يكون قد خطر ببال أحدكم على الأقل أن يوجهه إلى نفسه:

ماذا كبح هذه الوحوش المفترسة التي نسميها الناس- رغم كل ما فعلناه وما نفعله وما يعرفون أننا سنفعله بهم - عن افتراسكم ؟..

أنا أجيبكم: ..

لقد خدعناهم.. علمناهم أن الخضوع للقانون رمز للتحضر وأساس للتقدم.. لم يسألوا أي قانون ولماذا وماذا وكيف؟.. وببساطة خضعوا للقانون، القانون الذي وضعناه نحن كي نفترسهم به.. فما القانون في الحقيقة إلا قوتنا مقنَّعة .. ولقد وضعناه بديلا عن شريعة لم تعد تناسبنا.. نحن لم نقل للناس أبدا إن الدين خطأ أو أننا ضده.. لكننا باستمرار أمددناهم بقوانين تهدم بصورة

فعلية لا تعصبهم الديني فقط كما ادعينا دائما.. بل تهدم دينهم ذاته دون أي تصريح منا أو اعتراف.. على أننا قد وضعنا القانون لا لنطبقه.. بل لنتظاهر أننا نطبقه كي يطبقوه هم.. وفي اللحظة التي نتوقف فيها عن هذا التظاهر فسوف يقلدوننا على الفور ويخرجون على القانون كما خرجنا نحن عليه.. وتكون النهاية المؤكدة.

على كل واحد منكم إذن أن يتظاهر باتباع القانون والدين والإخلاص لهما.. فذلك هو السبيل الوحيد للسيطرة على الرعاع.

لا تواجهوا الدين أبدا بل التفوا حوله.. هؤلاء الرعاع يظنون بفكرهم المنحط أن الاستعمار هو الذي خلع الشريعة من على عرشها.. لأن استمرارها كان يعني قدرة الرعاع على المقاومة.. ويقينهم من الجدوى.. وأملهم في الجزاء... دعوهم يظنون ذلك... لأن الاتهام إذا لم يوجه إلى الاستعمار فسوف يوجه إليكم.. ولتكونوا على بينة دائما من أن الشريعة أعدى أعدائنا.. وفى نفس الوقت علينا ألا نكف عن التظاهر دائما أننا نطبق الشريعة.. بل وأننا حماتها..

إن قانون الطبيعة هو : الحق يكمن في القوة .. والسعادة تكمن في اللذة.. تلك هي الحقيقة وكل ما عداها هراء..

هل يحسب بعضكم أنني بهذا أهدم الأخلاق والقيم والمبادئ والشرائع؟..

كل هذا هراء.. نعم.. هراء تسرب إلى عقولكم من مفاهيم الرعاع والدهماء..

دعوني أسألكم هذا السؤال:

لماذا لا يكون منافيا للأخلاق لدى دولة يتهددها عَدُوّان أحدهما خارجي، والآخر داخلي – أن تستخدم وسائل دفاعية ضد الأول تختلف عن وسائلها الدفاعية ضد الآخر، وأن تضع خطط دفاع سرّية، وأن تهاجمه في الليل أو بقوات أعظم؟..

لماذا يكون منافيا للأخلاق لدى هذه الدولة أن تستخدم هذه الوسائل ضد العدو الخارجي ولا تستعملها ضد العدو الداخلي وهو الأخطر حتى من العدو الخارجي، فالعدو الخارجي قد يوكلكم في الحكم نيابة عنه.. أما العدو الداخلي فإنه يحطم أسس حياتكم وأسس سعادتكم ؟.. نعم العدو الداخلي هو الأخطر وعليكم أن تعدوا له القوة الأكبر.. العدو الداخلي من المعارضين والرعاع والدهماء.. والغوغاء.. لا يوجد عند العدو الخارجي فدائيون.. ومعه – أو ضده– تستطيع أن تحسب الأرباح والخسائر.. بل وتستطيع بدرجة عالية من الدقة أن تحسب الأفعال وردود الأفعال.. أما مع العدو الداخلي.. الغيبيّ الفدائيّ.. فأنت لا تستطيع أن تحسب أيا من ذلك.. إذ كيف تستطيع التصرف مع من يعتبر الموت فوزا.. وأنه يدخل الجنة مع أول قطرة تراق من دمه.. ثم إنك تستطيع أن تتفاهم مع العدو الخارجي.. وأن تتصالح وتتفاهم وتتعاون ولو ضد الأمة.. أما مع العدو الداخلي فإنك لا تستطيع أن تمارس أيا من ذاك.. ذلك أن أول ما يطلبه ذلك العدو هو رأسك.. والباقي بعد ذلك بالطبع لا يهم..!

علينا أن نعلم أن الانتصار هو الحقيقة التي يجب أن نصل إليها.. وأن نعلم أن الانتصار مع العدو الخارجي لا يأتي إلا بالاستسلام له وتحقيق أغراضه ليحقق أغراضكم.. أما العدو الداخلي فالأمر يقتضي الترويض والالتفاف والتمزيق والفتنة والسحق. وعليكم أن تستعملوا كل أنواع الأسلحة – بما في ذلك أسلحة الدمار الشامل–في الحالتين.. دون أن تعترفوا أبدا أنكم استعملتموها.. مهما كان حجم الأدلة ضدكم..

إن السياسة لا تتفق مع الأخلاق في شيء . والحاكم المقيد بالأخلاق ليس بسياسي بارع .. بل هو ليس بسياسي على الإطلاق.. وهو لذلك غير راسخ على عرشه.

لابد لطالب الحكم وكذلك لطالب الاستمرار فيه من الالتجاء إلى المكر والرياء، فإن الشمائل الإنسانية العظيمة من الإخلاص والأمانة تصير رذائل في السياسة، وإنها لتبلغ في زعزعة العرش أعظم مما يبلغه ألد الخصوم..

إن الغاية تبرر الوسيلة، وعلينا – ونحن نضع خططنا – ألا نلتفت إلى ما هو خيّر وأخلاقي بقدر ما نلتفت إلى ما هو ضروريّ ومفيد..

إن ما يحقق استقرارنا في الحكم هو أن تكون السلطة في قبضة شخص واحد مسئول . وبغير الاستبداد المطلق لا يمكن أن يستمر حكمنا..

يجب أن يكون شعارنا : كل وسائل العنف والخديعة.

إن القوة المحضة هي المنتصرة في السياسة، وبخاصة إذا كانت مقنعة بالألمعية اللازمة لرجال الدولة . يجب أن يكون العنف هو الأساس. ويتحتم أن يكون ماكرا خداعا من يريد حكم تلك الفئات من الأمة التي تأبى أن تداس إرادتها تحت أقدامنا . إن هذا الشر هو الوسيلة الوحيدة للوصول إلى هدف الخير لكم ولأبنائكم وأحفادكم.. ولذلك يتحتم ألا نتردد لحظة واحدة في أعمال الرشوة والخديعة والخيانة والتزوير إذا كانت تخدمنا في تحقيق غايتنا وتضمن لنا الاستقرار والاستمرار . لكنني في الوقت ذاته أنبه وأحذر من أن يرى العدو الحقيقي وجهنا الحقيقي.. أعني العدو الداخلي.. أو بالأحرى العدو الوحيد..

لست أعنى أن تتصرفوا كالوحوش الضواري.. ولا كالحالمين السذج.. على العكس.. يجب أن تبدو عليكم كل مظاهر الرقة والتحضر والتهذيب ودماثة الأخلاق .. بل والوقار.. ذلك ضروري.. جوهري.. لذلك كان غضبي عظيما ودهشتي أعظم.. من ذلك الغبيّ الذي مزق أستار الجلال التي تغطي على بشاعة الحكم.. فأمر أغواته وخدمه بضرب الناس وقتلهم في الشارع.. والذي كون عصابات من البلطجية لكي يواجه بهم معارضيه والرافضين لحكمه.. الغبيّ.. فيم كانت المليارات التي أُنفقت على التعليم والإعلام والقضاء والنيابة والثقافة إذن.. يجب أن تفهموا ذلك.. أن تفهموه بطريقة أفضل من

ذلك.. ذلك أن من يفعل ذلك إنما يهين جلال الرئاسة ويهبط بمنصبه من رئيس مملكة إلى رئيس عصابة.. كان يستطيع أن يقتل من شاء.. لكن على يد النيابة والقضاء..

إن القوة محكومة بالقدرة.. وقدراتكم محكومة بإجادة اللعب بين عدوين خطيرين: عدو الداخل وعدو الخارج.. عدو الخارج هو العالم كله عامة والبلاد الغربية على سبيل الخصوص .. أما عدو الداخل فهو شعوبكم كلها.. وأنتم بين شقي الرحى وتروس المفرمة.. لو اكتشف الغرب أنكم مخلصون لشعوبكم فسوف يسحقكم سحقا.. ثم إن لطاقة شعوبكم على الاحتمال حدودا ولو اكتشفت خيانتكم السافرة والكاملة لها فسوف تسحقكم هي الأخرى – عليكم أن تفهموا أنني أستعمل الخيانة هنا بمفهوم الشعوب لا بمفهومنا نحن الذي يتلخص في أن الخيانة ليست خيانة .. الخيانة تجارة .. والتجارة شطارة .. والأذكى من يحصل على أقصى ثمن.. -

عليكم أن تدركوا أننا بين احتمالات الانسحاقين علينا أن نعيش وأن نحكم..

إن عدو الخارج أقوى وأذكى وأخطر لذلك فهو الصحيح والمصيب والصادق أما شعوبنا فضعيفة لذلك فهي الخطأ والباطل والكذب.. علينا إذن أن نخلص كل الإخلاص للغرب لكن دون أن تكتشف شعوبنا ذلك.. علينا أن ندعى دائما الإخلاص لها والدفاع عنها.. أن نتشدق بأكثر الكلمات حماسة.. وأكثرها إيمانا .. علينا أن نلهب دائما عواطفهم وأن ندغدغ غرائزهم.. وأن نمنيهم.. سوف تكونون مجانين وحمقى لو تصورتم أن شعوبنا ستصدقنا.. ذلك خيال لا أمل لنا فيه.. لكن كل ما نسعى إليه أن نجعلها غير واثقة أبدا من خيانتنا لها.. وتلك هي المعادلة الصعبة.. أن تخدعوها طول الوقت.. ولن تستطيعوا خداعها طول الوقت إلا إذا أفرغتم جماجمهم من العقل وقلوبهم من الإيمان..

لكن.. كيف يمكن أن ننجح في ذلك؟..

هل بالدبابات والمدافع؟..

لا أنكر أن الدبابات والمدافع هي الضامن الوحيد والأخير لنا.. علينا إذن ألا نلجأ إلى خط دفاعنا الأخير إلا بعد أن نستنفد كل وسائل دفاعنا الأخرى..

لقد قلت لكم إن مفهوم الله مفهوم خطر.. وإن الملوك على دين شعوبهم.. وإن عليكم أن تتجنبوا تجنبا مطلقا المواجهة المباشرة مع الله أو الدين.. وقلت لكم أيضا إن عليكم أن تزلزلوا يقين شعوبكم وأن تفرغوا قلوبها من الإيمان..

لعلكم تتساءلون الآن : كيف نفعل الشيء وضده في نفس الوقت؟..!

و أنا أقول لكم أنه ليس أمامكم إلا أن تفعلوا الشيء وضده في نفس الوقت..!!

عليكم أن تثبتوا دائما أن 1+1 =2 إذا كانت المعادلة تتعلق بكم.. أما إن كانت تتعلق بشعوبكم فيجب أن تكون النتيجة صفرا .. مهما تكررت عمليات الجمع.. حتى لو تكررت مليارا ونصف مليار مرة.. ولكي تصلوا إلى ذلك فإن عليكم أن تسحقوا سحقا لا رحمة فيه مؤسسات المجتمع المدني التي تحاول أن تتحدث باسم الأمة.. عليكم أن تسحقوا النقابات والأحزاب والهيئات والمنظمات.. لكن ذلك لا بد أن يتم بذكاء لا بغباء.. وأصارحكم القول أنني يمكن.. أن أقبل كل أنواع الجرائم عندما تكون مبررة وعندما تعود عليكم بالخير وأفهمها وأرحب بها وأقدرها .. لكن الجريمة التي لا أقبلها أبدا.. ولا أجد لها مبررا أبدا ولا أغفرها أبدا هي جريمة الغباء. لكن يجب أن أشير الآن أنه حتى الغباء فإننا نستفيد منه في بعض الأحيان.. ذلك أن للغباء قوة مدمرة هائلة إن لم نفهمها أفسدت خططنا. كما أن تقديم بعض النماذج الغبية ستجعل العامة تنبهر بالأذكياء. وفيما نتحدث فيه على سبيل المثال.. فإنه لا يكفي القضاء على منظمات المجتمع المدني.. وإنما يجب قبلها أن ننشئ منظماتنا البديلة ولا أقول العميلة.. وأن نغرق عملاءنا فيها بالملايين.. إلى الدرجة التي تجعلهم مستعدين للدفاع عنا بدمائهم.. عليكم أن تسيطروا تماما على الصحف والقضاء والنيابة والأمن والجيش.. وسوف أتحدث بإسهاب عن كل ذلك.. لكن الأهم من ذلك كله أن تؤمّنوا ظهوركم من الدين.. إن فتوى واحدة لشيخ قد

تقضى ببيعكم كعبيد.. ولما كنا لا نستطيع – مع بالغ الأسف – تغيير الدين نفسه فلابد أن نبحث عن سبيل آخر..

نحن لا نستطيع بالطبع أن نجعل كل الشيوخ تابعين لنا.. لكن ما نستطيعه هو أن نختار من بين التابعين فقط من نمنحه حق الإفتاء ورؤساء الشيوخ ورئيس الرؤساء.. ألا نسمح إلا لأتباعنا بالظهور على شاشات التلفاز أو الحديث على موجات الراديو أو الكتابة في صحفنا الرسمية أو تلك التابعة لنا لكننا ندعى أنها غير رسمية.. ثم إن علينا أن نحاصر من يرفضون الخضوع لنا .. أن نمنعهم من الخطابة في المساجد أو حتى الاجتماع بالناس.. أن ندينهم بالخيانة والمروق.. أن نحيلهم لمحاكمنا الاستثنائية.. أن نضيق عليهم كل سبيل... أن نتهمهم حتى بالكفر.. لكننا لو فعلنا هذا بأنفسنا لاكتشفت الأمة حقيقتنا.. لذلك يجب أن يتصدى لإدانة معارضينا من رجال الدين كبار المشايخ التابعين لنا.. فهنا لن نكون مسئولين أمام الناس عما يحدث.. ولا حتى مشايخنا الذين تتحرك ألسنتهم بما يدور في رؤوسنا لن يكونوا مسئولين .. سيكون الدين هو الذي يدين المتمردين بالخيانة والمروق والكفر.. تذكروا ذلك.. لنعترف.. أن الدين بالنسبة لنا مصدر خطر ماحق على المدى البعيد.. لكننا إن طوعناه لصالحنا فسوف يصبح ذا فوائد لا تنضب. ولمن أراد أن يهدمه أن يعرف أنه إذا حاول ذلك بنفسه فسوف يقصمه.. فلن يهدم الدين إلا الشيوخ وعلماء الدين.. ركزوا على هذه النقطة ولا تنسوها أبدا.. ولا ترتعبوا من تشدد بعضهم وتطرفه.. فإنكم ستحصدون أكبر المنافع من أكثر المتشددين.

هل تذكرون القس جيمي سواجارت؟ رجل الدين المفوه والخطيب العظيم الذي أعاد مجد خطابة شيسيرون .. هل تذكرون جولاته في أنحاء الولايات المتحدة الأمريكية والشعبية الهائلة التي حققها.. كيف أشعل مشاعر الجماهير وكيف اتبعه الملايين؟ .. هل تذكرون صرخاته التي استولت على القلوب والعقول:

No Sex before marriage and no sex outside marriage.

"لا جنس قبل الزواج ولا جنس خارج الزواج.. " ..

هل تذكرون صرخاته وهو يهاجم رقص الشباب بجميع صوره ويهاجم الخلاعة والفنون ومدينة هوليود ويعتبرها بؤرة من بؤر الفساد في العالم..

هل تذكرون حواراته الصاخبة مع الداعية الإسلامي أحمد ديدات؟.. هل تذكرون سخريته وتهكمه من قوانين الزواج والطلاق عند المسلمين.. مقارنا إياها بالديانة المسيحية التي تحتم على المسيحي أن يحصل على أفضل طائر له من الطلقة الأولى (يعنى اختيار زوجته)..

هل تذكرون ما حدث له بعد ذلك؟؟..

هل تذكرون فضيحته.. فضيحته الجنسية المدوية بعد أن ابتزته العاهرة التي كان يعاشرها.. والتي كان يخصص لها رحلتين شهريتين للاتصال بها بطريقة شاذة لإشباع رغباته ونزواته...

هل تذكرون ما حدث بعد ذلك من توالى الفضائح الجنسية على قساوسة آخرين كانوا يعملون ببرامج الدعوة الدينية في التليفزيون الأمريكي مثل القس جيم بيكر والقس مارفن كورميج وآخرين..

لعلكم سمعتم عن كل ذلك أو عن بعضه.. لكن الذي لا تعلمونه أن العاهرة لم تفضح القسيس بسبب الاختلاف على الثمن ولا حتى بسبب الغيرة.. العاهرة كانت موظفة من المخابرات.. والقسيس اندمج في الدور ونسى أنه "موظف" يأتمر بأمر الحاكم لا بأمر الله.. لذلك حدث له ما حدث..

أريدكم أن تبحثوا عن شيوخ من هذا النوع تسندون إليهم مناصب المشيخة الكبرى.. النوع الذي يكف عن الإحساس بأنه يتحدث باسم الله ويقنع بأنه مجرد "موظف" لدينا .. موظف يساعدنا على الدوام على إماطة القداسة عن المقدس... موظف يتحدى المعلوم بالضرورة بمعاونة الشيوخ.. فمثل هذا النوع هو الذي تستطيعون ابتزازه وتهديده باستمرار كي يضع لكم خاتم الحق الإلهي على قراراتكم ومشروعاتكم.. كي تبدو أمام الدهماء أنها ليست قوانينكم التي

ابتدعتموها لتحطيم مؤسسات المجتمع وإنما قوانين الله.. وسوف يتيح هذا لكم أن تحولوا معارضي تلك القوانين إلى إرهابيين أو كفار.. مثلُ هذا "الموظف" هو الذي يحلل لنا الحرام ويحرم الحلال.. وليس أمامكم مفر من أن يحتل هذا النمط المناصب الدينية الرئيسية الكبرى..

وليس يسعني في هذا المجال إلا أن أوجه الشكر والتحية إلى معظمكم.. فقد كان أداؤكم في عالم الشيوخ رائعا.. وإنني أعرف العديدين منكم.. الذين ظلوا عشرين أو حتى ثلاثين عاما.. ينتقون من الشيوخ الأسوأ فالأسوأ ليولوه المنصب الأعلى فالأعلى.. حتى وصل الأمر ببعض الأماكن في النهاية أنه لم يعد يدعو للدين إلا كافر ولم يعد يدافع عنه إلا عميل.. أما الدعاة الحقيقيون فقد نجحتم نجاحا رائعا في وصمهم جميعا بالجهل والتخلف والإرهاب.. نعم.. كانت نتائجكم أكثر من رائعة.. وأكثر حتى مما توقعناه.. لقد كان جهل الناس عظيما.. ولم يدهشنا ذلك.. أما الذي أدهشنا حقا فقد كان تصديق الناس لنا.. ربما نناقش في لقاء آخر هل صدقونا بالفعل؟.. أم أننا وصلنا بهم إلى درجة من الإعياء واليأس والعجز بحيث كانوا كالغريق الذي يبحث عن قشة على أمل أن تنقذه من الغرق غير مدرك أنها – القشة– سبيله إليه.. وعلى أي حال من الأحوال ذلك فرق أكاديمي لا يهمنا الآن.. لكن الذي يهمنا.. والذي اكتشفناه بالمصادفة.. وعلينا أن نستثمره حتى حده الأقصى.. هو أننا عندما حولنا الشيوخ التابعين لنا إلى عبيد لنا لا لله.. فقد اختلفت المشارب والتوجهات.. كان ذلك طبيعيا ومنطقيا لكننا لم نفطن إليه في وقته.. ولقد ترتبت عليه نتائج هائلة.. كارثية هائلة على الرعاع ومبهرة لنا. كان كل شيخ من هؤلاء الشيوخ ينفذ سياسة واحد منا.. ولما كنا مختلفين في الوسائل لا في الغايات فقد اختلف شيوخنا.. ولما كان لكل شيخ منهم أتباعه ومريدوه فقد انقسم الأتباع والمريدون كما انقسم الشيوخ.. وازداد تشرذم المجتمع شيعا وفرقا وتضاعف ضعف الناس.

***

***

***

عندما وصلت إلى هذا المدى من قراءة البروتوكولات تمزق قلبي وانهد كياني..

كيف قضيت عمري كله في هذا الظلام وأنا أظن أنه نور..

كيف صدقت هذه الأكاذيب كلها وأنا أحسب أنها الصدق..

كيف تعرضت لهذه الخيانات كلها وأنا أظن أنها الأمانة..

كيف سرقني من كنت أظنه أنه الأمين.. وكيف ذبحني من ظننته يحميني..

يا أللـــــــــه..

الحامي غول.. والهادي مضل.. والخائن مؤتمن.. والجلد فاجر.. والثقة ضعيف..

كنت أبكي على نفسي..

فماذا إذن عن الشيخ..

هل كان كما يصفون؟..

يا أللـــــــــه..

لطالما صليت خلف شيخ بلدتنا ولطالما صمت على رؤيته وتعبدت على فتاواه..

كنت أرتجف وكنت أنوح:

وكنت أخاطب شيخي في خيالي.. إذ لم أكن أجرؤ على مواجهته فقد يكون واحدا من العسس السرّيين..

كنت أقول:

-لو كنت واحدا من الشيوخ "الموظفين" فقد أفسدت علينا آخرتنا بعد أن ضيعت علينا الدنيا..

ورحت أردد:

أفسد الآخرة وضيع الدنيا..

أفسد الآخرة وضيع الدنيا..

أفسد الآخرة وضيع الدنيا..

بروتوكولات حكماء العرب

-2-

سنختار لهم رؤساء مِمّن لهم ميول العبيد

"من بروتوكولات حكماء صهيون"

يتحرش بي العسس .. فقد جاءوني في المنام أمس ..

كان حلما .. ولم أقل كابوسا .. فالكابوس هو مجيئهم في اليقظة ..

وقبل أن تتهموني بالتحامل على أولئك العسس يا قراء.. أو بأنني أتهمهم بما لم يقترفوه من أشياء لا تُسأل عنها إلا هواجسي .. قبل اتهامكم ذاك أقول لكم أنني لو لم يرهقني الرعب من مجيئهم في نهاري وقيامي لما أتوني في ليلي ومنامي.. ولو أنهم لم يطاردوني في أيامي لما غلبوا على أحلامي .. كانوا أربعة .. وكانوا يجلسون على ممر وقر في خاطري أنه من ممرات محاكم التفتيش .. أولهم كانت عيناه من نار .. نظر إليّ فتفككت أوصالي .. تراخت أصابعي القابضة على أوراق المخطوط فكأنما قطع تيار الكهرباء عن عضلاتي وعظامي فتوقفت أصابعي عن الانقباض والتشبث بالمخطوط .. سقطت الأوراق فتلقفها كائن لم أره وأعطاها له.. وحين مد الأول يديه لتناول المخطوط فوجئت بحوافر في نهاية الأيدي .. كانت الحوافر من نار فاستبد بي الفزع ورحت أبسمل وأحوقل وأستعيذ بالله من الشيطان الرجيم .. ناولها الأول للثاني والثاني للثالث الذي تناولها وراح يقرأ فيها كلاما ليس هو المكتوب وكان الكلام يطفح من بين شدقيه وينهمر حروفا من نار كحديد منصهر يفيض على حافة بركان ويسيل فصرخت رعبا واحتجاجا فبادلني الصراخ فإذا بصرخته نفثة نار أحرق لسانها وجهي ولساني .. كان الرابع – وهو كبيرهم – يجلس على مقعد لم أر مثله في حياتي .. مقعد من الجمر .. ونظرت إليه

مذهولا فإذا بجسده مكون من نار تتأجج .. كان من نار وكان يجلس مستمتعا على النار ..

صرخ فيّ:

-أيها الخبيث .. هل تظن أنك تخدعنا .. تجدّف في كلامك ثم تقول: وصلني مخطوط من مجهول .. نحن نعلم سرّك وعلانيتك .. ما هي إلا حيلة ظننت أنها ستنطلي علينا فلا نطالك .. حيلة تظن أنك تتخفى وراءها لتكفر بنا وتظن أن ناقل الكفر ليس بكافر .. عندنا نحن يختلف الأمر .. فناقل الكفر أشد إجراما وأكثر خطورة من الكافر نفسه .. فلتكفرْ في بيتك كما تشاء .. لكن أن تروّج للكفر مدّعيا أنك إنما تكتب مجرد مقالات أو قصص تتكسب منها أو تسري بها عن نفسك عندما تحفرها على جدران معبد أو تنشرها عبر مجلة أو على صفحات صحيفة فلن نسمح لك به أبدا .. يا لك من خبيث كافر .. منحناك الحرية والحياة فلم تشكر لنا بل وكفرت بنا ..

صرخت:

-الله هو مانح الحياة وهو المحيي والمميت وبه أومن وله أشكر وأحمد ..

صرخ:

-ألم نكن بقادرين على اعتقالك أو اتخاذك رهينة أو قتلك ..

قلت

- بلى ..

قال:

-ولم نفعل فنحن إذن أحييناك ..

قلت:

-فالله يأتي بالشمس من المشرق فأتوا بها من المغرب ..

فبهت .. لكنه واصل الحديث قائلا:

-دعنا من سفسطتك .. لنرجع إلى حيلتك التي تظن أنك من خلالها تستطيع أن تقول ما تجبن عن قوله بدونها ..

وقلت له:

-ما أنا إلا كاتب اؤتمن أمانة استودعها إياه مجهول .. وعليه أن يؤديها ..

فقال:

-حيلتك الساذجة لن تنطلي على أحد .. أنت ألّفت حكاية كاملة محبوكة الأركان معظمها صدق و أقلها كذب.. لكنك أيها المجرم رجوت أن نصدق كذبك وأن نكذب صدقك.. ألّفت الحكاية خصّيصا لنا .. لكي تخدعنا .. وتحسب أن القراء سيتواطئون معك .. سيعلمون أنه ما من مخطوط قد وصل إليك وأنك تستعمل هذه الحيلة كي تهزأ بنا .. كي تنشر ما تريد أن تنشره لكنك تخفيه مخافة يقظة أجهزتنا وعذاب سجوننا فابتدعت هذه الحيلة كي تنشر ما تشاء متخفيا خلف المقال والإبداع .. وأنت تفعل ذلك مدركا أن قرّاءك على الجانب الآخر يفهمون الأمر ويتواطئون معك فيصل إليهم ما تريد أن تقوله لهم بتمامه دون تحمل مسئوليته وعقابه .. أنت تكتب ما تشاء وهم يقرؤون ويعجبون فيقولون عنك : يا له من شجاع .. ولقد قيل ..

ثم نظر إلى أتباعه وصرخ:

-اقذفوا به إلى النار ..

فصرخت:

-ما أنا سوى كاتب ..

فقال:

- ثم ظننت أنك ستموه الأمر علينا .. فما دمت قد قلت إن هناك مرسلا مجهولا فلابد أننا سنعتقد أنك تكذب .. وأنه لا يوجد مرسل أصلا وأنك تخفى خلف كذبك مصيبة أخرى نندفع لنتعقبها فتفلت بجريمتك الأولى .. الواقع أننا نعتقد أنكم جميعا لا تكفون عن الكذب .. لكننا نعلم أنك لم تكذب في هذه الواقعة بالذات .. فالواقعة حقيقية والمخطوط حقيقي والمرسل مجهول يَجدّ رجالنا الآن في أثره .. يا أحمق .. ظننت أنك ستخدع الجميع بحيلتك .. نحن والقراء والتاريخ .. لكننا نفهمك جيدا ..

صرخت في توسل:

- أنا لست على هذه الدرجة من الدهاء والخبث ..

نظر إلى رفاقه قائلا في نشوة المنتصر:

- إنه كالذي يعترف أنه ارتكب مخالفة مرور في مكان ما كي يثبت أنه كان بعيدا عن المكان الآخر الذي ارتكب فيه جريمة قتل ..

صرخت في توسل:

- أنا من زمرة المساكين فلا تحمّلني ما لا طاقة لي به ..

- قال:

- فلنجرب حتام تصمد! ..

التفت إلى الثاني سائلا:

- هل تبدأ بالوسائل القديمة ..

وأشار إشارة بذيئة فارتعدت .. لكنه أهملني والتفت إلى الثالث مواصلا:

- أم بالوسائل الحديثة ..

ثم التفت إلى كائن لا أراه – خيل إليّ أنه هو الذي ناوله المخطوط عندما أفلتته يداي– قائلا له:

- عبيدكم سبقوكم وتلاميذكم تفوقوا عليكم.. إن لم تفلح وسائلكم فأرسلوه إلى القاهرة أو عمان أو الرباط فهناك بلغت براعة وسائلهم أن الصخر في أيديهم ينطق والموتى يتحركون !

طارت نفسي شعاعا .. لكنني استجمعت أشلاءها وهتفت في ضوء ذبالة شجاعة لم تنطفئ بعد:

-ما فعلت إلا الواجب وما هاجمت أحدا لكنني دافعت عن عقلي وقلبي وروحي .. أغار الجراد على حقلي فقاومته كي لا أجوع، زحفت الثعابين والحيات والعقارب إلى مخادع أطفالي فقاومتها كي لا تلدغ أبنائي وتنفث السم في عروقهم، زحف الظلام فأشعلت شمعة .. أنا لم أسئ إلى الظلام لكن النور بدده ..

صرخ صرخة عظيمة اهتز لها كياني:

- دعك من المجاز والكناية والتشبيه أيها الحشرة .. تكلم مباشرة كما أكلمك ..

تمتمت بصوت حرصت على ألا يسمعه:

- حتى لغتي يتآمرون عليها لاغتيالها ..

ثم استجمعت بقايا شجاعة لأواجهه بنبرة حملت كثيرا من الاستجداء وقليلا من التحدي:

- نشر صبيانكم وشذاذ آفاقكم الكفر والشذوذ والانحطاط .. اجترءوا على ذات الله العلية وسخروا من رسوله الكريم .. فلما أردنا مواجهتهم أوصدتم في وجوهنا الأبواب .. اتهمتمونا بالجهل والانغلاق والتحجر والتأسلم .. كانت حجتكم حرية التعبير .. أليس لنا في حرية التعبير هذه نصيب؟! .. هل من يهاجم الله والرسول مستتير أما من يهاجم الحكام فهو كافر؟! ..

صرخ في وجهي:

- لماذا لا تذهب إلى مليكك كي تواجهه بذلك .. ما شأننا نحن بهذا الأمر كله؟!.

صرخت في توسل:

- لا تخدعني يا سيدي .. فأنا أدرك أن مليكي ليس إلا صبيا من صبيانك علاقته بك علاقة عبد بسيد وعلاقته بنا علاقة سيد بخدم وعبيد .. فأنت المسئول إذن .. وما تحمله لا يخفّف عنه وما يحمله لا يخفّف عنك ..

وتدفقت الحمم النارية:

- يخفّف عني أو عنه؟! .. أمام من يا أهلك الصعاليك ..

وتزايدت حدة التحدي فما أدري إن كانت هذه الزيادة عائدة لقوة إيمان أم ليقين بهلاك أدركت أنه لن تجدي معه المساومة ولا حتى التخلي، فقلت:

- أمامه .. أمامه هو .. من لا هو إلا هو .. الحي القيوم الذي لا تأخذه سنة ولا نوم .. له ما في ..

وهنا .. لطمني لطمة هائلة كي لا أكمل .. وكنت أحس لسع الجمر على صدغي وأشم رائحة الشواء من كبدي .. لطمني وتدفقت الحمم من عينيه كالطوفان وهو يصرخ في نفاد صبر متأففا:

- ألم أقل لكم اقذفوا به إلى النار ..

حاولت الهرب منهم .. طفقت أجري وأجري وأجري وأجري وجنود محاكم التفتيش يطاردونني ويسدون عليّ الآفاق ..هل كنت في قرطبة أم القاهرة؟ في القنطرة أم القنيطرة؟ في كابل أم بابل؟ في الشيشان أم في لبنان؟ كنت في الظلام وكانت جحافلهم

خلفي وكنت رغم الظلام أراهم بظهري.. كانوا يفتشون عني في الدور والبساتين فيرد عليهم أهل تلك الدور قائلين: هرب.. ثم يكررون الكلمة بتنغيمات مختلفة :هرب .. هرب إلى مالطة.. هراب.. هاراب.. خاراب إلى مالطة.... خراب مالطة .. هل كنت في مالطة؟ كنت مختبئا في الظلام وكانوا يسألون أهل مالطة عني فيقولون لم يأت عندنا أحد.. وسمعت صوتا من بعيد خيل إليّ أنه صوت الأذان فتلفت الناس حولهم في ذعر هاتفين ليس في هذه البلاد مسلم فابحثوا في مكان آخر.. وانطلقوا صائحين ساخرين:

- يؤذن في مالطة!!.. من هذا المجنون الذي يؤذن في بلاد ليس فيها مسلم؟!..

وكنت ما أزال أجري وكانوا ما يزالون من فوقي ومن أسفل مني وعن يميني وعن شمالي وقدامي ومن خلفي وزاغ بصري وبلغ قلبي حنجرتي فطفقت أجري و أجري و أجري .. و كانت سرعتي في الجري رهيبة وظننت أنني اخترقت حاجز الصوت حتى اختلط عليّ الأمر فرحت أخرّف:

- من المؤكد أنني لست أنا .. لم تكن لي هذه السرعة من قبل ..

وكانوا هم أسرع مني .. كانوا كالصقور وكنت كأرنب .. لم أر ذاتي لكن استقر في يقيني أنني كالأرنب .. لم أر ذاتي .. فالإنسان كالعين .. والعين ترى كل شيء إلا نفسها .. وكذلك الإنسان .. وكذلك أنا .. كانوا يحلقون في السماء وكنت أخبّ على الأرض .. ولولا مناوراتي وانعطافاتي وخشاش الأرض الذي كنت أختبئ فيه وأتوارى لتمكنوا مني منذ الدقائق الأولى .. كانت أشكالهم تتبدل .. فأحيانا يكون وجههم كوجه البوم .. وأحيانا تختفي سحناتهم خلف صفحة الغيوم .. لكنني أدرك بالحدس أنهم موجودون .. وأحيانا أخرى ينقضون عليّ كالصقور أو يحومون فوقي كالنسور .. ولقد أدركت شيئا غريبا جدا .. فرغم أنني كنت أحلم .. وكنت أدرك في الحلم أنني أحلم .. لكنني كنت أسيرا في براثن الحلم لا أستطيع الخلاص بالفرار ولا باليقظة ..ورغم فزعي ورعبي قلت لنفسي لا تنس عندما تصحو أن توثق ما علمت عن خراب مالطة والأذان في مالطة وهل لها أساس تاريخي أم مجرد أضغاث أحلام.. وكنت أجاهد أن أصحو كغريق يجاهد كي يصل إلى سطح الماء وكنت أختنق وقد نفد الهواء من صدري..واكتشفت شيئا غريبا .. غريبا جدا .. فأنا لم أكن أفرّ في المكان فقط .. ولا هم كانوا يطيرون في المكان فقط .. بل كانوا يطاردونني في الزمان وكنت أفر في الزمان أيضا .. وقد أدركت هذا عندما تحولت البومة إلى طائر الرخ .. والنسر إلى طائر العنقاء .. ثم اشتد الحال فانقلبت الطيور إلى طائرات الفانتوم والشبح والميغ والميراج .. وعلى الأرض كانت الجياد تطاردني

تركبها كائنات لا تظهر منها إلا عيون ينطلق منها الشرر فلا أعلم إن كانت لإنس أم لجن .. وكانت الجياد تتحول أحيانا إلى ديناصورات ضخمة وأحيانا أخرى إلى دبابات هائلة .. وكان القمر كالبحر ينشق .. وكنت أجري وأجري وأجري وألهث وألهث وألهث .. حتى غلبني الجهد والفزع من انتظار النهاية فكدت أستسلم لكنني استنجدت بآخر قواي ورحت أشجع نفسي محاولا النداء والتشجيع فاكتشفت أنني نسيت اسمي فرحت أهتف:

- يا أنا .. يا أنا .. يا أنا ..

لكنني لم أسمع إلا رجع الصدى فظللت أجري وأنادي على نفسي ولم ترد عليّ نفسي أو أنها حين ردت أخرس صوتها الفزع وظللت أخوض الكرب وأعاني الهول حتى أدركتني رحمة ربي فاستيقظت من نومي ألهث ألهث ألهث ألهث ..

كنت من الرعب في رعب .. وخشيت أن يكون الأمر قد اختلط عليّ.. أن تكون الأحلام واقعا والواقع كابوسا، كنت مرعوبا من أن تكون أوراق المخطوط قد ضاعت مني فعلا لا حلما عندما أخذها ذو الحافر الناري المشقوق .. كيف أعتذر عن ضياعها، ليس للمرسل المجهول بل لأمة لا إله إلا الله محمد رسول الله، أخبرني المجهول أنه لا توجد في الدنيا نسخة أخرى كاملة من ذلك المخطوط .. وأن النسخ الأخرى كانت مرتبطة بوقائع أزمان محددة..أما النسخة التي أرسلها إليّ فهي أصل الأصول.. هي أول نسخة وآخر نسخة.. يوجد الكثير من النسخ المقلدة أو المزيفة أو الموضوعة..قال لي إنه ظل عشرات الأعوام يبحث لها عن مستودع أمين فلم يجد .. فكر في البداية أن يحفظها في الأطراف والأجنحة بعيدا عن أعين الراصدين في المركز والقلب.. لكن الأطراف كانت تتساقط كأصابع المجذوم.. حاول أن يخفيها في الأندلس لكنها زالت.. وفي تيمور الشرقية لكنها انفصلت.. وفي الفليبين لكنها تنصرت .. وفي الداغستان وبخاري لكنه وجد الكفر قد استقر هناك ليحكم.. وفي الهند لكنه اكتشف أنهم تركوا الإسلام بمعونة الرومان وعادوا يعبدون البقر.. وإلى السند فوجد أن حاكمها مسلم بالاسم لا بالفعل وأن التعامل معه غير مشرف وأنه أشد كفرا من الكافر الأصلي وأعظم خطرا..سألته لماذا لم تطبع منها مئات النسخ فإن ضاعت واحدة وجدت العشرات .. فقال: يا مسكين فماذا أفعل إن ذهب كل قوم بنسختهم يزيدون وينقصون.. حتى نصل إلى زمن لا يبقى من المخطوط إلا المختلف عليه حتى الاقتتال وطوفان دم.. قلت : ولكن كان هناك وسائل.. لكنه أوقفني ثم واصل ما كان فيه: إذ أنه لم يجد في الأطراف ملجأ فعاد إلى المركز.. فكر ذات يوم أن يحفظها تحت قبة الصخرة في المسجد الأقصى .. لكنه أدرك أن القبة أسيرة

والولاية عليها للأشرار دون الأخيار .. وفكر في يوم آخر أن يخفيها في قمة مئذنة الأزهر لكنه اكتشف أن الأزهر قد اخترق الأعداء رأسه .. وأن من اختُرق رأسه فقد مناعته وبأسه ..

حذرني المجهول أيضا من أن أخفيها حتى في الكعبة .. فقواعد الأعداء هناك قريبة .. وما من أحد يعلم مخططاتهم لغد .. ثم إن الكعبة وإن كانت ليست أسيرة لكنها بالأسيرة أشبه، وهي محاصرة، وإن بدا للعيان أن الولاية فيها للأبرار فالله وحده يعلم ما خلف الظاهر من أسرار..

سألت نفسي وأنا من الرعب في رعب:

-هل أضعت أوراق المخطوط بعد كل هذا؟ .. أضعتها بعد أن افتقدتها .. منذ عام .. بل منذ مائة عام بل منذ ألف عام .. بل .. بل .. ماذا أقول؟ وبم أهذي .. وكيف أقول أنني افتقدتها ألف عام ولم أعرف بها إلا منذ أيام قلائل.

هرعت إلى الكهف الذي أخفيتها فيه ..

اخترته كهفا كآلاف الكهوف لا يميزه في حد ذاته عنها شيء لكنني علمته بشمس تزاور عنه في شروقها ذات اليمين وتقرضه في غروبها ذات الشمال..

هرعت هرعت هرعت هرعت ..

هرعت يفترسني خوف وحشي من احتمال ضياع شيء فريد ليس له في الوجود مثيل، شيء إن ضاع ضاعت بضياعه ملايين الملايين. شيء اؤتمنت عليه، وأمانة ارتضيت حملها، كنت جاهلا وظالما ولا أعلم قدر العقبات والعواقب فقبلت. فهل ضيعتها بعد كل هذا. هل ضيعتها وضيعت نفسي وأهلي وقومي وأمتي، لا إله إلا أنت سبحانك إني كنت من الظالمين، أنوء بوزري، فكيف بي إذا تحملت أوزار الباقين جميعا. أبوء بذنبي، فكيف إذا حملت مع الآخرين أوزارهم، وماذا أفعل إن طبّقت على بنود قانون "خيانة الأمانة" أو "الإهمال الجسيم الذي لا يفرقه عن الغش إلا "حسن النية" أو قانون "علم ولم يبلغ".

ماذا أفعل ماذا أفعل ماذا أفعل ..

كانت الشمس غائبة ففقدت دليلي.. هل كنت كذلك الأحمق المشهور الذي خبأ ثروته تحت ظل سحابة عابرة فلما عاد إليها لم يجد السحابة وضاعت الثروة.. لماذا لم أجعل

دليلي شيئا ثابتا.. إن لم يكن خارجا عني فقلبي.. آه.. كانت الشمس غائبة وكان الظلام سائدا و أنا النور رائدي وسبيلي.. طال الليل لكن الصبح في النهاية لاح..

عندما طلعت الشمس محت آية النهار أية الليل فوصلت إلى الكهف الذي أخفيت فيه المخطوط ..

كان قلبي قد كاد أن يتوقف.

و أنا واثق أنني لو كنت قد اكتشفت ضياع المخطوط مني لكان قلبي قد توقف ..

الحمد لله .. وجدت الأوراق كما تركتها ..

رحت أنظر حولي متحسبا من تعقب العسس لي .. لكنهم بحمد الله لم يروني .. وها أنذا أعكف على الفور لأنسخ لكم ما جاء في البروتوكول الثاني قبل أن يعاود العسس كرّتهم فيأتون في الحقيقة لا في الأحلام:

البروتوكول الثاني:

هناك نقطتان أريد أن أثيرهما في بداية حديثي اليوم لكم ..

إن بعضا منكم ينظر إليّ كلصّ سرق بروتوكولات حكماء صهيون ثم نسج على منوالها .. لا تسألوني كيف عرفت .. وليس يزعجني اتهامكم .. لكن ما يزعجني هو جهلكم .. لقد ضربت لكم المثل في المحاضرة الماضية بكلمة "الماء" .. كنت أقصد أن تفهموا المثل كمجرد نموذج ينطبق على ما عداه .. لا أن تقتصروا عليه .. لشد ما يزعجني الأفق المحدود .. وافتقاركم للخيال والقياس..إنني أغفر كل شيء إلا الغباء..ولكن دعوني في البداية أروي لكم هذه الطرفة.. إذ يقال أن الخليفة الروماني في واشنطن دعا أمراءه في بلاد العرب إلى مؤتمر للقمة.. وهناك قال لهم أن بلاده أعطتهم أكثر مما يستحقون وفوق ما يطلبون لكن أوضاعهم استمرت تسوء لا لشيء إلا بسبب

غبائهم وغباء حاشيتهم.. وقال لهم أن سر تقدم بلاده إنما يعود إلى ذكاء وزيره الأول.. ونادي على وزيره وسأله:

- أجب يا ريتشارد: شخص هو ابن أمك وأبيك لكنه ليس بأختك ولا بأخيك.. فمن هو؟

وأجاب الوزير ببساطة وتلقائية على الفور:

- أنا نفسي أيها الخليفة.. أنا ابن أمي وأبي ولست أختي ولا أخي..

وعاد حكام العرب إلي بلادهم يملأهم الخزي بعد التوبيخ والتقريع.. وبمجرد أن وصل كل منهم إلى بلاده استدعى الوزير الأول على الفور وسأله نفس السؤال:

- شخص هو ابن أمك وأبيك لكنه ليس بأختك ولا بأخيك.. فمن هو؟

واختلفت الإجابات وعجز الوزير الأول في غالبية الإمارات عن الإجابة لكن أكبرهم سنا أجاب كما أجاب ريتشارد:

- أنا نفسي يا جلالة الملك..

- أنا نفسي يا فخامة الرئيس..

- أنا نفسي يا سمو الأمير..

وغضب كل ملك وكل رئيس وكل أمير على وزيره صارخا فيه:

- إجابة خاطئة أيها الغبي وقد صدق الخليفة أنكم بغبائكم سر تخلف بلادنا..

وسأل الوزراء:

- فما هي الإجابة الصحيحة إذن..

واتفقت إجابات حكام العرب جميعا:

-نعم .. إجابة خاطئة أيها الغبي.. والإجابة الصحيحة أن ابن أمك وأبيك الذي ليس بأختك ولا أخيك إنما هو مستر ريتشارد بنفسه.. الوزير الأول للخليفة.. ولقد أقر هو نفسه بذلك.

مالكم لا تضحكون يا جلالة الجلالات وفخامة الفخامات وسمو الأمراء.. ؟ هل عجزتم حتى عن فهم الطرفة؟ ما أقصده أن الحكام الأغبياء لم يفهموا علم القياس.. أخشى أن تفعلوا ذلك بالأمثلة التي أضربها لكم.. أن تعتبروا كل مثل حكاية تنتهي مع آخر حروفها.. وليس هذا ما أقصد بالطبع.. بل إنني أضرب لكم الأمثال كنماذج تفسر لكم ما عداها.

نعم.. إن بعضا منكم قال لندمائه أنني لص سرق بروتوكولات حكماء صهيون ثم نسج على منوالها.. ليس يهمني وصفكم في حد ذاته.. لكن ما يهمني وما ما يزعجني هو استعمالكم لمعنى كلمة لص .. فالكلمات كما وضحت لكم لا معنى لها .. ونحن نعطيها المعنى الذي نريده لها .. الكلمة كالحجر .. والأحجار التي بنت أفخر المنتجعات هي نفسها الأحجار التي بنت أقسى المعتقلات .. الفارق هنا يكمن في إرادة من بنى .. في تخطيطه ومشروعه .. في التصور الشامل الذي يجعله يتخيل قبل أن يضع الحجر الأول الشكل النهائي للمشروع..فيرى بأول رأيه آخر الأمر.. كلمة اللص إذن في مشروعنا لا تعنى من سرق حقا لآخر .. بل تعنى الآخر.. نعم .. تعنى المسروق الذي يطالب بحقه دون أن يملك من القوة ما يغلبنا به على أمرنا .. يجب أن تفهموا ما أقول وإلا ما كنتم جديرين بمناصبكم ..

هل فهمتم .. ألمح في أعينكم عدم الفهم .. سوف أحاول أن أشرح لكم الأمر بطريقة أخرى .. فنحن على خلاف ما نتشدق به وندعيه لا نعتبر الجريمة جريمة بمجرد ارتكابها بل نعدها كذلك إذا أمكن اصطياد مرتكبها و إقامة الدليل عليه إذا استطاع الضحية إثباتها، افهموا أن مرتكب الجريمة في هذه الحالة لا يعاقب بسبب ارتكابه للجريمة بل بسبب غبائه حيث لم يستطع

طمس الأدلة خلفه أو إسناد الجريمة إلى غيره أو سحق خصومه الذين أثبتوا الجريمة عليه.. فإذا كان ذكاؤه بالقدر الكافي فلم يستطع الخصوم إثبات الجريمة عليه أو إن كانت أدلتهم غير كافية فلابد أن يعاقبوا بتهمة التشهير والادعاء الكاذب .. ولما كانت كل الأجهزة في أيدينا وكل الوسائل أيضا، فإننا سنستطيع بمنتهى السهولة أن نثبت عليهم ما نريد إثباته .. سنثبته بكل قوة .. بكل يقين .. ابتداء من المستندات الرسمية حتى وسائل الإعلام .. لقد نجحتم نجاحا هائلا في تقديم رجال ونساء الإعلام..إنني أضحك أحينا في دهشة وحبور عندما أكتشف براعتكم الناتجة من تطبيقكم لما أقول لكم.. حيث حولتم رجال الإعلام إلى قوادين ونساءه إلى عاهرات يتنافسون ويتنافسن على إمتاعكم دون أي مراعاة لأي شيء... هذه طاقة جبارة وأعلم أنكم استثمرتموها لكن ليس للحد الأقصى.. إن كل أجهزة الدولة مكرسة لإثبات براءتكم من كل جريمة.. إنكم تستطيعون اختلاق الحكايات وتدبير الشهود وتزوير الوثائق واصطناع المستندات وحتى شرائط التسجيل بالصوت وبالصورة.. نعم.. الكذب ليس عيبا وعليكم أن تمارسوه بقدر ما يفيد وكذلك اللصوصية وكافة الموبقات الأخرى.. إن عليكم مهمة شاقة كي تكونوا متحضرين.. عليكم أن تخلعوا تراث عشرة آلاف عام من الأباطيل التي شوهت وجدانكم وبلبلت أفكاركم.. عليكم أن تقاطعوا هذا كله وتنقطعوا عنه.. وأن تبدءوا من جديد.. وعليكم أن تدركوا أن الطبيعة هي مثلنا الأعلى وأستاذنا الوحيد.. لا تصرحوا أبدا بذلك لكن مارسوه دائما.. تعلموا من الطبيعة.. هل يتهم الأسد الذي يفترس غزالا بالإجرام.. أو الأفعى التي تسرق بيض الدجاج باللصوصية.. وهل لذلك أي عقاب.. إلا إذا افترضنا أن الغزال يستطيع أن يحصل على قوة أسطورية تجعله يقوم بعقاب الأسد بنفسه.. أو يدفع الدجاجة وهي تدافع عن بيضها وأفراخها لنقر عين الحية الرقطاء... تلك أشياء لا تحدث عادة.. لكنها أحيانا نادرة تحدث..ربما نتميز عن عالم الحيوان بميزة.. ففي مثل الأسد والغزال لا يستطيع حيوان ولا إنسان أن يدين الغزال إذا ما استطاع أن يمزق الأسد إربا.. ولكننا على المستوى الإنساني نستطيع بوسائلنا فوق العادية أن

نجرم هذا العمل و أن ندمغه بالوحشية والإرهاب.. فلتعلموا ذلك ولتستغلوه حتى أقصاه..إننا نخلق حقائقنا بأيدينا، ولا حق إلا ما نراه حقا ولا باطل إلا ما نراه باطلا .. وبهذا فإننا نسمي ما نشاء بطولة وما نشاء خيانة .. إلا أنني أحذركم وأنبهكم من أن هذه المسميات غير ثابتة ولا هي مستقرة .. فبطولة اليوم قد تكون في الغد خيانة وخيانة الغد قد تكون أول أمس أو بعد غد بطولة .. هل تريدون توضيحا أكثر .. سوف أضرب لكم مثلا من أنفسكم .. إذ يحكى أن ملكا عادلا (لا تبتسموا .. ففي أحيان نادرة جدا يمكن أن يوجد ملك عادل .. إنه الاستثناء الذي يثبت القاعدة) وكان شعب هذا الملك يكاد يعبده .. وكان أي معارض للملك العادل يلقى به في السجن على الفور .. ثم انقلبت الأمور .. وأصبح الباطن ظاهرا والظاهر باطنا وقبض على الملك العادل وأودع السجن وصدرت الأوامر بإلقاء القبض على كل من يمتدحه .. وذات يوم اجتمع في أحد السجون ثلاثة وأخذ كل واحد منهم يعترف بجريمته التي سجنوه من أجلها .. فقال الأول:

- كنت أهاجم الملك العادل ..

وقال الثاني:

- كنت أدافع عن الملك العادل ..

وتلكأ الثالث قليلا ليقول ..

- أما أنا .. فقد قبضوا عليّ لأنني أنا الملك العادل نفسه!.

لا .. لا .. لا .. لا تضحكوا .. فإن معنى ضحككم أنكم لم تفهموا ما أعنيه .. فليس ما قلته طرفة .. بل هو يمثل جوهر الحقيقة عندنا فنحن يمكن أن ندين الشيء وضده وأن نحبس النظرية نفسها .. هل فهمتم؟!.

النقطة الثانية هي انزعاج بعضكم ودهشة بعضكم الآخر عندما وصفت الأجنبي عموما والغرب خاصة- وسوف أستعمل مترادفات عديدة تؤدي إلى نفس المعنى- بأنه عدوكم .. فهل كنتم تظنونه صديقا؟! .. قولوا ما شئتم

لرعيتكم لكن افهموا الحقيقة المجردة وإلا هلكتم .. إنني مذهول كيف استطاع من يفكر بطريقتكم هذه أن يستمر في سدّة الحكم .. نعم .. الغرب عدوكم .. أخطر أعدائكم .. أم حسبتم أنكم ما دمتم قد أفرطتم في تقليده ولبستم لباسه وتحدثتم بلسانه انفصلتم بالكامل عن شعوبكم وأصبحتم منه .. لا .. سوف يقابلونكم في الغرب مرحبين متهللين.. ولكنه ليس تهلل الصديق لصديقه .. بل تهلل الداعر لقواد ساق إليه بغيته أو الصياد لكلب صيد حمل إليه فريسته أو على أحسن الفروض تهلل الإنسان لقرد يحاول أن يقلده فيلبس حلة ورباط عنق ويضع على عينيه عوينات ويدخن سيجارا ويشرب كأسا من الخمر ويراقص النساء .. هل يمكن للقرد إذا ما فعل كل هذا وأكثر منه أن يصبح إنسانا؟ .. هكذا ينظر ولاة الأمر هناك إليكم .. إنهم ينظرون إليكم كمجرد قوادين يسهلون متعتهم وكلاب صيد تحمل لهم فرائسهم وقرود تقطف لهم الثمار من أماكن خطرة فيكفونهم شر المخاطرة بأنفسهم .. ولقد كانت أدبياتهم وفلسفاتهم تتحدث عنكم عندما قالوا:

"سنختار من بين العامة رؤساء إداريين ممن لهم ميول العبيد، ولن يكونوا مدربين على فن الحكم، ولذلك سيكون من اليسير أن يمسخوا قطع شطرنج ضمن لعبتنا" ..

يجب أن تفهموا هذه النقطة وإلا هلكتم .. هل تذكرون ما قاله القائد الأعجمي عن زميله القائد العربي في الحرب الأخيرة التي كنتم فيها حلفاءهم .. هل وعيتم كمّ الازدراء والاحتقار الذي يواجهونكم بها .. قال القائد الغربي:

"كانت أكبر مشكلة واجهتني أثناء الحرب هي أن أتخلص من الأسئلة الساذجة الغبية لزميلي في القيادة- القائد العربي – .. والذي لم يكن يعرف الفارق بين الواقي الذكرى ومدفع الكلاشينكوف .. وإن خبراته القتالية بالدبابات والطائرات لا تتعدى خبرات الطفولة عندما كان يلعب بلعب تقلد الدبابات والطائرات .. " ..

نعم .. لا يذكركم الأجنبي ولا يذكر شعوبكم إلا مقترنين بألفاظ تتفاوت في حدتها بدءا من "ضحل"، "محدود"، "مخلّ"، "بسيط"، و"ساذج" و"مقزز" و"عاجز" و"بدائي" و"متخلف" و"ظلامي" و"رجعي" و"ضعيف" و"مارق"، وليس نهاية بـ "جاهل"، "عميل"، " انتهازي"، "صفيق"، و"وقح" و"إرهابي" و"مجرم" و"محور الشر".

نحن لا نتكلم عن سباب يمكن أن يتم الاعتذار عنه بجلسة "تبويس" اللحى، بل نتكلم عن فلسفة كاملة تؤكد الفرقة وعدم التكافؤ وأن الشرق شرق والغرب غرب ولن يلتقيا، فلسفة ترسخ الفروق العرقية والجنسية التي تحسم بشكل نهائي أنه من المنطقي والطبيعي استعلاء الغرب على الشرق، إنهم يجندون لذلك كتابا كبارا وفلاسفة من الوزن الثقيل وليس حشرات وديدان كتلك التي تربونها حولكم وتسمونها كتابا، أو بالأحرى فهم لا يجندونهم، وإنما اقتضت نتائج التطور الفكري لمجتمع متجانس تغيرت مرجعياته أن تكون تلك هي القناعات الحقيقية للمفكر أو الفيلسوف، بل ربما يكون الأمر هناك على العكس منه في بلادكم، حيث يسير الحاكم خلف المفكر ليطبق نظرياته.

نعم، أكرر أن المثقف هناك ليس مجرد كلب صيد كالذي تطلقونه لتمزيق معارضيكم بالحق أو بالباطل عندما تشاءون، وضعية المفكر هناك تختلف مواكبة الإمكانات الهائلة التي تنطوي عليها أفكاره وتوجهاته، ويجب أن تستوعبوا ذلك جيدا، لأن المفكر هناك لا الجنرال هو عدوكم الأول في معركة هائلة لا تنتهي أبدا آخر ما يظهر فيها السلاح، معركة يدخلها الجميع حتى الشعراء، ويدخلها بالطبع الروائيون، والفلاسفة، والمنظرون السياسيون، والاقتصاديون، والإداريون الذين يبنون أعمالهم وأنشطتهم على هذا التمييز المسبق بين ما هو شرقي وما هو غربي. تتضافر جهود الجميع على ترسيخ هذه النظرة إليكم وإلى شعوبكم، انظروا إلى صوركم على سبيل المثال في أفلامهم، أو ما تكتب عنكم أقلامهم، حيث يطفح الاحتقار على الدوام بمبررات ومظاهر هيمنتهم عليكم، باستعمال السلاح ضد شعوبكم واعتبار ذلك أمرا

طبيعيا وأخلاقيا ومبرَّرا فإذا مارد المستضعفون ولو كأفراد باستعمال السلاح أو حتى الحجارة -حين لا يوجد السلاح- كان فعلهم إجراما وإرهابا وغير مبرر .. هل تفهمون ما أقول؟ وهل تدركون تلك الرغبة العميقة عند الأجنبي في أن يبيدكم كالهنود الحمر، كان يود ذلك لكن طبيعة العصر لم تعد تسمح، ولكنه وقد عجز عن الإبادة عجز في نفس الوقت عن قمع مشاعره ضد شعوبكم، مشاعره التي تتفجر فيها رغبة عارمة في إخصائكم عقليا وروحيا وعلميا، لقد عجز عن إبادتكم كبشر، فلا مفر إذن من أن يهبط بكم من المستوى البشري إلى مستوى دون الحيوانات، لكي يبرر في النهاية حقه في ذبحكم ذبح السائمة وفي السيطرة عليكم وعلى ثرواتكم، وهناك، حيث بلغت الثقافة ذروتها والتقدم أقصاه، لا تتشوش رؤاهم بأي كوابح أخلاقية، إن الناس غير متساوين، وذلك جزء من طبيعية الحياة وقوانينها، فمثلما تدور الأرض حول الشمس يجب على الضعيف أن يدور حول القوي وأن يتبعه؛ فخضوعكم للأقوى ودونيتكم أمامه هي مسألة عادية من قوانين الطبيعة أستاذنا الأكبر ومعلمنا الوحيد، مسألة يجب تقبلها، بل يجب عدم الشعور بها، والعماء عن ملاحظتها.

إنني أنبهكم مرة أخرى أنني لا أحدثكم عن صواب وخطأ ولا عن حق وباطل ولا عن صدق وكذب، وبالطبع لا أتحدث عن حلال وحرام . أحدثكم عن الواقع المجرد كما هو لكي تستطيعوا التعامل معه. إن بعض معارضيكم يتعبون أنفسهم كثيرا في محاولة تعقب ما يسمونه أخطاء أو أكاذيب في المنظومة الفكرية الغربية عن شعوبكم، وهم سذج جدا، يرون القذى ولا يرون الخشبة، ما زالوا يرون الأشياء بمفهوم الصدق والكذب، وهو مفهوم لا أحبه ولا أحترمه ولا أقره، ولا أستعمله هنا إلا لكي أبسط الأمر أمام عقول مجهدة كسولة لم تتعود على الغوص فيما خلف الظاهر لتسبر الأغوار، أقول لكم إن المنظومة الفكرية للأقوياء والمستكبرين كلها كذب، إنني أشعر بالاشمئزاز من نفسي وأنا أستعمل كلمة كذب، لكنني أصارحكم، بأنني أنظر إلى هذه المنظومة بإعجاب وانبهار لا يوصف أمام عمل إبداعي ليس له مثيل، أنتم تعرفون رأيي

فيكم وفي شعوبكم، ولا يتسع المجال الآن للحديث عن ذلك، لكنني أتحدث عن هذه المنظومة الكبرى من الأكاذيب-مع تحفظي على كلمة أكاذيب- التي شارك في صياغتها مئات الملايين عبر مئات السنين كي يصلوا إلى ما وصلوا إليه الآن من صورة خيالية لكم ولشعوبكم، صورة خيالية لا تكاد تمت للواقع بصلة، صورة خيالية تحكمت فيها نية مسبقة وتخطيط مسبق بأن تكونوا في هذه الصورة البشعة التي تبرر معاملتكم معاملة لا يرتضونها لحيواناتهم، وللوصول إلى هذه الصورة، كان على كل مؤسسات المجتمع أن تنسج نسيجها الفريد، كان على الأقلام أن تكتب، وعلى الصحف السيارة أن تنشر الفضائح، وعلى المجلات المحترمة أن تنشر الأبحاث الموجهة، وعلى الجامعات والهيئات والندوات والتلفاز والمقالات واستقطاب العملاء واستكتاب المأجورين واستمالة أصحاب المصلحة أو الهوى أو أصحاب هذا الفكر كل أولئك لكي يصوغوا فكرة دونيتكم ودونية شعوبكم، كان عليهم أيضا أن يتلاعبوا بالبنوك والأموال وبأسعار صادراتكم ووارداتكم، فإذا فشلت هذه الوسائل كلها كان السلاح يتحرك، كان الهدف أن يبدو ضعف الضعفاء كبنية جوهرية غير قابلة للتبدل والتغيير، وكان الواجب دائما قمع أي محاولة لتغيير هذه الصورة الخيالية. نعم. أنا أعترف أن الصورة التي يقدمها المستكبرون والأقوياء عن الضعفاء ليست إلا عملا فنيا بارعا لا ينتمي للواقع، عمل فني كالشعر، الذي أعذبه أكذبه، إن الأقوياء المستكبرين هم الذين حددوا وفصلوا ومايزوا بين بنيتين تم تعريفهما على أنهما مستكبرون ومستضعفون، أو أقوياء وضعفاء، أو شمال وجنوب أو شرق وغرب، فكلها مترادفات تؤدي نفس المعنى، ولقد حرصوا على أن يكون هذا التمييز تمييزا نهائيا يتضمن تأكيد سيادة الأقوى على الأضعف، كائنا ما كان موقعه وجغرافيته. المهم أن تتشكل المعرفة الأكاديمية المصطنعة مصحوبة بالقوة العسكرية والسياسية، لتؤبد وتؤكد حالة الخصاء الوجودي للآخر، ليقبل الضعيف باستعلاء القوي عليه واستعباده له.

هل أدركتم الآن سر دهشتي لأنكم لم تفهموا أن بلاد الأقوياء في الغرب والشمال والشرق على هذه الدرجة من العداء لكم؟

نعم إنهم هناك ينظرون إليكم بمنتهى الاحتقار والازدراء .. إلا أنني أتوقف هنا لأؤكد أن المنظومة الفكرية للمستكبرين وإن كانت في جملتها وتوجهها تقدم صورة خيالية إلا أنها في ذات الوقت تحتوي على الكثير من الوقائع الحقيقية والصادقة والتي تساعدهم في حبك منظومتهم الفكرية، إن أي منظومة للكذب تنهار على الفور إن لم يوجد بها بعض الحقيقة. تنهار كما ينهار جدار رصت فيه الأحجار دون ملاط، الأحجار هي كتل الكذب، والملاط هو المادة اللاصقة التي تجعل من الأحجار المتناثرة المفككة جدارا صلبا، إن فساد الحكام والنخبة في بلادكم على سبيل المثال ليس خيالا، ولو أن أي واحد منكم كان هناك وعمل ما يعمله هنا لتكفل قانون الجنايات العادي بسجنه مدى حياته .. لكنهم هناك، حينما يتحدثون عن فساد حكمكم لا يفعلون ذلك كي تصلحوا الفساد أو لأجل أن تقللوا منه، على العكس، إنهم يذكّرونكم بأنهم يعرفون خبايا فسادكم، وأنهم رغم علمهم يصمتون، ولذلك مقابل: أن تعطوا لهم ما يريدون. تذكروا دائما ذلك .. وتذكروا أيضا أن هدفهم ليس فقط إقناع شعوبهم أنكم لا تستحقون المعاملة كبشر كي يقدموا لهم المبرر الأخلاقي لما يفعلونه بكم، إنهم يريدون أيضا أن تقتنعوا أنتم وشعوبكم بذلك، ولا أنكر – مع انبهاري- كم وكيف نجحوا في هذا الأمر، لدرجة أن الكثيرين جدا من رعاياكم يشعر بالخزي عندما يضطر لذكر جنسيته. إن بعضا منكم يحاول أن يهرب من هذا المصير التعس بأن ينضم إليهم في احتقارهم وازدرائهم لرعاياه، لكن: لا تتخيلوا أبدا أن إيمانكم بأفكارهم ونظرياتهم وفلسفاتهم سترفع من قدركم في أعينهم .. قد يصفقون لكم أحيانا وقد يعجبون بكم إعجاب مدرب القرد بما وصل إليه القرد من مهارة .. ولعلكم تتساءلون الآن عن جوهر علاقتهم بكم .. عما يربطهم بكم ويربطكم بهم هذا الرباط المتين على الرغم من عداوتهم التي شرحتها لكم على الفور .. أنا أقول لكم .. ما يربطهم بكم ويربطكم بهم هو عدو مشترك .. هذا العدو المشترك هو شعوبكم .. نعم .. هو شعوبكم! .. فكلاكما ينظر إلى هؤلاء الرعاع بخوف ورعب .. لأن أولئك الدهماء هم بأنفسهم من هددوا حضاراتهم ذات يوم وما زالوا يتوهمون أنهم

يملكون البديل الأفضل .. لم يهددوها فقط .. بل لقد انتصروا عليها وكادوا يسحقونها .. هذه الشعوب ما لم تسحق .. ما لم تروض .. ما لم تزور إرادتها ويزيف وعيها فإنها تستطيع أن تنهض لتناوئ من جديد .. ولقد كانت تكاليف هذا السحق على الغرب أكثر مما يطيق .. ثم إن عمليات السحق نفسها كانت تلهب مشاعر الرعاع فيزداد بغضهم للمستكبرين وتحفزهم لهم .. كانت عمليات السحق تلك غير مضمونة ويمكن أن يفلت عيارها في أي وقت ليحدث ما ليس في الحسبان حين يستقوي الغزال على الأسد فيمزقه إربا إربا.. ثم إنهم – من يسمونهم بغض النظر عن الأسماء: المستكبرين– كانوا قادرين دائما على قتل الأجساد .. لكن الأفكار استعصت عليهم .. إن قتل الأجساد لم يكن غاية.. على العكس .. فهذه الأجساد هي التي تمثل الأيدي العاملة الرخيصة كما تمثل أسواقهم التي يبيعون فيها بضائعهم .. كان قتل الأجساد يروى حقدا قديما لكنه كان يزيد الأمور سوءا .. وقد وجدوا أنفسهم في حلقة مفرغة.. كلما قتلوا الأجساد أكثر كلما ترسخت الأفكار عند الرعاع أكثر .. وكلما ازداد القتل كان ذلك باعثا على مزيد من الرغبة في الثأر والانتقام من ناحية .. ومن الناحية الأخرى فإن ذلك القتل يغذي وجهة نظر القائلين منهم بأن الوحشية والهمجية والإرهاب صفات المستكبر لا صفات الشعوب المسحوقة المسكينة.. وسماته لا سماتهم .. وكلما بالغ في القتل كان ذلك دليلا عند الرعاع على صواب رأيهم .. بل وكانت دليلا على أن هذا القوي الشرير الإرهابي المجرم الذي لا يعترف بغير الرصاص وسيلة للحوار يجب أن يواجه باللغة التي يفهمها .. بالرصاص .. وتدور الحلقة الجهنمية المفرغة حيث يكون القتل باعثا على مزيد من القتل .. والإرهاب يستدعي الإرهاب .. كان لابد من عامل قوي يكسر هذه الحلقة المفرغة ويمنع تداعياتها الخبيثة.. لذلك نبتت حاجة الغرب إلي وكلاء له يقومون عنه بما ينبغي أن يقوم به دون أن يثيروا الحساسيات والمضاعفات التي يثيرها وجوده المباشر .. وهكذا صنعوا آباءكم وأجدادكم وأسلافكم .. صنعوهم صنعا .. وليس هذا هو المجال الذي أقول لكم فيه كيف صنعوهم .. ثم صنعوكم أنتم .. كانت صناعتكم –

بحكم اشتراك الوراثة في الصنع- أسهل .. كان عملا عبقريا .. لأنكم .. بحكم أنكم من نفس هذه الشعوب قادرون على قتل الأجساد والأفكار معا .. وبتكلفة أقل .. لذلك حملوكم على أعناق شعوبكم .. لكن لا تنسوا أبدا أن بداية وجودكم كانت مرتبطة بهذا المنهج .. وأن استمراركم رهين به ..

لشد ما أرثي لبعضكم .. الذين يتصورون أنهم بتسريع العملية وبالمبالغة في سحق شعوبهم ينالون حظوة عند الغرب أكثر .. إن الأمر ليس بهذه البساطة .. إنه معقد بدرجة لا يمكن أن يفهمها إلا داهية .. سوف أحاول تبسيط المسألة لكم لأن مستوى ذكائكم يتدهور بدرجة مقلقة.. سوف أحاول أن أبسط لكم الأمر .. هبوا أنكم استأجرتم قاتلا ليقتل عدوا لكم .. إن علاقة هذا القاتل الأجير بكم يحددها أمران: الأول أنه يعلم أنكم أقوى منه وأنكم تملكون عقابه، والثاني أن يعلم أنكم تملكون القدرة على عطائه عطاء جزيلا .. فإذا اختلت هذه المعادلة فتذكروا أن القاتل الأجير يمكن أن ينقلب على صاحبه، وأن يكون مكمن خطر، إما بدافع الانتقام أو بدافع الطمع.

والآن لنعد إلى مَثَـلِ القاتل الأجير .. ستجزلون له العطاء .. لكن إن كان هذا العدو الذي استأجرتم القاتل لقتله صديقا للقاتل نفسه فلابد أن تجزلوا له العطاء أكثر لأن مهمة القاتل هنا ليست القتل فقط بل وخيانة الصديق أيضا .. فلنتقدم خطوة أخرى .. هبوا أن هذا العدو ليس صديقا للقاتل فقط .. إنه أبوه وأمه .. أبناؤه وزوجته .. أشقاؤه وعشيرته .. أهله .. لو كان الأمر كذلك فإن العطاء الجزيل وحده لا يكفى .. إذ لابد هنا من خداع القاتل .. من غسيل مخه .. من التزلف إليه وإيهامه بأنكم أنتم أهله وعشيرته الأقربون .. لابد من التزلف إليه والمبالغة في التظاهر باحترامه .. عليكم أن تقوموا بكل ذلك رغم كل ما يعتمل في أنفسكم من ازدراء واحتقار .. وعليكم أن تواصلوه حتى ينجز مهمته .. وفى اللحظة التي ينهى فيها القاتل الأجير مهمته .. في اللحظة التي تنتهي حاجتكم إليه .. فليس ثمة قوة في الدنيا بقادرة على منعكم من إظهار مشاعركم الحقيقية نحوه .. من ازدرائه واحتقاره بل ومن محاولة

التخلص منه .. لأنه منذ اللحظة التي ينهى مهمته فيها سوف يكون عبئا ومصدر ابتزاز خطر .. وأخطر ما في موقفه أنه سيظن أنه بسبب ما أسداه لكم أصبح ندا لكم .. بل أصبح ذا فضل عليكم .. وأن الثمن الذي يتوقعه ليس ثمنا ماضيا .. تدفعونه له وينتهي الأمر .. بل هو ثمن مستمر في الحاضر والمستقبل .. ثمن استقراركم وسيطرتكم .. بل إن هذا القاتل الأجير يتحول إلى مبتز، وقد يقوم هو نفسه بالتحريض عليكم وإشعال الفتن ضدكم حتى يذكركم بما يجب أن تدفعوه له .. فما هو الحل في هذه المشكلة الخطرة .. ألا توافقونني في أنه ساعتها يجب عليكم أن تدبروا المؤامرات والقلاقل ضد هذا القاتل الأجير حتى تنتهوا منه .. إنني أرجو مخلصا أن تكونوا قد تخلصتم من الحساسية المرضية من استعمال الألفاظ والكلمات والصفات.. وأرجو ألا يخدش كبرياء جلالاتكم ومعاليكم وسموكم تشبيهي لكم بقاتل أجير .. إنني أعتذر لكل من يظن أنني قد خدشت كبرياءه .. لكنني في نفس الوقت أصر على تشبيهي .. بل وأزيد لأقرر أنه ليس مجرد تشبيه!.

هل فهمتم الآن ما أقصد .. إنكم مكلفون بمهمة معينة .. فإن أتممتم إنجازها فلا حاجة بهم إليكم .. ولقد كان عدم فهم هذه النقطة بالذات هو السبيل إلى المآسي الفاجعة التي انتهت بقتل رؤساء وتشريد ملوك ..

سوف نعود لهذه النقطة مرات ومرات .. لكن ما أحب أن أقوله الآن لكم .. أنهم لم يخفوا عنا كل ذلك .. ولقد قرأت عليكم منذ قليل اعترافهم بأنهم انتقوكم من بين الرعاع والدهماء .. كانوا حريصين على أن تكون صفاتكم صفات عبيد .. إنني أرجو ألا تؤلمكم هذه الصراحة .. ومرة أخرى فالكلمة ليس لها معنى إلا المعنى الذي نعطيه لها .. ولكيلا يهولكم الأمر .. فإن الوجود البشري كله ينبني على وجود سيد وعبيده .. وحتى بين الأقوياء أنفسهم فإن الأقوى نسبيا يستعبد الأضعف نسبيا .. صحيح أنهم ارتقوا هناك بالمفهوم كي يمتعوا أنفسهم .. لم يكتفوا باستعباد بعضهم بعضا .. فجعلوا من التكنولوجيا عبدا من العبيد .. ثم إنهم نجحوا في أن يحولوا العبودية نفسها إلى

نوع من المتعة .. ونجحوا بعبقرية أن يتبادلوا الأدوار .. فالعبد بالنهار سيد بالليل وسيد الليل عبد بالنهار .. والحاكم هذا العام يصبح محكوما في العام الذي يليه .. بينما يصبح المعارض حاكما دونما حاجة إلى الصراع الوحشي وسفك الدماء، ولقد استطاعوا بذلك أن يصلوا إلى درجة من الاستقرار أمّنت لهم سبل التقدم ونقلت صراعاتهم الداخلية إلى الخارج. إلى بلادكم أنتم. لذلك فإن مفهوم الانفصال الطبقي عندهم ليس ظاهرا كل الظهور .. ذلك كله صحيح .. وصحيح أيضا أنه لولا اختيارهم لكم ما كنتم في مناصبكم التي تتمتعون بها الآن .. وصحيح أن عصمتكم في أيديهم فمن شاءوا منعوه ومن شاءوا أطلقوه ومن شاءوا خلعوه ومن شاءوا قتلوه ومن شاءوا عزلوه ومن شاءوا أطلقوا له الحبل على غاربه .. وذلك كله يعنى أن مفهومهم عنكم كعبيد مفهوم صحيح .. لكن هذا هو المعنى الذي يستطيعون إعطاءه للكلمة .. أنتم تستطيعون أن تعطوا الكلمة معنى آخر .. لكنني قبل أن أتطرق إلى هذا المعنى أدلف لمفهوم كلمة العبيد عند رعاياكم .. نفس الشيء .. إن الوجود ينقسم عندهم إلى سيد وعبد .. ورغم أن الكلمتان تتكونان من ذات الحروف فشتان ما بين المعاني .. ذلك أن مفهوم الرعاع والإرهابيين أن الله هو السيد الواحد الأحد وأن جميع الخلائق بعد ذلك عبيد .. هذا المعنى الخطير يقتضى أن البشر كلهم عبيد .. وما داموا عبيدا فهم متساوون .. إذ لا يمكن أن يكون البشر متساوين إلا في حالة وجود إله .. إنهم يعترفون على أنفسهم بأنهم عبيد .. وأنتم أيضا من وجهة نظرهم عبيد .. ويرون حتى سادة الغرب عبيدا .. الكل عندهم عبد والعبودية مطلقة وذلك يعنى تساوي الرؤوس جميعا وليس لأحد العبيد أن يعتبر أنه أفضل من العبد الآخر إلا بمحض صفاته الشخصية .. هذه الفكرة هي ما تزعج الأقوياء هناك كما تزعجكم .. لأنها تهدد فلسفة القوي الأجنبي وحضارته كلها بالفناء .. وهى تهددكم أيضا بذات الفناء .. ولأن الأجنبي قد فشل في قمع هذه الفكرة .. حيث نجحتم أنتم.. فإن ذلك يعطيكم ميزة .. وهذه الميزة تجعلكم سادة وليس عبيدا .. أو على الأقل نصف سادة..على ألا تنسوا أبدا .. أن وجودكم مرتبط بوجود شعوبكم .. ولو

تصورنا كارثة طبيعية أهلكت شعبَ واحدٍ منكم فلم يبق من الشعب إلا هو .. فإن الغرب ساعتها لن يواصل التظاهر بمعاملته كسيد بل سوف يتعامل معه كلص ومجرم ..

هل فهمتم ما قلت يا سادة ..

تلك هي لعبتكم الكبرى .. وهى ليست لعبة حظ ولا متعة وإنما لعبة حياة أو موت .. الأجنبي يتعامل معكم كسادة ولكنه يعتبركم عبيدا .. وأنتم تعاملون رعاياكم كعبيد لكنكم تتظاهرون بسياستهم كسادة .. وما بين الاثنين .. الأجنبي ورعاياكم تقبع فرصتكم .. وتذكروا دائما أن رعاياكم هؤلاء هم الفئة الوحيدة التي تعترف على أنفسها بالعبودية .. إنهم لا يتنافسون معكم على سيادة ولا حتى نصف سيادة وإلا لأمكن التفاهم معهم.. برشوتهم .. أو باصطفاء الأقوياء منهم ليكونوا معكم سادة .. ليسوا مثلكم .. وذلك مكمن خطرهم .. وصعوبة سياستهم .. إذ كيف تتمكنون من السيطرة على من لا يعترف بكم سادة .. من لا يعرف له سيدا سوى الله .. لكن ذكاءكم سيكمن في تقليدكم لما يفعله الأجنبي معكم وبكم .. اختاروا لهم وزراء ممن لهم ميول العبيد .. وشيخ أكبر ممن لهم ميول العبيد .. ومدع عام ممن لهم ميول العبيد .. وقضاة ممن لهم ميول العبيد.. ومحافظين ممن لهم ميول العبيد .. ورؤساء جامعات ممن لهم ميول العبيد .. واجعلوا الوزراء يختارون وكلاء ممن لهم ميول العبيد .. اختاروا أيضا رؤساء تحرير صحفكم ممن لهم ميول العبيد .. والمسئولين عن إعلامكم وثقافتكم وتعليمكم وصناعتكم وتجارتكم وزراعتكم وكل شئون الحياة في ممالككم وإماراتكم .. اجعلوا كل مرؤوس عبدا لرئيسه سيدا لمرءوسه .. لأنكم بذلك تجعلونه يتخلص من توتر قهر رئيسه له بقهر مرءوسه .. وليظل الصراع مستعرا بين طوائف أممكم .. صراع كصراع العبيد في روما القديمة .. حين كان العبدان يقتتلان حتى الموت.. يموت أحدهما في المبارزة .. فيتقدم جنود الرومان لقتل الآخر على الفور.. كان الفارق بين حياة القاتل والمقتول دقيقة .. بين النصر والهزيمة دقيقة .. ولقد تجلت عبقرية الرومان

في أنهم لم يتركوا للعبيد أي فرصة ليدركوا معنى هذه الدقيقة ومغزاها .. ولو أنهم أدركوها لاتحدوا وقتلوا قاتليهم .. هذه العبقرية هي بالضبط ما أريدكم أن تتزودوا بقبس منها .. عبقرية الحكم .. لكن لا تنسوا أبدا أن أعداءكم الآخرين هناك يمارسون نفس السياسة العبقرية معكم .. لكن مهمتكم أصعب من مهمتهم.. إنهم يعاملونكم ورعاياكم بنفس المنهج .. أما أنتم فإن عليكم أن تمارسوا الشيء وضده في نفس الوقت .. أن تتعاملوا معهم بطريقة ثم تتعاملون مع رعاياكم بطريقة مضادة على طول الخط .. إن الجهاز العصبي للكائن البشرى غير ممهد لفعل الشيء ونقيضه في نفس الوقت ..

والآن ..

دعوني أرفه عنكم .. سأقطع هذا الحديث القاسي المتجهم .. سأرفه عنكم بلعبة طريفة ..

فليضع كل واحد منكم يديه على صدره .. اقبضوا أصابعكم .. ودعوا السبابة وحدها منتصبة .. والآن هيا .. لنبدأ اللعبة .. اجعل السبابة اليمنى تتحرك على النصف الأيمن من صدرك صعودا وهبوطا .. هيا .. بسرعة .. والآن .. دون أن تتوقف سبابتك اليمنى .. اجعل سبابتك اليسرى ترسم دائرة على نصف صدرك الأيسر .. هيا .. بسرعة .. اجعلوا الدائرة منتظمة .. لا توقفوا السبابة اليمنى عن حركتها الرأسية .. السبابتان معا .. في نفس الوقت والحركة المختلفة ..

والآن .. انتهت اللعبة .. أطلقوا أيديكم كما شئتم ..

هل أدركتم صعوبة – وربما استحالة– تلك اللعبة؟ .. أن يتحرك نصفك الأيمن عكس حركة نصفك الأيسر ..

هذا بالضبط ما يحدث لكم في الحكم .. وعليكم أن تكتسبوا تلك المهارة الصعبة .. فباكتسابها تستطيعون قلب المعادلة كيفما شئتم .. تستطيعون مواجهة عدوكم ليس بأنفسكم وإنما بعدوكم الآخر ..

من أصغر مستوى إلى أكبر مستوى .. من خلافات بين قريتين ومرورا بالصراعات المصنوعة بين الأحزاب والهيئات والمؤسسات والدول ووصولا حتى الحرب العالمية .. وبهذه الطريقة تنتصرون وتبقون ويبيد أعداؤكم في الداخل والخارج .. يستهلك كل منهما قواه ويفرغ توتره مع الآخر .. لتبقى الساحة بعد ذلك بأقل قدر من التوتر .. فتحكمون كما تشاءون .. وإلى أبد الآبدين..

***

البروتوكول الثالث

عبقرية الشيطان

هل تعرفون أكثر عملية عبقرية نجح الشيطان فيها؟..

أنا أقول لكم:

أكثر ما نجح الشيطان فيه أنه استطاع إقناعنا أنه غير موجود!!.. فلما اقتنعنا بذلك راح يعربد كما يشاء واثقا بأنه لن يتهم أبدا.. وما دام لن يتهم فقد أتيحت له الفرصة كي يفعل ما يشاء واثقا أن الناس ستفعل ما يشاء لها أن تفعل وهى تظن أنها إذ تفعله تفعله بدافع من الفكر أو العاطفة أو الذكاء أو الثقافة أو.. أو.. أو.. العبقرية.. لذلك ستواصل فعله.. وربما لو أنها أدركت أن الشيطان هو الذي وسوس إليها كي تفعل ما تفعل لعزت عليها كرامتها وربما لأقلعت...!!..

إنني لا أدعوكم طبعا للإيمان بالشيطان.. فالإيمان به يعنى بداية الإيمان بالغيب.. والغيب هو عدونا الذي لا نستطيع معايشته أو الانتصار عليه.. هو مشكلتنا الكبرى.. ذلك أنه سينتهي بنا في النهاية إلى الله.. وقد قلت لكم أن الله عنصر خطر .. وأن علينا أن نعزله عن حياتنا كلها..

لقد قال دستويفسكى: إذا غاب الله .. فكل شيء مباح..

هذا تماما ما أقصده..فلكي يكون كل شيء مباحا لكم عليكم أن تبتعدوا عن فكرة الله.. فبغيابه لا تصبح الفضيلة فضيلة ولا الرذيلة رذيلة ولا الخير خيرا ولا الشر شرا ولا الصالح صالحا ولا الطالح طالحا ولا الحق حقا ولا الباطل باطلا.. يصبح الصواب ما نقوله نحن ولا يُحكم علينا بما يقوله هو.. نعم ..

ثمة تعارض كامل بين استمراركم واستمرار الإيمان بالله.. وفي وجود الله لا توجد لكم أي مشروعية وليس مباحا لكم أن تحكموا وتسودوا.. إن عدم الإيمان بالله يقتضي بداهة عدم الإيمان بالشيطان.. وأنا لا أدعوكم إلى هذا ولا إلى ذاك ولا إلى عكس هذا أو ذاك.. بل إن الأمر كله على مستوى الاقتناعات الشخصية لا يهمني.. ولو كانت الاقتناعات الشخصية هي المحرك لما طرحت عليكم هذا الأمر أبدا.. ولكي أيسر لكم الأمر فإنني أشبهه بسلوككم في البورصة.. إنكم وأنتم تقامرون وتغامرون فيها لا يهمكم حالة الاقتصاد بل يهمكم ما تستطيعون أن تجنوه منها مهما كانت الوسائل التي تستعملونها بل إن هذه الوسائل لو أدت إلى الانهيار والخراب لاقتصاد أوطانكم فإنها لن تردعكم ما دام ذلك يعود بالمكاسب عليكم. . إن البورصة في عالمكم لا تمثل سوقا حقيقيا للتجارة.. إنها تمثل الواجهة التي تمارسون من خلف مظهرها المشروع عمليات غير مشروعة.. إنني عندما أتحدث عن الله أو الشيطان أقصد نفس الشيء.. أريد أن تعملوا خلف الواجهة بغض النظر عن إيمانكم أو عدم إيمانكم بها.. أنتم لا تؤمنون بالبورصة ورغم ذلك تعملون من خلالها.. ولو آمنتم بقوانينها الحقيقية لانهارت ثرواتكم وانكشفت أعمالكم التي يجرمها القانون.. ها أنذا أستعمل المصطلحات مرة أخرى بمفهوم غيري.. ولكن ليس أمامي وسيلة أخرى.. فلو أنني وقفت أمام كل لفظ لأحرر كل كلمة وكل معنى ولأربط الدال بالمدلول لاستغرقت المحاضرة الواحدة عدة أعوام لا عدة ساعات.. أرى في أعينكم عدم فهم المثل الذي ضربته لكم عن البورصة.. فلأضرب مثلا آخر.. إن المحامي يدرس القانون لا لكي يطبقه أو يحميه بل لكي يعثر على الثغرات التي يمكنه الاستفادة منها فيه.. وليس هناك أي علاقة بين إيمان هذا المحامي أو عدم إيمانه بهذا القانون.. بل إنه لو شغل نفسه بهذه المشكلة فلن يمكنه أن يكون ناجحا.. علاقتنا بالشيطان تشبه علاقة هذا المحامي بالقانون.. الحقيقة لا تهم على الإطلاق بل في الواقع لا توجد أي حقيقة.. سواء وجد القانون أو لم يوجد..أحتُرِم أم لم يُحتَرم فذلك كله غير مهم وهو لا يؤثر في النتيجة النهائية ولا حتى في الوسائل.. دعكم الآن من

أن كل قضايانا خاسرة لأنها تنتهي بالموت رغما عنا .. لكن ذلك موضوع آخر.. ولكن تذكروا في إطار هذا المثل أن وجود القانون مهم جدا حتى لو لم تؤمنوا به.. بل أقول أن وجوده أكثر أهمية لمن لا يؤمنون به.. لأن القانون هنا سيف يمسكه الأقوياء يذبحون به الضعفاء.. فلنعد إلى ما كنا فيه.. الشيطان ليس مجرد سيف بل سلاح إليكتروني رهيب يدمر به الأقوياء الضعفاء..دعكم من اعتقادنا.. لكن رعاياكم يعتقدون في وجود الشيطان.. وعليكم أن تستغلوا ذلك حتى حده الأقصى بغض النظر عن وجوده أو عدم وجوده فما يهمنا أنه موجود كفكرة بغض النظر عن وجوده أو غيابه كواقع.. وهو موجود ولو افتراضيا لصالحكم.. لكي يحمل عنكم خطاياكم.. هل تشعرون بالدوار .. حسنا.. ذلك هدف من أهدافي.. بل ويجب أن يكون هدفا من أهدافكم أيضا.. فهدف الحاكم الخائف علي مكانته من الاهتزاز هو تدويخ شعبه بصورة دائمة.. فإن لم يكن يستطيع أن يمنحه يقينا – ولن يستطيع– فإن هدفه يجب أن يكون زلزلة هذا اليقين.. وبناء على هذا فإن علينا أن ندافع بصورة غير مباشرة طبعا عن النظريتين بكل شراسة وحماسة.. حقيقة وجود الشيطان ونظرية عدم وجوده... أسمع همهمة.. دعوني أقلب الجملة فأقول نظرية وجود الشيطان أو حقيقة عدم وجوده .. إلا أنني أنبهكم هنا بغض النظر عن المعنى المراوغ للألفاظ إلى أنني لا أقصد شيطانا مخلوقا من نار بل أقصد شيطانا مصنوعا من أفكار..

ألا تبحثون في حياتكم اليومية طول الوقت عن كائن تحملونه جرائمكم ليدفع الثمن نيابة عنكم محتفظا بصورتكم أمام رعاياكم أبرياء أطهارا أو على الأقل ضحايا للشيطان الرجيم.. إن هذا الكائن 'ذا ما وجدتموه يكلفكم الكثير.. ولكنكم إن أنحيتم باللائمة على الشيطان – الذي يقدم نفسه مجانا– فسوف تهربون من تبعة الجرائم وتظفرون في نفس الوقت بالتعاطف.

نعم.. الشيطان وليس الله هو ما يجب أن يعتمد عليه كل حاكم..

لكن عليه أن يخفي ذلك فلا يتصرف كما تصرف حاكم غبي كشف أمره فأصدر مرسوما ملكيا بالعفو الشامل عن عبدة الشيطان ليرفض في نفس اليوم اعتماد حكم المحكمة بتبرئة من يطلقون على أنفسهم أنهم مجاهدون..

ذلك غباء..

وأنتم تعلمون أنني أود أن أحرق المجاهدين المتطرفين جميعا.. لكن ليس بهذه الطريقة الفجة الغبية.. إذ يجب أن يتم تلويثهم وتشويههم وإلا تحولوا إلى أبطال وقدوات ومثل عليا.

...

لماذا تتململون الآن..

هل أمللتكم؟!..

لماذا أسمع منكم الهمهمة..

لا يليق هذا بكم يا جلالة الجلالات ويا فخامة الفخامات..

ويب لكم.. ويح لكم .. ويل لكم ..

هل تظنون أن خيط التفكير قد أفلت مني .. وأنني أذكر لكم اليوم أمورا متناقضة لا يربط بينها رابط..

سوف أشرح لكم الأمر على الفور..

لكنني قبل أن أفعل ذلك أريد أن أنبهكم..

أريد آذانكم وعقولكم معي.. فما أقوله لكم سري جدا.. محظور نشره .. محظور نسخه .. محظور تسجيله.. فأنتم تدركون بالضرورة مدى خطورة أن يطلع الناس على خباياكم.. لذلك فإن الموت عاقبة من يحاول – مجرد المحاولة – أن يتنصت على حرف منه ما لم يكن ملكا أو رئيسا أو أميرا.. ثم أنه بعد ذلك ليس مكتوبا في كتاب ولا مراجع له.. إن الطبيب يرجع إلى مراجع الطب حين يستغلق عليه أمر.. كذلك المهندس والعالم والصحفي.. وحتى رجل الدين.. ثم أن خلف المراجع مراجع أشمل وأكمل.. وخلف مراجع

المراجع تقبع الفلسفة النظرية التي تشكل الأساس الذي لا يمكن أن يرتفع بدونها بناء ولا أن يتم أمر.. كل فئات المجتمع هكذا.. إلا أنتم.. و إلا.. فهل صادف أحدكم كتابا بعنوان: كيف تكون ملكا؟ أو : الطرق السرية للوصول إلى رئاسة الجمهورية؟ أو : كيف تفتت شعبك وتهدم مؤسساته المدنية؟.. أو: كيف تلفق التهم لخصومك السياسيين؟ أو : كيف تعذب المعتقلين وكيف تقتلهم؟ أو : كيف تفسد من حولك لتسيطر عليهم؟! .. لن تجدوا ما أقوله لكم الآن في مكان آخر.. لذلك أريد عقولكم وآذانكم ووجدانكم معي .. لا تعودوا إلى التململ والهمهمة مرة أخرى.. إنني أعلمكم فنون السيطرة وبدونها تُذبحون.. افهموا إذن وراجعوا ما نبهنا إليه أحد كبار فلاسفتنا من أن واجبكم أن تفهموا الأشياء لا من حيث الحق والباطل أو الصدق والكذب أو حتى الوجود والغياب بل من حيث " نفعها وضررها بالنسبة لكم " وأن عليكم ألا تتعاملوا مع هذه الأمور إلا من باب واحد " هل هي معنا أم علينا ؟ " وتذكروا دائما في نفس الوقت أن واجبكم أن ترضوا المتدين و العلماني و الليبرالي.. وأن ترضوا الفئات العديدة التي تنقسم إليها كل شعبة.. فلابد أن يرضى عنكم على سبيل المثال السلفي والصوفي بل وحتى الشيعي.. والعلماني المتجنب للدين وذلك الذي يسعى إلى هدمه.. والليبرالي الساذج الذي ما يزال يظن الليبرالية تعني الحرية وذلك الذي يفهمها بمفهومها الصحيح.. يجب أن يشعر كل واحد من هؤلاء أنكم معه .. بل وأنكم على دينه.. وأنه لولا مقتضيات السياسة وضغوط الداخل والخارج لأسفرتم عن هذا التوجه الموافق له.. يجب أن تفعلوا كل هذا كما البهلوان.. يجب أن تفعلوه كي تفوزوا في صراع البقاء و للسيطرة على الداخل " بكل تناقضاته " و التناغم مع الخارج أيضاً بكل تناقضاته. يجب أن يكون لدي كل حاكم القدرة على إقناع كل فرد في المجتمع سواء المحلي أو الدولي أنه يفهم احتياجاته و رغباته و يسعى لتحقيقها بأساليب مشروعة معترف بها مع أنه في قرارة نفسه لا يهتم لذلك كله، فهو يفهمه لكي يسيطر عليه، ويسألك عن احتياجاته ليضغط عليه من خلالها و في النهاية، فهو لا يسعى إلا لتحقيق ما يريد هو أو من يعمل لحسابه. قد يقول بعضكم أن هذه

صفات محتال لا حاكم.. وأنا لن أدافع!.. ولن أخيب أمل من يقول ذلك.. فليس هناك فارق حقيقي بين السياسة والحكم من ناحية وبين النصب والاحتيال من ناحية أخرى.

نعم.. وإن ما أريد الوصول إليه هو أن أشرح لكم أن ممارسة الحكم ليست طلاسم سحرية و لا معادلة عبقرية و لكنها ببساطة " خداع ذكي و كذب كثير و فرص مستغلة و جمع بين التناقضات و جرأة على التغيير الجذري و على الدم ورائحة البارود " !.. و أن السياسية لا تعترف بدين و لا أخلاق وأن السياسي يقدس " التوفيق و التنسيق " بين المتناقضات ويشعر بأن العيش مع المتناقضات هو النجاح الحقيقي بينما صفاء المبدأ و شفافية المعتقد تعتبر خلقاً ساذجاً و تلقائية صبيانية !..

أسمع همهمة.. بل سمعت من يهمس مرة أخرى أن لهذه المحاضرة جذورا في بروتوكولات حكماء صهيون وفي بروتوكولات أخرى..

مرة أخرى..

يا له من غباء..

يجب أن تعلموا أنه ليس هناك في الدنيا شيء جديد.. منذ خمسة آلاف عام على الأقل ليس هناك جديد.. الجديد فقط هو إعادة الصياغة بغض النظر عن الجذور.

...

والآن نعود إلى ما كنا فيه..

قلت لكم اعزلوا الله.. وحدثتكم عن عبقرية الشيطان..

لا أعني بهذا-كما نبهتكم مرارا- أن تؤمنوا بالله أو الشيطان.. كما لا أعنى أن تجاهروا بالكفر أمام شعوبكم وإلا سَحَــلَــتْكُمْ في الشوارع.. بل لا أعنى حتى أن تكفروا .. صوموا كما شئتم وصلوا كما شئتم وزكوا كما شئتم وحجوا كما شئتم ولتشهد ألسنتكم بما شئتم .. لكن على ألا يتجاوز الأمر قلوبكم إلى عقولكم أو إلى المجتمع الذي تحكمونه.. الدين لله نعم.. لكن الدنيا

لكم.. فليعطوكم مالكم ثم بعد ذلك ليعطوا لله ما لله.. وليس شاغلي الآن كيف تؤمنون ببعض الكتاب وتكفرون ببعض.. على العموم فقد أثبتت التجربة العملية أنكم تجيدون صياغة المتناقضات .. ليس ذلك شاغلي لكن شاغلي يقبع في بالغيب... هنا نقطة الخطر التي يمكن أن تدمركم تدميرا.. وهنا أعيدكم إلى مثل كلمة " الماء " الذي ضربته لكم في البداية.. آمنوا أنتم أيضا أمام رعاياكم بالغيب.. لكنه سيكون غيبا يختلف تماما عن الغيب الذي يؤمن به رعاياكم.. فغيبكم يعني أن كوارث الإهمال كالغرق والحريق قضاء وقدرا.. وأن الناس بؤساء لأنهم أخيار لا لأنكم أشرار ولأن الدنيا سجن المؤمن وجنة الكافر.. وأن الأيام القادمة سوداء والدليل لو اطلعتم على الغيب لاخترتم الواقع.. لا تعارضوهم في هذه المفاهيم أبدا.. لكنكم ستحاولون دائما تدمير إيمان الناس دون أن تظهر لأي واحد منكم أي بصمة.. هل سمع واحد منكم أنه أمكن التقاط بصمة للشيطان؟ .. أريدكم أن تفعلوا مثله.. ولا يقتضى هذا أن تؤمنوا به.. فالعبقرية ضالتنا .. أنى وجدناها فنحن أولى بها..

إن الأمر ليس سهلا أبدا.. فما أقوله لكم هو فلسفة الحكم ومرجعيته التي لا توجد لكم مرجعية سواها.. ثم أنه محظور أن يدرس هذه الفلسفة إلا جلالة ملك أو فخامة رئيس أو سمو أمير.. وهذا يعنى أنه سوف يظل بعد أن يتولى الحكم فترة قد تطول وقد تقصر حتى يستوعب فلسفة الحكم..

لابد أن تدركوا أن الشيطان هو الشريك الأساسي في الحكم.. هو النائب الأول.. بل لابد أن يكون هو الحاكم أحيانا ليكون الحاكم منكم مجرد نائب له.. لا بد أن يكون موجودا على الدوام وغير موجود على الإطلاق في الوقت نفسه.

ثمة نقطة مهمة لابد أن أنبهكم إليها هنا.. لقد حدثتكم عما يجب أن تكون عليه مواقفكم تجاه الله والشيطان.. تعلمون أنهم في الغرب عموما قد وضعوا كل حديث عن الله والشيطان في موسوعاتهم في أقسام الخرافات والأساطير.. ولا ينفي هذا تعلقهم بالخرافات والأساطير.. بل ويزيد يقينهم بها في أحيان

كثيرة عن أي يقين ديني.. لكنني لا أنصحكم بحكاية الخرافات والأساطير هذه..أذهب بكم إلى ما هو أهم وأعمق.. إلى الربط بين الحب والله.. وبين الكراهية والشيطان .. إن الحب ينتهي بالله.. أما الشيطان فتبدأه بذور الكراهية.. إن الحب ساذج.. أما الكراهية فعبقرية.. إن الحب لابد أن يكون مؤمنا أما الكراهية فلا يمكن أن تكون إلا كافرة.. لذلك أحذركم من الحب بجميع درجاته و أنواعه.. ذلك أن الحب يعني أن للإنسان قيمة أعلى من مجموع ما يحتويه.. يعني فكرة التجاوز.. وفكرة التجاوز هذه لابد أن تؤدي إلى الله..

لا تقلقوا.. أعلم أنكم لا تفهمونني..

سأوضح لكم الأمر..

إن سبيكة من الذهب تساوي بالضبط وزنها بالجرام طبقا لأسعار الذهب اليوم..

ولكن إذا ما صاغ فنان ماهر من هذه السبيكة تحفة فنية فإنها قد تساوي أضعاف ما يساويه وزنها.. فأن أضيف إلى ذلك أن كانت من التحف الأثرية فإن قيمتها لا تقدر بمال.. وأضرب لكم المثل بقناع توت عنخ آمون..

إن الفن والزمن وليس المادة هما ما رفع قيمة الذهب..

وكذلك الحب هو ما يرفع قيمة الإنسان ليعني أنه يساوي أكثر من قيمته.. هذا الفارق بين القيمتين هو التجاوز الذي لابد أن يؤدي الإيمان به إلى مشاكل لا أول لها ولا آخر ومنها الإيمان بالله.. حيث تنشأ الصعوبة حين تجدون أناسا يتعاملون بعملة لا تتعاملون أنتم بها ولا يمكنكم تزويرها. إن الحب يجمع الناس على أهداف لا يمكنكم تقدير قيمتها لأنها لا توزن ولا تقاس ولا ترى ولا تسمع ولا تُشم ولا تحس ولا تعرض في بورصة الأوراق المالية.. وأنتم تدركون خطورة تجمع الناس..ربما أحدثكم بتفصيل أكثر عن هذه النقطة فيما بعد.. أما في هذه المرة فإنني أحدثكم عن الشيطان.

لقد نصحتكم بتجنب الحب لأنه يؤدي إلى الله..

وها أنذا أنصحكم بممارسة الكراهية التي تؤدي في نهاية طريقها إلي الشيطان..

نعم..

اكرهوا ما استطعتم.. فبقدر قدرتكم على الكراهية سيطول حكمكم وتدوم انتصاراتكم.. انثروا حولكم الكراهية والحقد والبغضاء والحيرة والحسد.. بالكراهية تفتتون قوة الآخرين وتفرقون جموعهم.. انثروا الكراهية وانشروا الحقد وازرعوا البغضاء وغذوا الصراع في كل مكان.. بين الأغنياء والفقراء.. بين أهل الشمال وأهل الجنوب.. بين أهل الشرق وأهل الغرب.. بين الطوائف والأحزاب والهيئات وبعضها البعض.. بين الأحزاب السياسية.. بل بين الأفراد بعضهم البعض.. بين الأشقاء.. بين المرء وزوجه.. وبين الأب وابنه حتى يكون الجو قيظا والولد غيظا ويبر المرء صديقه ويجفو أباه.. لكنه لا يبر صديقه إلا لاتفاقهما على الفحشاء..

إن أهداف الشيطان هي أهدافكم.. لا تنسوا ذلك أبدا..

إن الهدف الأول للشيطان أن يدفع الإنسان إلى الكفر.. فالكافر قيمة ثابتة كسبيكة الذهب الخام تدفع ثمنها فتحصل عليها دون زيادة أو نقصان. الكافر لا يحب.. وهو لذلك لا يقاوم ظلما ولا يتحالف مع مظلوم ولا يبحث عن حق ولا يطارد باطلا.. وأبدا أبدا أبدا لا يموت في سبيل شيء..أي شيء.. تذكروا ذلك دائما.. الكفر هو الهيكل الخرساني لحكمكم والكفار هم اللبنات.. قد يبدو العمل شاقا وبلا نهاية.. والواقع أنه ليس كذلك.. لأن كل عضو جديد في نادي الكفر سوف يتحول على الفور إلى داعية يدعو معكم وهذا وحده يكون قوة هائلة كقوة الإعصار التي تعصف بقوة المجتمعات ووحدتها عصفا شديدا. إن الحب -اقرءوها الإيمان- يشبه رجلا يصعد جبلا فما أشد عناءه لكي يصل- إذا وصل- في النهاية وحده.. إنه لا يستطيع أن يجذب معه الآخرين إلا بصعوبة بالغة وبشق الأنفس.. أما الكفر- اقرءوه الكراهية- فهو كرجل يهبط متزحلقا

من على قمة الجبل .. فما أسرع ما يصل دون عناء بل إنه يدفع معه كل من يلقاه في طريقه حتى ولو لم يكن هدفه الهبوط..

لقد حذرتكم .. ولن أكف عن تحذيركم أن يتم ذلك بمنتهى الحرص ودون تورط.. بل ويجب أن يكون الواحد منكم مستعدا دائما للتراجع والإنكار والاستنكار وأكثر من هذا لتقديم بعض كباش الفداء عند ظهور أي بادرة تمرد من المؤمنين الرعاع والإرهابيين.. في هذه الحالة عليكم أن تتراجعوا.. لكنه تراجع التكتيك لا الاستراتيجية.. التراجع الذي يمهد لتقدم أكبر.. فلا مانع من بعض المجاراة والفصل من الوظائف بل والسجن أحيانا.. إنه تراجع من يتأهب لقفزة أكبر.

لكن جهدكم يجب ألا يقتصر على ذلك.. فإن عجزتم عن إقناع الناس بالكفر عليكم تمويه الكفر.. أن تلبسوه ثيابا مزورة للإيمان مرة تحت اسم الشيوعية ومرة تحت اسم الاشتراكية ومرة تحت اسم القومية ومرة تحت اسم العلمانية.. ومرة تحت اسم الليبرالية ومرة تحت اسم المجتمع المدني.. ولو أنكم نجحتم في هذا فإن الأمر لا يختلف من الناحية العملية عن الكفر الصريح المباشر..

فإن عجزتم عن ذلك فإن عليكم أن تقتحموا الدين من الداخل.. انشروا البدع..روجوا للكفار على أنهم مفكرون إسلاميون كبار.. وتحدثوا عن الإسلاميين الحقيقيين على أنهم إرهابيون.. ثم دعوا أجهزتكم تروج للفاحشة وتنشرها فليس أقدر من الكبائر على هدم إيمان المؤمنين.. قد تعجزون مع الجيل الأول من المؤمنين.. لكنكم ستصيبونهم في مقتل عندما تستدرجون أبناءهم وأسرهم لتخيبوا آمالهم ولتحطموا قلوبهم.. هونوا من أمر الكبائر واجعلوها حرية شخصية كما جعلتم من الدين علاقة خاصة بين الإنسان وربه.. اجعلوا الزنا حبا.. والخنا تقدما.. والخمر مشروبا روحيا والدعارة شطارة والتحرير تعهيرا.. والعفة جمودا.. والطهارة انغلاقا.. باختصار: ادفعوهم إلى الخجل مما درجوا على الفخر به وإلى الفخر مما درجوا على

الخجل منه.. فإن عجزتم – ولن تعجزوا- فعليكم أن تدركوا أن كل خطوة تصيب البعض وتفلت آخرين.. وعليكم في الخطوة التالية أن توجهوا جهودكم لهؤلاء الآخرين.. عليكم على سبيل المثال أن توجهوا جهودكم مع الآخرين الذين لا يمكن غوايتهم للسقوط في الكبائر باستدراجهم إلى السقوط في الصغائر.. أرغموهم على اقتراف ذنوب أخرى.. اجعلوا الواسطة والرشوة هما السبيل الوحيد لقضاء المصالح.. سوف يتلمسون الأعذار لأنفسهم بأنهم مضطرون .. نعم.. عليكم وأنتم ترفعون لواء العقلانية أن تسحقوا العقل وتمتهنوه فلا يبقى من سند للعقل إلا السيف.. لا منطق ولا ضمير ولا أخلاق ولا حقوق إنسان ولا ديمقراطية.. هل سمعتم عن تضافر الحضور والغياب؟ عندما توجد شجرة أمامك فلن تحتاج إلا إلى الإشارة إليها.. أما إذا غابت فلابد أن تذكر اسمها.. إن حضور الاسم يعني غياب الواقع.. وحضور المدلول عليه يعني غياب الدال.. ولذلك.. وبنفس المعنى.. فإن الحديث الكثير عن الديمقراطية والحرية والشفافية وحقوق الإنسان يعني غيابها لا حضورها..

إن عليكم بعد ذلك ألا تيأسوا أبدا.. مهما فشلت المحاولات فابدأوا من جديد... وأنا أؤكد لكم أنكم ستستقطبون من كل ألف تسعة وتسعين وتسعمائة..

يجب أن تكونوا واثقين أن نشر الكراهية أسهل بكثير جدا من تعليم الحب..

فالأولى تنتشر كما الوباء لتشمل العالم كله في زمن جد قصير.. أما الحب فيحتاج لأجيال وأجيال..

وعندما أتحدث عن الكراهية والحب فأنا في الواقع أتحدث عن عبادة الشيطان وعبادة الله.

لا تبتئسوا مما هو ملقى على أعناقكم من مهام.. فالطبيعة تدخر لكم مكافأة كبري.. ذلك أن كل واحد ينضم إليكم لا يكون جنديا في جيشكم بل يكون بحد ذاته جيشا كاملا.

نعم.. أقول لكم أن الشيطان هو سيدكم ونائبكم..

وأكرر عليكم أهمية أن يبقى هذا الكلام سريا ومحظورا إلى أبد الآبدين..

محظور أن يدرس ما أقول لغيركم .. ولا حتى لأبنائكم ولا لأولياء عهودكم.. لأن أبناءكم وأولياء عهودكم مصدر خطر آخر.. وذلك أمر سوف نتناوله بعد قليل ..

إن جزءا مهما في سياسة الحكم هو الاستقرار والاستمرار.. لأن أي ثغرة سينفذ منها الرعاع والإرهابيون على الفور.. لذلك يجب أن تكون عنايتكم بالمستقبل جزءا من عنايتكم بالحاضر.. وأن يكون اهتمامكم بخليفتكم لا يقل عن اهتمامكم بأنفسكم.. إن الأمر يتعدى تدمير السمعة وكشف الخيانة أمام الناس على يد خليفة أرعن لا يدرك أنه سيكرر ما فضحه بعد قليل.. الأمر يتعلق بشرخ جدار الكذب القائم بينكم وبين الناس.. لذلك لا تتوقفوا عن الاهتمام بالرجل الثاني الذي سيصبح بعد زمن قصر أم طال هو الرجل الأول.

ولقد لاحظت أن معظمكم يختار الرجل الثاني بطريقة خاطئة.. أو يرفض اختيار نائب على الإطلاق.. وهذا هو أحد موضوعاتنا الرئيسية اليوم.. سأساعدكم خطوة خطوة وسأشرح الأمر أمامكم بطريقة تحفظها في وجدانكم أبدا..

في أوساط الرعاع والإرهابيين فإنهم يجعلون الله دائما بينهم وبين الآخرين.. فهم لا يعاملون الآخر ولكن يعاملون الله.. وأنا أريد منكم أن تفعلوا نفس الشيء... لكن مع الشيطان..

نعم.. يجب أن يكون الشيطان بين الرجل الأول والثاني..

لكننا قبل أن نتحدث عن الرجل الثاني يجب علينا أن نتحدث قليلا عن الرجل الأول.. الملك أو الرئيس أو الأمير.. أو.. أو.. أو...

يجب أن نحدد أولا ماهية الرجل الأول . . صفاته . . . وظيفته.. الغرض منه . . مسئولياته..

سيظن بعضكم أن كل تيك – أشياء يحددها الدستور..

لكن الدستور ليس إلا عقدا شرعيا لعلاقة غير شرعية . يجب أن نعترف بهذا . كعقد عرفي لزواج متعة .. وسيلة تمكن الرجل أن يستمتع في الوقت الذي يريده دون تحمل أي مسئولية .. في كل الدنيا يستخدم الحاكم من مواد الدستور ما يناسبه و يقمع ما يقيده .. الدستور في النهاية ليس إلا مخالب وأسنان ننشبها في جسد من يحاول التمرد ومفرمة نفرم بها العصاة .. إنه لعبتنا التي نسيطر بها على الجماهير العمياء فيجب أن لا ننخدع نحن الآخرين به .. الدستور سلاح كأي سلاح آخر . لا يستفيد منه إلا من يملكه.. نصل إذن إلى أن المكتوب في الدستور عن الملوك والرؤساء مجرد رماد نذروه في أعين الدهماء كي نعميهم..

فلنعد إلى موضوعنا .. ما هي وظيفة نائب الرئيس أو ولى العهد أو الرجل الثاني في الدولة . . هل تقتصر وظيفته على أن يظل في كواليس الحكم أعواما يتدرب فيها على أصول الحكم وفنونه . . مجرد تلميذ ليس من حقه أن يتخذ قرارا أو أن يبدى رأيا.. وأن يبدو أمام الناس هو الذي يملك المشروعات القذرة–في نظر الجماهير– تلك المشروعات التي تدر ربحا يفوق بكثير تجارة المخدرات والسلاح.. لا أريد الآن أن أتطرق إلى وقائع خاصة .. لكنني أرى أنه من الضروري أن أشير إلى أن ما حدث في موضوع العبارة الأخيرة كان غباء مطلقا كشف الحاكم وجعله عاريا أمام شعبه.. كان يجب للمسألة أن تدار بطريقة أخرى تنتهي بموت مفاجئ للمسئول بالذبحة أو نزيف في المخ أو حتى بالانتحار.. لكن انتهاءها بهروب المسئول بتلك الطريقة الغبية قد كشفت للناس من هو المالك الحقيقي لتلك العبارة بل لكل مشروعات المليونير الهارب.. بل وأيضا لكل المليونيرات اللصوص.. لقد اكتشف الناس أن الرجل الكبير هو اللص الوحيد أما من حوله[3] فليسوا سوى صبيانه وغلمانه الذين يقومون بالعمل لحسابه... ليسوا لصوصا بل صبيان لصوص.. نعم.. كان ذلك الهروب المشين خطيئة سياسية كبرى وكبيرة من الكبائر.. لقد أصبح ذلك المسئول بهروبه مصدر خطر شديد من مكمنه.. لأنه هناك يملك دائما أن يذيع أسرارا ما ينبغي لها أن تذاع و أن يفضح أمورا ما ينبغي لها أن

تفضح دون أن تكون لأجهزتكم المختلفة القدرة على قتله أو حبسه أو تشويه صورته..

لا يمكنكم إذن أن تقصروا واجب الرجل الثاني على الجانب الاقتصادي أو السياسي ..إن الكثيرين يرون ذلك.. إلا أننا لو شايعناهم لكان أداؤناتبسيطا مخلا لأمر معقد .. إننا بهذا ننظر للرجل الثاني كما نراه نحن ..أو كما يحدد موقعه الدستور.. إننا ننظر إلى الأمر نظرة مجردة.. وذلك خطر جدا فوق أنه خاطئ جدا.. لا تنظروا إلى أحد أو إلى شيء نظرة مجردة.. اغمسوا كل شعور من مشاعركم بالكراهية وبالشيطان وأيضا لونوه بالكذب.. و لكي نفهم أمر الرجل الثاني فهما حقيقيا فإننا يجب أن نكمل الصورة بأن ننظر إليه كما يرى هو نفسه..

إن هدوء الرجل الثاني سواء كان ولى العهد أو نائب الرئيس وصمته و رقته ووداعته أو حتى عنفه ليست جميعا صفاته الأصلية .. إنه يمحو ويذيب ذاته في ذات الملك أو الرئيس أقصد من يشغل دور الرجل الأول كي يكون محل ثقته، إنه يكون هادئا عندما يريده الرجل الأول أن يهدأ.. و يصمت حين لا يريد الرجل الأول أن يسمع صوته . . ثم هو لا يثور بناء على تفاعلات أو نتيجة لانفعالات داخل نفسه . . بل يثور و يعنف عندما يريد منه الرجل الأول أن يفعل ذلك . . حتى بدون أن يعرف لماذا يثور ولماذا يعنف . . ولكن ذلك السكون الظاهري ليس إلا البذرة الكامنة لعنف سينفجر ذات يوم..

ذلك وجه من وجوه النائب. .

بعد هذا الوجه هناك وجه آخر . . الوجه الآخر للسمع والطاعة والخنوع والاقتناع الكامل بكل شيء والاحترام حتى التقديس . . إن هذه المشاعر والأحاسيس كلها مجرد تعبير مقلوب عن إحساس الرجل الثاني الحقيقي.. إنه يكره الرجل الأول بنفس الدرجة التي يدعى أنه يحبه بها .. ويحتقره بنفس الحجم الذي يدعى احترامه به .. وهو يتمنى له الموت كلما دعا له بطول

البقاء .. إن كل يوم جديد في حياة الرجل الأول هو يوم مخصوم من حياة نائبه أو ولى عهده .. خاصة في نظام كنظام الحكم في عالمكم العربي درجت العادة فيه أن يخلف الرجل الثاني الرجل الأول في الحكم .. أن تزور الاستفتاءات والانتخابات وتؤخذ البيعة له..

إن الرجل الثاني بحكم موقعه هو أقرب الناس للرجل الأول .. الوحيد الذي يرى صفاته البشرية أكثر من أي إنسان آخر .. انه يراه بملابس النوم بل بلا ملابس عندما يتناقش معه في شئون الدولة والمدلك يدلك جسده .. إنه يشم روائحه الكريهة ويدرك أن أكداس العطور لا تكاد تخفيها.. إنه يدرك قصوره وعجزه... أنانيته وخبثه.. بل إجرامه وفجره- وتذكروا أن معنى الألفاظ متعلق فقط بقائلها- .. إنه أيضا هو المشرف على إعداد ملذاته بكل ما فيها من مجون وفسق.. وهو المسئول عن إتاحة الفرصة للرجل الأول كي يفعل كل ما يشاء بمنتهى الحرية دون أي اعتبار لشعبه ولكن بشرط ألا يعلم هذا الشعب أي شيء مما يحدث.. حتى إذا تحدثت الصحف الأجنبية عن الفضائح فعليه هو أن يقمعها ويعتم عليها ليطلق شائعات بديلة عن الملك أو الرئيس أو الأمير الذي يترسم خطى أسلافه الصالحين بل يفوقهم زهدا وورعا.. إنه يروج الشائعات الأسطورية عن العاهل الذي يتنكر في زى رعاياه كي يتفقد أحوالهم.. وعن الرئيس الذي لا ينام الليل.. ليس لانشغاله بجواريه ولا بغلمانه بل بشعبه..

ربما أتجاوز بهذه التفصيلات حدود اللباقة واللياقة لكننا نناقش أمرا من أهم أمور الحكم لا يجوز الإخفاء أو الكياسة فيه ..

نعم..إن الرجل الثاني يرى غضب الرجل الأول وهدوئه .. سخطه ورضاه .. يأسه وأمله .. تفاؤله وتشاؤمه . وهو بحكم موقعه أيضا يرى الميزات الهائلة التي يستحقها منصب الرجل الأول .. لكنه دائما داخل نفسه يشك في مدى جدارته بهذه الامتيازات لأنه يرى نفسه أولى بها . إنه يرى أنالرجل الأول قد عاش أكثر مما يجب ... واستمتع أكثر مما يجب

. . وأن دوره هو كي يتقلد المنصب قد حان . . وأن كل يوم جديد يقضيه الرجل الأول في الحكم هو اغتصاب لحق أصيل له . . إنه عندما يسأله عن أحواله لا يتمنى له إلا السوء . . وعندما يسأله عن صحته لا يتمنى له إلا الموت ... إلا أنه لا يستطيع إلا الادعاء بأن روحه ودمه ليست فداء للرجل الأول فقط بل فداء لقلامة ظفره.. ثم هو بعد ذلك كله يضخم عيوب الرجل الأول و يبخس مزاياه .. وفى الوقت نفسه يلغى عيوب نفسه ويضخم مزاياها . وهذا التناقض العنيف بين ما يبطنه الرجل الثاني وما يظهره يجعله قابلا للانفجار في أي وقت..

نعم .. إذا كانت الأعمال بالنيات فإن كل نائب يستحق الإعدام على نواياه..

لعلكم اقتنعتم الآن بأن طريقة معظمكم في اختيار الرجل الثاني طريقة خاطئة تماما . . ولقد لاحظت أن أساس اختياره طوال الأعوام الماضية تعتمد أساسا على صفة واحدة : ألا يكون له دخل بالسياسة العامة للبلاد.. أن يكون هادئا ومطيعا ودمث الخلق ومؤدبا.. وأنه كلما انحطت مقاييس عقله وذكائه وجميع قدراته كان ذلك أفضل..

قد يتساءل منكم متسائل وهو يسخر:

ـ هل تريدنا أن نختاره شرسا أو وحشا . . ؟..

لكن.. لا تسخروا منى .. سوف أؤجل الإجابة عن هذا السؤال بعض الوقت..

إن الأمور تتشابه مقبلة فلا يعرفها إلا الحصيف.. فإذا أدبرت يعرفها الجاهل كما يعرفها العاقل..

سوف أوضح الأمر لكم:

تعلمون أن مجتمعكم العربي مجتمع غير متجانس ..

مرة أخرى أسمع همهمة لا تليق بجلالاتكم ولا فخاماتكم ولا حتى سمو بعضكم.. نعم أقول مجتمعكم ولا أقول مجتمعنا .. فأنا لست منكم.. أرجوكم ألا تقطعوا تواصلي.. فإن فقداني التركيز والسهو عن أمر مهما بدا تافها قد يكلف أحدكم حياته وعرشه.. لذلك أرجوكم التركيز وعدم مقاطعتي بالهمهمة.. ذلك أمر لا يليق بكم.

ولنعترف أنه ما من شعب من شعوبكم يحب مليكه أو رئيسه.. دعنا الآن من الهتافات التي تصنعونها ومن الحشود التي تحشدونها ومن الـ 99,9999%.. دعنا مما يكتبه رؤساء تحرير صحفكم – وأولئك سأتناولهم في بروتوكول قادم– .. دعونا من كل ذلك فنحن هنا نبحث عن الحقيقة كي نعيد توظيفها لصالحنا.. إن الغالبية العظمى من شعوبكم ترى فيكم قَدَرًا لا مفر منه إلا إليه..إنها أغلبية طيبة وغير خطرة.. إنها تدرك أنكم تكذبون فيما تقولونه لها عن اهتمامكم بها وسهركم على مصالحها.. تدرك ذلك فلا تملك إلا أن تبادل كذبكم بكذب فتدعى لكم الولاء وتصرخ أنها تفديكم بدمائها وأرواحها لكنه صراخ لا يتجاوز الحناجر.. تعرف أنكم تكذبون وأنتم تعرفون أنها تكذب وانتهى الأمر.. قد يطلقون بعض النكات عليكم.. كتلك الطرفة الموحية عن جائع فقير مر بمحل للشواء فأخذ يشم رائحة الطعام الشهي.. فلما رآه صاحب المطعم طلب منه ثمن ما شم.. رفض الجائع أن يدفع شيئا لأنه شمّ ولم يأكل .. فاصطحبه صاحب المطعم إلى القاضي واختلفا إليه.. وهنا أقر القاضي بحجة صاحب المطعم.. أخرج من جيبه بعض العملات المعدنية وألقاها على الأرض.. ثم أمرهما بالانصراف .. صرخ صاحب المطعم احتجاجا لأنه سمع رنين النقود ولم يحصل عليها.. وهنا قال له القاضي: هو شمّ ولم يأكل.. وأنت سمعت ولم تأخذ.. هذا هو العدل.. الرنين مقابل الشمّ..

نعود إلى ما كنا فيه.. هذه الأغلبية الصامتة هي الأساس الذي تبنون عليه .. لأن وجودها وصمتها هو الذي يعطيكم الحق في اتهام الخارجين عليكم بأنهم مجرد شراذم متناثرة.. تلك الشراذم المتناثرة في المعارضة أو

في الشارع .. لكن الخطير أن بعض هذه الشراذم قد نجحت في التسلل إلى صفوف السلطة .. في الجيش والشرطة مثلا . إن هذه الشراذم الخائنة الضعيفة الهزيلة لا ترضى بحكم الرجل الأول .. وهى تبحث عن بديل آخر.. فما هو البديل المتاح أمامها .. البديل القوى الذي يملك علاقات متشعبة بالطبقة الحاكمة تجعله مؤهلا لقيادتها . إن أهم المؤهلين هو النائب أو ولى العهد.. الرجل الثاني . . إنه يتمتع بوضع مثالي شديد الخطورة .. لأن من يحبونكم يحبونه هو أيضا لأنه اختياركم .. وإيمانهم به جزء من إيمانهم بكم.. ولكن شراذم المعارضين لكم أيضا يراهنون عليه.. على التناقض بينكم وبينه وعلى فهمهم لحقيقة شعور الرجل الثاني نحو الرجل الأول . إنهم يحبونه لأنهم يكرهونكم . . ولأنهم يرونه البديل الوحيد المتاح عنكم .. وهو بهذا يتحول إلى زعيم مؤكد لمشروع انقلاب قد يحدث في أي وقت..

تلك هي خطورة الرجل الثاني في الحكم..

فإذا كان ما أقوله هو الواقع فهل يجب أن يلغى هذا المنصب فورا؟..!

تلك نقطة جديرة بالدراسة والبحث . إن الأدلة المنطقية تؤيد ذلك . . بل يبدو أن ذلك هو الحل الوحيد..

لكن ما يبدو أحيانا هو الحل الوحيد يكون دائما أسوأ الحلول .. بل والطريق إلى الكارثة. ..

لعل منكم من يتساءل الآن لماذا لا أقول ما عندي دفعة واحدة..

أقول لكم..

الكلمات كالبناء . . وأنت لا تستطيع أن تبنى الدور الأخير من ناطحة سحاب دون أن تبدأ من الأساس..

فسواء وجد نائب الرئيس أو ولى العهد أو لم يوجد فسوف يكون هناك دائما الرجل الثاني في الدولة.. سوف يكون هناك دائما أقوى وزير بعد الملك أو الرئيس .. تلك هي سنة الطبيعة . . إن الجهد الخلاق الذي يجب أن نبذله

يجب ألا يكون في محاربة سنن الطبيعة وإنما في ترويضها واستغلالها لمصالحنا .. لعلكم معي الآن في أن جوهر الرجل الثاني عداوة خطرة ومشروع انقلاب ولغم قد ينفجر في أي وقت .. إنه منصب خطير ومرعب .. فهل يجب إلغاؤه؟..

أجيب على السؤال: لا..!! لأن إلغاء هذا المنصب سوف يحول العدو الظاهر إلى عدو خفي . . إنه الآن أمامك و بين يديك . . تستطيع أن تحصى عليه سكناته وحركاته . . بل وتستطيع أن تعد عليه حتى أنفاسه . . وهو برغم كل شيء يعرف دائما أنه يستمد قوته من رضائك عنه . فإذا ألغيت هذا المنصب سيكون هناك عشرات يتنافسون عليه.. ليس على المنصب نفسه بعد أن ألغى.. و إنما على الموقع الشاغر المفترض للرجل الثاني في البلاد... نعم.. الموقع الافتراضي.. وسيجد بعضهم دعما ورعاية منكم.. لكن آخرين سيبحثون عن مصدر القوة من جهات أخرى.. في داخل البلاد وخارجها ..من الأعداء والحلفاء.. وفى أتون هذا الصراع لن يكون وضع الرجل الثاني جامدا .. بل سيتغير كل حين و آخر .. سيعتمد ذلك على مئات العوامل التي قد نستطيع أن نحصر بعضها.. لكن معظمها لا نستطيع التأثير فيه.. تماما كأسعار الأسهم في البورصة.. وتذكروا دائما أنكم لستم الأقوى.. عدوكم الغربي هو الأقوى وهو الذي سيحدد مدى ارتفاع أو انخفاض أسهم الرجل الثاني... المشكلة معقدة.. وبذلك قد نفاجأ ذات يوم بكارثة لم نعمل لها حسابا ..

كذلك فإن الصراع للفوز بمكان الرجل الثاني لن يقتصر على الوصول إلى المنصب فقط..

بل إلى محاولة الاحتفاظ به بعد الوصول إليه . وفى محاولة الاحتفاظ بوضعه لن يتردد أمام أي فعل .. وذلك قد يكون خطيرا جدا .. فقد يكون ما يهدد احتفاظ مثل هذا الرجل بوضعه منافس آخر.. سيسحقه .. وقد يأتي مثل هذا التهديد من عدم تأييدك له . . سوف تكون المعركة بالنسبة له معركة

حياة أو موت .. وفى معارك الحياة أو الموت تتوقف المشاعر والأفعال عن التبدي بعكس حقيقتها.. ستتوقف آلية تحويل العداء الخفي إلى ولاء ظاهر والازدراء إلى تقديس .. والاحتقار إلى تبجيل.. ومثل هذا الرجل هو الذي يحمل خطورة الانقلاب على نظام الحكم وزعزعة الاستقرار وإيقاف الاستمرار..

إن المشكلة تبدو كما لو كانت بلا حل . فان وجود نائب أو ولى عهد أمر خطير لكن عدم وجوده أشد خطورة.

ما هو الحل إذن..؟!

إن المشكلة لا تقتصر على الرؤساء دون الملوك.. لأن جميع ما قلناه ينطبق على الأبناء المتعددين للملك خاصة إذا كانوا من أمهات أو محظيات مختلفات.. لذلك نرى أن مشكلة الصراع على منصب الرجل الثاني موجودة في النظام الملكي بصورة لا تقل شراسة عن النظام الجمهوري.. وهذه الحقيقة كفيلة بإظهار مدى غباء وخطأ أولئك الرؤساء الذين يحاولون حل المشكلة بتوريث أبنائهم الحكم.. إن ذلك لا يغنيهم شيئا.. ففي مثل هذا المستوى من العلاقات تتقطع الأنساب.. يتوقف الابن عن أن يكون ابنا والزوجة عن أن تكون زوجة.. ولا يختلف وضع الابن في هذه الحالات عن أي شخص أجنبي.. بل إنه يكون أكثر خطورة باعتبار ميزات اقترابه الأكثر.. لعل بعضكم ما يزال أسيرا للخرافات القديمة التي تتحدث عن علاقات الدم وأواصر المصاهرة.. ذلك كله باطل.. ليس للمحبة في وجودنا مكان.. ليس لأننا أشرار بل لأن العالم كذلك.. ولا وجود للحب.. لا وجود إلا للمصلحة أما انقسام العالم إلى أصدقاء وأعداء فخرافة أخرى لأن الواقع يقول أن هذا العالم ينقسم إلى صنفين من الناس: الصنف الأول هو صنف الأعداء.. أما الصنف الثاني فهو صنف الأعداء الأشد. بل إنني أركز هنا على أن عداوات ذوي القربى تكون أكثر تأججا ولهيبا وحقدا.. وبالتالي تكون التصرفات وردود الأفعال أكثر جرأة ووحشية وخسة.. فتذكروا واحذروا .. ولعل بعضكم يعلم

ما حدث لأحدكم.. عندما استخلف ابنه لولاية العهد.. وضاق ولى العهد بطول عمر أبيه فسلط عليه من يقتله في مخدعه بعد أن أجزل له العطاء.. وقتل القاتل الملك بطريقة من تلك الطرق السرية التي لا يعرفها سواكم.. والتي تعلمتموها أبا عن جد كي تتخلصون ممن تريدون عندما تريدون دون إثارة الشبهات.. كان الملك قد أخطأ خطأ عمره فعلم ابنه هذه الطرق.. فكان هو نفسه أول ضحية لها و له.. ارتكب القاتل جريمته ثم عاد إلى ولى العهد كي يحصل على المكافأة.. لكن ولى العهد أصر على الاطمئنان بنفسه.. فاصطحب القاتل إلى مخدع الملك.. أبيه.. ولكنه وجد أن أباه ما يزال حيا يصارع الموت... ما أن رآه أبوه حتى استغاثت به عيناه.. كان قد فقد النطق.. أشار إلى القاتل كي يدرك الابن ما حدث.. وأشار إشارة أخرى لابنه يستغيث به أن ينقذه... لكن الابن نظر إلى القاتل غاضبا وأمره أن يكمل مهمته.. ولولا أجهزة المراقبة التي وضعناها ما اكتشفنا ما حدث.. فهل أدركتم الآن كيف أن الشيطان أقرب لكم من أبنائكم وأكثر إخلاصا وأكثر أمنا وأقل خطرا.. لعلكم لاحظتم أنني لاأذكر الأسماء حتى لا أتسبب في أي حرج.. لكنني فقط أنبهكم إلى خطورة الرجل الثاني في الحكم.. وأن هذا الرجل الثاني قد يكون وليا للعهد أو نائبا للرئيس .. وأن التوريث في النظام الجمهوري لا يحل المشكلة..

والآن.. وبعد أن ضاقت بنا الأرض بما رحبت.. ألا يوجد أي حل؟..!

لا.. فلا يوجد أي مشكلة في الوجود بلا حل..

إن الحل يكمن في عبقرية الشيطان..!!

نعم..

عبقرية الشيطان..

لكنني ألمح ملامح الإرهاق على وجوهكم.. ثم أنني أريد للسؤال أن يتغلغل في أعماقكم.. لذلك أؤجل طرح الحل إلى جلستنا القادمة.. وعلى أن

ألفت نظر جلالاتكم وفخاماتكم وسموكم ومعاليكم .. إلى أن البروتوكول الثالث لم ينته بعد..

* * * * * *

* * * * *

* * * *

* * *

* *

*

بروتوكولات حكماء العرب

-4-

شرسٌ .. ووحش..!!..

و أنا أنسخ " بروتوكولات حكماء العرب " لكم يا ناس رعبت رعبت رعبت.. ارتعبت ارتعبت..

ارتعبت حين رحت أقرأ ما فيها..

أقرأ فأفهم فأعلم وأعرف فتلزمني الحجة أمامكم وأمام المرسل المجهول وأمام الأمة وأمام التاريخ وأمام الله يوم القيامة فيهولني عظم الأمر الذي وقعت فيه.. حتى لأهتف ليت أمي لم تلدني..

قرأت ففهمت فعلمت لكنني لم أعمل بما علمت.. اللهم إلا إذا كان نشر هذا المخطوط عليكم عملا يوضع في ميزاني يوم القيامة.. لكن هل يوضع لي أم علىّ .. لكم وددت أن أترك هذه الدنيا لا لي ولا علىّ..

قرأت ففهمت فعلمت فعانيت من الرعب ألوانا حرت في أسمائها..

رعبت، فزعت، خفت، دهشت، ذهلت مما قرأت..

و رعبت، فزعت، خفت، دهشت، صعقت مما رأيت..

ورعبت، فزعت، خفت، دهشت، حزنت مما سمعت..

رعبت، فزعت، خفت، دهشت، ذهلت، صعقت، حزنت مما عرفت، فهمت، أدركت..

أدركت أن الموت أهون مما نحن فيه..

ذلك محزن..

لكن الكارثة أنني أدركت أيضا أنه أهون – أكثر بكثير - مما سيليه..

لأننا ما دمنا سنحاسب على الجبن والخنوع والسكوت على الظلم ومداراة الفاجر الكافر فما أرخص الشجاعة والأمر بالمعروف!!.. بل ما أهون الموت..

ولست أدرى والله أيها أشد على قلوبكم.. ما أنسخه لكم.. أم ما تنشره صحفكم..

في صحفكم يا ناس قرأت أن مباحث أمن الوطن في بلادي وفى بلاد غير بلادي- إبان سعيها الدؤوب لمعرفة من نسخ المخطوط ومن سربه ومن نشره- راحت تداهم بيوت إخواني.. لم تجد في بيوت معظمهم إلا القرآن.. فاعتبروه من المضبوطات الممنوعات .. وعدّوه قرينة ودليلا على الخروج على النظام.. تستوجب العقاب والصوارم..

حرت كيف أسمى ذلك..

انتظرت مرارا أن تصدر نيابة أمن الوطن قرارا بضبط وإحضار ضابط مباحث أمن الوطن الذي اعتبر القرآن حرزا فحرزه..

لكن النيابة لم تفعل هذا أبدا..

اعتبرت هي الأخرى القرآن حرزا فحرزته..

سألت نفسي- حين كنت أتسلل إلى بيوت إخواني المقبوض عليهم، غير المغضوب عليهم، من الله لا من السلطان، ولا الضالين- هل يقبضون عليهم حقا من أجل ما يدّعون وما يلفقون أم أنهم علموا أن نسخا من " بروتوكولات حكماء العرب " قد وصلت إليهم فراحوا يبحثون بينهم عن المرسل المجهول..

سألت نفسي..هل هؤلاء الذين يروعون الناس من الوطن..من الأمة .. من جنسنا وجلدتنا؟..

وسألت نفسي.. إن كانوا من أهلينا.. فلماذا ألسنتهم أمر من الصبر وقلوبهم قلوب ذئاب؟..

حددت البصر فيهم.. بحثت عن قرني الشيطان وحافريه.. ثم بحثت عن قناع يخفى ذلك.. كلّ البصر فلم أرَ.. كيف لم أرَ؟!.. هل كلّت البصيرة أيضا.. سألت نفسي.. لو أنهم داهموا واحدا من المقبوض عليهم، غير المغضوب عليهم ، ولا الضالين، لو أنه داهموه إذ يقرأ القرآن .. تتنزل عليه الملائكة .. تحيطه .. لو أنهم رأوا المعجزة.. فهل تهتدي قلوبهم أم يحاولون ضبط الملائكة .. لتحريزهم هم الآخرين..

أقول لكم يا ناس غير كاذب.. أن واحدا من إخواني هناك.. اشتد به العذاب فصرخ مستجيرا : يا رب.. فسخر منه الجلاد الذئب.. نطق بالكفر.. وأي كفر.. والله يا ناس إن ما قاله الجلاد يتأبى على بياني.. يخشى لساني أن ينطقه فيحرقه.. ويخشى بناني أن ينسخه فيصعقه.. قال الجلاد الذئب : لو نزل إليك الله فسوف أحبسه معك.. وسوف أفعل به ما أفعله بك..

آه..

آه تذوب فيها كل الحروف تحت وطأة ما هو أشد من النار و أعظم..

"ألف" ينطلق منها الشرر و "هاء" ينطلق منها الشرر فيندمج الشرر بالشرر بأقوى من الاندماج النووي فينطلق منه ما هو أشد من النار النووية فيذيب ما بينهما وما بعدهما من حروف.. فلا تبقى من كل الأبجديات إلا ألف وهاء.. فتصبح كل الكلمات آه آه آه آه..

آهٍ.. آهٍ.. آهٍ..آه..

آه .. ويا له من ذنب لو وزع على الأمة كلها لوسعها..

عندما انتشرت الفضيحة أنكر أصحاب الجلاد الذئب أنه قال ما قال.. لكن لسان الحال أصدق من المقال.. وهاهم أولئك يعدّون القرآن ممنوعا يحرز.. فكيف ينكرون ما ينكرون..

ماذا يخرسكم يا ناس..

تخرسون وتدعون..

تدعون وتظنون أن يستجاب لكم دعاء..

ما أخرسكم؟؟؟..

ما أخرسكم..!!!

كنت أعود من زيارة إخواني المقبوض عليهم غير المغضوب عليهم حسيرا..

أعود..

أعود محنىّ القامة منكسر الهامة..

ماذا يمكن أن يفعل الذئاب لو أدركوا أنني الشخص الذي يبحثون عنه .. وأنني أنا الذي أنسخ المخطوط..

أوصد جنبات نفسي على سرى..

أحاذر أن أحمل القرآن في يدي.. ما داموا قد اعتبروه من الممنوعات.. قلت لنفسي مادام وجوده في بيتك أو يدك قرينة ضدك فلا تحفظه فيهما.. احفظه في قلبك.. حفظه في القلب أثقل كثيرا وأصعب كثيرا .. لكن ماذا أفعل.. وأنا مرعوب ممن قلوبهم قلوب ذئاب..

مرعوب..

مرعوب ورعيب..

رَعَبَه يَرْعَبُه رُعْباً ورُعُباً؛ فهو مَرْعُوبٌ ورَعِيبٌ..

عانيت من الرعب ألوانا وألوانا.. كانت ثمة أنواع من الرعب أعرف أسماءها.. لكن أنواعا أخرى حرت كيف أسميها..

رعبت رعبت رعبت رعبت..

حتى حسبت أنه لا يوجد من ألوان الترعاب أكثر مما عرفت..

فزعت..

عندما رأيت القرآن من المضبوطات المحرزات فزعت..

لزمت خاصة بيتي..

لا..

لست مثل صاحبي الذي كان يدعو:

لك الحمد منك الرزايا عطاء..

ومنك المصيبات بعض الكرم..

لا.. لست مثله..

كان يعتبر الابتلاء اصطفاء.. ودليلا على الرضا..

لا .. لأنني يا ناس أعتبر الابتلاء فتنة.. ثم أنني مرعوب أن يدهموا بيتي ذات يوم يفتشون عن القرآن.. فحين لا يجدوه في يدي ولا في بيتي.. فإذ ذاك يشقون قلبي فيخرجوه منه..

مَرْعُوبٌ ورَعيبٌ، ورَعَّبَهُ تَرْعِيباً وتَرْعاباً، فَرَعَبَ..

كيف أعيش إن أخذوا القرآن من قلبي.. وحرزوه..

كيف أعيش إن نجحوا في فتنتي..

إن طلبوا منى أن أكون عينا لهم فأيما بيت نزلت الملائكة فيه أرشدتهم إليه..

يا ناس .. الابتلاء للضعفاء مثلي فتنة لا اصطفاء..

وأنا رأيت الفتن مقبلة كقطع الليل..

فرعبت..

لزمت خاصة بيتي..

أسدلت الستائر على نوافذي خيفة أن يهبط على قلبي الذي حفظت فيه القرآن ملاك فيرى العسس نوره فيدهموني.. فيحرزوا الملاك كما حرزوا القرآن ثم يحرزوني فتؤمن النيابة على ما فعل العسس فتحيلني إلى قاض من القاضيين اللذيْن هما في النار فيحكم لهم وعلىّ..

لزمت خاصة بيتي..

وفى ذلك الوقت بالتحديد بدأت نشر المخطوط..

وبدأت المطاردة والحصار..

نضبت يا ناس ألوان الرعب التي حرت في أسمائها..

وأتت صنوف ما لهن أسامي..

ورعبت، فزعت، خفت، دهشت، ذهلت، صعقت، حزنت، أرِقت..

من حينها تطاردني الأحلام والكوابيس والهواجس والرؤى..

تنفجر الشكوك وتتناثر جنبات النفس أشلاء وأتوه ما بين جهد المُقلّ وعجز المخلّ..

أقرأ.. فيشملني عجز وتلفني حيرة..

أين لي عقل يفهم ما خلف الأشياء..

أين لي أذن لا تسمع إلا صدقا وعين لا تقرأ إلا حقا ولسان لا ينطق إلا صوابا وبصيرة لا يخدعها سراب..

آه .. لو أستطيع أن أمد يدي فأمسك اليقين..

لو أستطيع أن أعثر على ورق ينبئني حين أنسخ الكلمات عليه: هذا الكلام صادق وذاك الكلام كذاب..

لو أستطيع أن أعثر على مداد يخبرني حين أخط الحروف به من أين أتت تيك الحروف.. من عند المرسل المجهول أم دسها علىّ أعوان السلطان – لينكلوا بي..–

من أين أتت .. من لدن الرحمن أم من عبدة الشيطان..

رعبت..

رعبت، فزعت، خفت، دهشت، ذهلت، صعقت، حزنت، حزنت، حزنت ..

دعكم من الرعب الذي هز كياني وزلزل أوصالي إذ رحت أقرأ في المخطوط ذلك الحرص على ألا يعرف ما فيه إلا ملك أو رئيس.. وأن من يكشف أي حرف فيه محكوم بالموت عليه..

ها أنذا..

ها أنذا واحد من الرعاع وقد عرفت.. ونسخت .. وكتبت .. ونشرت..

ترى .. ماذا سيفعلون بي وقد أذعت سرهم وهتكت سترهم وكشفت أمرهم..

أنا واحد من الرعاع والدهماء يرعبني أن ألقى - صدفة - في الشارع أحقر ذنب من عسسهم حتى ولو لم أرتكب ذنبا.. ترى ماذا يفعلون بي وقد ارتكبت الذنب الأكبر.. لا ضد واحد ولا ضد اثنين.. بل ضد ثلث حكومات دول العالم.. أنا الذي يذوب قلبي من الرعب حين ألقى بالمصادفة واحدا من ذنابهم ماذا أفعل حين يطاردني ملايين وملايين.. ملايين تنفجر في الواقع كالكابوس.. تلعق حواجز الرعب التي وضعتها بيني وبينها حتى تذيبها.. كيأجوج ومأجوج.. تطاردني .. تحاصرني..

أين المفر؟..!

لكنني أصارحكم يا ناس أن هذا ليس عذابي الأكبر.. ولا خوفي الأهم.. ولا خطبي الأطم..

فعذابي الأكبر أنني قرأت فعرفت..

قرأت .. قرأت.. قرأت.. عرفت.. عرفت .. عرفت..

آه يا ناس لو أنكم قرأتم ما قرأت وعرفتم ما عرفت..

ها أنذا أحاول أن أنسخ لكم ما أقدر على نسخه..

لم أخدعكم .. فكيف يخدع الكاتب أهله..

لم أكذبكم .. فكيف يكذب الإنسان قومه..

ولقد صارحتكم من البداية.. أنني إذ أنسخ لكم من المخطوط.. أبدل بعض الكلمات .. ولا أسمى الأشخاص بأسمائهم.. كما أن المرسل المجهول.. لم يصرح لي بأن أقول لكم كيف اتصل بي.. ودعوني أصارحكم.. أنه بعد انتشار ما نسخت بينكم.. وبعد أن بدأ العسس يطاردون إخواني بالشبهات.. فيقبضون عليهم.. ويلفقون لهم التهم.. ويعذبونهم

عذابا شديدا حتى يعترفوا..لا بما ارتكبوه .. ولا حتى بما ادعوا عليهم أنهم ارتكبوه .. بل يأمل الذئاب والكلاب.. أن يكون بين المقبوض عليهم واحد ممن ينشرون المخطوط بين الناس.. أو واحد ممن يعرفون المرسل المجهول.. الذي عاود الاتصال بي.. بطريقته الفذة الغريبة.. والتي لم يصرح لي أن أبوح بها لكم.. بل إنه لم يصرح حتى بأن أخبركم بفحوى الحوار الذي دار ما بينه وبيني.. لكنه كان يشجعني.. ويبشرني وإخواني .. لا بالفوز والنصر .. بل باستشهاد وشيك.. ورحت أسأل .. وأسأل.. وأسأل.. وحين ألححت في السؤال و ألحفت في المقال وتطاولت في المطالب.. قطع الاتصال غاضبا.. كنت أسأله : ما يدريني أنك مدسوس علىّ.. فغضب .. أشار إلى قلبي وقال : سَلْهُ.. فناشدته ورجوته وتوسلت إليه: طمئن قلبي أكثر .. فقطع الاتصال..

كنت أريد أن أسأله.. والرعب ينهشني.. إن كان ما ورد في هذا المخطوط صحيحا فأنى لنا أن نواجهه.. عشنا أعمارا بعد أعمار .. وأجيالا وراء أجيال .. وحقبا خلف حقب.. نحسب أن ملوكنا ورؤساءنا وأمراءنا منا.. منا لا علينا..ولا وكلاء أعدائنا لدينا ..منّا.. إلا أن الشيطان قد استخفهم فأطاعوه .. ورحنا ندعو لهم بالهداية.. مهما بلغ غيهم وظلمهم وجورهم وفسقهم كنا ندعو لهم جميعا عقب كل صلاة بالهداية.. ومكثنا ننتظر الإجابة..كنا نحسب أن خطاياهم هي الخطايا العشوائية إثر عدم اتصال بالعلم.. إثر جهل.. إثر قساوة في القلب.. أو عتامة في الروح.. أو غلبة في الشهوات.. أو عدم فهم للدين .. بل كنا نحسب أنهم أنفسهم .. يتمنون التوبة وينتوونها لكنهم كل مرة يؤجلونها ليوم آخر.. غير مدركين أنهم حين يمسون لا يعرفون هل يصبحون وحين يصبحون لا يعرفون هل يمسون.. كنا نظن ذلك.. وكنت معكم يا ناس أظن ذلك.. حتى جاءني ذلك المخطوط المروع الرهيب.. الذي كشف لي الأمر وما كشف الغمة.. لأدرك أن المصيبة ليست خبط عشواء بل هي علم وفكر وفلسفة وخطط وكفر بالله وإيمان بالشيطان يتوارث عبر القرون.. ليس عشرة قرون كما حسبت ذات يوم .. ولا حتى مائة قرن .. أكثر أكثر أكثر أكثر.. ليست اجتهادا فرديا لكل ولى أمر منبت الصلة بما قبله وما بعده.. لا.. ليس ذاك.. بل مؤسسة أخطبوطية عملاقة وعلم شيطاني ممنوع علينا ومحاضرات يلقيها من لا نعرف هي التي أنسخها هذه الأيام لكم.. فكيف نواجه ذلك الهول كله.. كيف نواجهه وما لنا من حيلة.. نحن البسطاء الضعفاء العزل .. كيف نواجههم وهم جبابرة الأرض .. كيف نثنيهم عن الباطل وهم لم يقعوا فيه صدفة بل قصدوا إليه قصدا.. كيف نواجههم.. وكيف ننتصر.. فبرغم كل ذلنا وضعفنا وهواننا ليس أمامنا اختيار آخر.. لأنهم لو واصلوا الانتصار علينا لكسبوا الدنيا وخسرنا نحن الدنيا والآخرة..

لكن .. كيف نواجههم..

كيف يواجه المقلاع صاروخا..

كيف يواجه السهم قاذفة قنابلٍ شبح..

كيف يواجه القارب الخشبي البالغ الصغر حاملة طائرات ضخمة..

وكيف يواجه القلب العاري خنجرا يغمد فيه .. لا تحميه يد فاليد مكبلة..

رعبت رعبت رعبت..

فزعت وخفت..

سألت سألت سألت..

لن أخدعكم..

لا أخدعكم..

فإنني لا أملك أية إجابة.. ولا أي حل.. لكنني أطمع أن يضئ لي المرسل المجهول الذي لا أكف عن التفكير فيه طريقي.. أطمع أن يعاود الاتصال..

فلقد فكرت بعد أن هدني العجز .. أن ذلك المرسل المجهول قد يساعدني بقدراته الفذة على الإجابة.. ولمَ لا.. وقد استطاع بطريقة لم يخبرني بها أبدا.. أن يخترق حصونهم.. ويقتحم قلاعهم.. فيسجل ما يقولون.. ويحصى ما يدبرون.. خاصة أنهم كما فهمنا في البروتوكول الثالث حريصون على عدم كتابة هذه البروتوكولات أو نسخها أو تسجيلها بأية طريقة .. لم يخبرني المرسل المجهول بشيء.. لكنني استنبطت أنهم ما داموا حريصين على سرية بروتوكولاتهم هذا الحرص كله.. فلا يمكن أن يكونوا هم الذين نسخوها.. فلا ريب إذن أن المرسل المجهول هو الذي سجلها عليهم.. ولتفهموا يا ناس إذن معي أن الخط الذي كتبت به البروتوكولات خط المرسل المجهول لا خط الملوك.. و أن اختلاف الخطوط الذي أنبأتكم به في البروتوكول الأول قد يعنى أن له أعوانا.. ثم أن نسخ هذه البروتوكولات .. ونشرها بينكم.. قد يكون الخطوة الأولى في المواجهة.. وهى مواجهة ليس لنا رغم كل ضعفنا وبؤسنا وهواننا على الناس.. ليس لنا أبدا أن نخسرها.. قد يكون المخطوط هو الخطوة الأولى في المواجهة.. لذلك أنسخه لكم.. لكنني أوصيكم.. لا تحتفظوا بالأوراق التي أنسخ لكم فيها هذا المخطوط في بيوتكم.. ولا في أيديكم.. فربما .. بل من المؤكد .. أن عسس أمن الوطن .. ونيابة أمن الوطن.. وقضاة أمن الوطن.. سيعدونها من المحظورات لو ضبطوها في بيوتكم.. وسيستعملونها كقرائن ضدكم.. يذهبون بها إلى نيابة أمن الوطن.. فلا تأمر بضبطهم وإحضارهم .. بل بضبطكم وإحضاركم.. إلى قضاة النار.. من أجل ذلك لا تحفظوها في

أيدكم ولا في بيوتكم.. احفظوها في قلوبكم.. وخشية أن يحصوكم عددا ليمزقوكم بددا ..
ومخافة أن يستحر القتل فيكم.. إن لم يكن بالإعدام على المشانق.. فبالسم الذي يدسونه
لكم في شرابكم وطعامكم ..أو بالقهر.. تموتون في بيوتكم.. وقد يضيع المخطوط بموتكم..
فليحرص كل منكم.. ألا يموت إلا وقد بلّغ بما علم .. ورِّثوا كلمات المخطوط لأبنائكم..
وسربوها لمن تثقون فيه..

لقد أطلت عليكم.. أستميح عذركم.. ولندلف إلى بقية البروتوكول الثالث..

****

بقية البروتوكول الثالث

يا جلالة الملك.. يا فخامة الرئيس .. يا سمو كل سام .. ويا معالي كل عال..

لا يسعني إلا أن أشكركم.. وأن أشيد بكم.. معترفا بأن التقدم الذي أحرزتموه في العقود القليلة الماضية.. يفوق أعظم أحلامي.. وما هو ببعيد ذلك اليوم .. الذي يحتل فيه أحدكم مكاني.. وكم من تلميذ بز معلمه.. ثم أن أكثر ما بهرني فيكم.. غلبة الحسم عليكم.. وهو أمر تتفوقون فيه على آبائكم وأجدادكم.. من الملوك والرؤساء والأمراء والسلاطين.. والذين كان يعتريهم في بعض الأحيان ضعف يجعلهم يميلون إلى الرعاع أو إلى شيخ لم يستأنس.. أشهد لكم.. أنكم فهمتم لغتنا – لغة الملوك – أسرع كثيرا مما كانوا يفهمون.. وأنني لم أر فيكم ما كان يعتريهم من ضعف وتردد ولوم للنفس وتأنيب ضمير.. أشهد أنني ما رأيت واحدا منكم فريسة لعذاب ضمير.. وتلك لعمري آية نضج أقرظكم عليها.. لذا وجب التنويه..

والآن أعود إلى ما كنا فيه.. كنا نتساءل عن الرجل الثاني في الدولة.. عن نائبك يا رئيس وولى عهدك يا ملك.. قلنا أن وجوده خطر.. ثم أردفنا أن غيابه أشد خطورة.. وقلنا أن اختيار من يتسمون بالوداعة الغبية والجهل الجميل خطأ كبير.. وتساءلنا ساخرين:

-هل نختاره شرسا أو حشا..

والإجابة أن هذا هو عين الصواب!!..

نعم يا جلالة يا فخامة يا سمو يا معالي.. نعم .. أن تختاره شرسا . . أو وحشا . . أن يخافه الجميع .. المواطنون والمعارضة والحكومة . . أن يروا فيه الشيطان نفسه بينما تكون أنت ملاكهم الحارس .. أن تكون سلطاته بلا

حدود إلا حدودك.. أن يصبح بالنسبة للآخرين خطرا ماحقا لا ملاذ منه إلا اللجوء إليك.. أن يكون مكروها من الجميع . . بل أن يكون سفاحا إذا أمكن . . فذلك، وذلك فقط هو الذي يدفع الجميع .. رجال السلطة والرعاع والمعارضة إلى أن يحافظوا عليك و يتمنوا استمرار حكمك خوفا من أن تذهب أنت فيجئ هو. . . . يجب أن يكون السواد الخالص والشر الكامل الذي يبدو بجانبه كل لون أبيضا وكل شر خيرا. . يجب أن تترك له دائما القرارات التي يستاء لها الرعاع . . أن يكون عصاك التي تؤدب بها من تريد . . دعهم جميعا يأتون إليك متوسلين برحمتك من قسوته . . . وبرضاك من غضبه . . وبجنتك من جحيمه ، وليكن قرارك عندئذ ما تمليه مصلحتك. . تستطيع أن تصمت إذا كنت تريد لبطشه أن يستمر. . وساعتها سيكون على الصحف والتليفزيون وجميع وسائل الإعلام أن تفسر صمتك للناس . . فجلالته وفخامته وسموه ومعاليه .. وسط مشاغله العليا بمصالح الوطن القومية والمصيرية لا يستطيع أن يتابع كل كبيرة وصغيرة وعليهم أن يثبتوا أن النائب أخطأ حتى تتدخل. . . . ثم أنهم لن يستطيعوا أبد إثبات ما يريدون إثباته إلا إذا أذاعته إذاعاتك ونشرته صحفك.. ولما كانوا لن يستطيعوا أبدا إثبات ذلك- إلا بإرادتك - فسوف تكون الكرة دائما في ملعبك تقذفها حين تشاء .. وعندما تتدخل صحافة المعارضة بالتشهير فإننا نستطيع استغلال حصار المعلومات الذي نفرضه عليها لنسرب إليها معلومات خاطئة لنطلق كلاب صيدنا - أقصد كتابنا بالطبع- عليها.. نأمرهم أن يسفهوها ويحقروها.. وبذلك نجعل الرأي العام نفسه يرفض أن يتنازل لقراءة هذه الصحف الحقيرة..

إن الإذاعة والتلفزيون والكتلة الرئيسية للصحافة في أيدينا .. ولن يستطيع أحد أن يثبت فيها إلا ما تريده أنت أن يثبت . . . إنك سنعرف ما تريد أن تعرفه . . أما مالا تريد أن تعرفه فلن يستطيع أحد إثبات أنك عرفته . هذا من ناحية .. أما الناحية الأخرى فهي أنك ستتدخل أحيانا كي تقلم أظافر نائبك أو وليّ عهدك عندما يكف عن نفاقك أو يعتدي على رجالك.. سوف

تقمعه وتلغى أوامره وتصدر عكسها .. وستقوم الصحف والإذاعة والتليفزيون ساعتها بإبراز مدى ديمقراطيتك وحرصك على الوطن والأمة .. ذلك الحرص الذي يأبى أن تسكت عن ظلم اتصل بعلمك . . وأنك لم تدع أي مسئول في البلاد مهما كان حجمه فوق المساءلة.

إنك بهذا تكون قد وضعت النائب في مصيدة .. إنه سيتحمل كل أوزار الحكم .. ولن ينال من ثماره إلا ما تتعطف أنت به عليه .. وسيكون الحكم على صفاتك دائما ليس حكما مطلقا إنما حكم يقارنك به .. فكلما كان هو أسوأ كنت أنت أفضل .. ثم إنك إن أبقيت عليه فهذا هو حقك الدستوري الذي لا يماريك أحد فيه . . أما إن قررت عزلة فان قرارك لن ينازعك أحد عليه .. ثم أنه سيصادف هوى جماعيا من الحكومة والمعارضة والشعب.. .

لا..

لا.. أعترض..

توقفوا على الفور..

لا يليق بكم ذلك.. دعوه للرعاع..

كيف يليق بكم أن تصفقوا يا جلالة الجلالات وفخامة الفخامات وسمو السموات.. التصفيق عادة الرعاع والدهماء من شعوبكم وخدمكم..

لكنني في نفس الوقت .. أنبهكم..أن ما تصفقون الآن إعجابا به هو ذاته ما كان يمكن أن ترفضوه وتستهجنوه قبل أن أفصّل الأمر لكم.. تعلّموا إذن ألا يكون لكم رأى مسبق في أي ششيء... وتعلموا أيضا أننا مهما بلغ اقتناعنا برأي أو فكرة.. فإننا نعلم أن هذا الرأي أو هذه الفكرة مرتبطة بظروف موضوعية .. وملابسات واقعية..فإن تغيرت الملابسات أو اختلفت الظروف وجب أن نراجع أنفسنا ونغير اقتناعاتنا.. هذه نقطة هامة جدا.. لا تنسوها أبدا.. ليس في أفكارنا مطلق ولا ثابت.. المطلق والثابت يوجدان مع الله فقط.. ونحن لا نعرفه.. قررنا ألا نعرفه.. سوف تظل هذه الفكرة المحورية تسيطر

علينا طيلة البروتوكولات.. لذلك أكتفي بمسها الآن مسا سريعا.. الله دائم سرمدي أبدى خالد.. ومعنى اعترافنا بوجوده أن القيم ثابتة.. لا تسرق.. لا تزن .. لا تقتل.. لا تكذب.. لا تسكر.. ولو اعترفنا بذلك مرة واحدة فإننا لا نستطيع النكوص أو التغير لأنه هو لا يتغير.. فماذا نفعل إذن إذا وجدنا أن مصلحتنا في السرقة ومتعتنا في الزنا وانتصارنا في القتل و خداع عدونا المزدوج في الكذب وعزاءنا ونشوتنا في الخمر.. ثم.. من غير الله قال أن العفة فضيلة والزنا رذيلة؟.. من غير الله قال أن الناس سواسية وأن قتل واحد فقط كقتل الناس جميعا.. أريدكم أن تتصوروا معي لو أن أي واحد منكم حكم من خلال منظومة القوانين الإلهية .. هل يمكن أن يستمر حكمه يوما واحدا؟.. إن اعترافنا بوجود الله يعنى اعترافنا بديمومة الصفات والمعاني.. وهذا لا يتنافى فقط مع حكمنا بل مع وجودنا ذاته.. سوف نعود لهذه النقطة مرات ومرات.. لكنني لم أذكرها الآن سدى.. ذكرتها لحاجتي إليها.. وفى موضوع الرجل الثاني بالذات.. قلت لكم أن أفضل اختيار هو أن يكون وحشا شرسا.. لكن فلنفترض أن الرعاع والدهماء أعلنوا الثورة .. نعم .. في البداية يجب أن نواجههم بمنتهى القسوة والعنف.. اسحقوهم بالدبابات والطائرات.. وتذكروا أن فائدة الجيوش القصوى ونتائجها المبهرة تقبع في مواجهة الشعوب وليس في مواجهة جيش آخر.. ففي مواجهة جيش آخر توجد دائما احتمالات الهزيمة.. والهزيمة أيا كانت أسبابها فنتيجتها واحدة وهى زلزلة العروش تحت أقدامكم.. أما في مواجهة الشعوب فالنتيجة شبه مؤكدة.. عشرة آلاف قتيل.. مائة ألف قتيل.. مليون قتيل.. ثم ينسحب الرعاع كجرذان مذعورة يلعقون جراحهم وأحذيتكم في نفس الوقت.. لكن لنفترض أن الأمور لم تسر كما نهوى.. أن الجرذان لم تنسحب بعد مليون قتيل.. بل إنهم استولوا على السلاح من الجيش وبادلوكم القتل بالقتل.. في هذه اللحظة تنبهوا جيدا فهي لحظة التحول الكارثة التي يبدأ فيها تفتت الجيش وانقسامه وانضمام بعض وحداته إلى الرعاع.. لا تنسوا أبدا أنه ينتمي إلى الرعاع مهما حاولتم إيهام أفراده بغير ذلك.. لا تنسوا أبدا أن الجيش هو الحامي الذي يرفعكم على

أعناق شعوبكم وهو الغول القادر على قطع أعناقكم.. لا أريد من أي واحد منكم أن يسألني ماذا يفعل إذا تأزمت الأمور إلى هذا الحد.. فالملك أو الرئيس.. الذي يستحق حقا لقب ملك أو رئيس لا يمكن أن يسمح بأن تتدهور الأمور إلى نقطة اللاعودة هذه.. قبلها عليه أن يتصرف .. أن يعزل نائبه الوحش الشرس.. أن يحمله المسئولية كلها.. أن ينطلق كتاب صحفكم كالكلاب المسعورة يمزقون لحمه.. أن يحال إلى المحاكمة على أن يوضع سيناريو المحاكمة كاملا للقضاة..و هذه أيضا نقطة هامة جدا.. فلو أن القضاة تصرفوا كقضاة فسوف تسوء الأمور أكثر.. سوف تثبت مسئوليتكم المباشرة عما حدث.. أنتم لا تحتاجون لقاض حقيقي بل لمن يمثل دور القاضي.. خطورة القاضي الحقيقي عليكم كخطورة رجل الدين الحقيقي الذي لم يروض ولم يستأنس.. يجب أن تكون المحاكمة حافلة بما يشين الرجل الثاني.. ويجب أن يثبت أنه تصرف على عكس ما كان الملك أو الرئيس يأمره به..وفى هذه اللحظة.. على الملك أو الرئيس اختيار رجل ثان آخر كنائب أو ولى للعهد.. وهنا يتحتم ألا يكون وحشا أو شرسا.. على العكس .. هذه هي لحظة الذروة في خداع الرعاع.. عليكم أن تختاروا الغبي الجميل الذي لا يكف عن الابتسام.. وعلى أجهزة إعلامكم أن تنطلق مبشرة الأمة أن الأمور قد عادت إلى مسارها الصحيح وأن النائب الجديد سيخلص الأمة كلها من كل همومها ويداوى كل جراحها.. لكننا بهذا نكون قد رجعنا إلى المربع الأول الذي بدأنا منه ليكون الرجل الثاني مصدر خطر لا يوصف.. لن أطيل عليكم هذه المرة.. لقد قلت لكم في بداية هذا اليوم أنني شديد الإعجاب بكم.. وسوف يدفعني هذا إلى الإيجاز والاكتفاء بالإشارة.. فمن لا تكفيه الإشارة لن تغنيه العبارة.. لذلك سوف أقدم لكم الحل على الفور.. وهو حل سبقتموني أنتم إليه.. إذ يجب حينذاك تدبير فضيحة أخلاقية للرجل الثاني.. مجتمعاتكم ما زالت متخلفة وأسيرة للأساطير لذلك تعتبر أن الخطيئة الأخلاقية أم الخطايا.. الأمر سهل.. فجميعكم متورطون في العلاقات النسائية ما دمتم قادرين عليها .. لن يقتضى الأمر تدبيرا طويلا ولا صعبا.. إنكم ستكشفون ما يحدث فعلا..

فإن كان لا يحدث لسبب أو لآخر.. كأن يكون عنينا.. فإن عليكم أن تؤلفوا الحكاية كلها.. هل تذكرون نائب الرئيس الذي وجد مقتولا وفى أحضانه غانية مقتولة.. حين اتخذ الرجل الأول سمت الوقار الحزين المتحفظ العازف عن الخوض في الأعراض لكنه غير قادر في الوقت نفسه أن يدارى حزنه من المستوى الأخلاقي الوضيع الذي تردى إليه نائبه.. وتكفل كلاب الصيد – كتابكم – بالباقي .. فما عزف الرجل الأول عن الخوض فيه خاضوا هم فيه بمنتهى العنف والفجور.. حتى أن أي واحد من الرعاع سوف يجد حرجا عميقا إذا ما فتح الموضوع أمامه فالتفاصيل لا تكاد تصدق كما لا يمكن الخوض فيها أمام أي تجمع محترم محافظ.. بهذه الطريقة لن يجد النائب الداعر الخسيس من يدافع عنه.. هل تكتفون بهذا المثل أم أذكر لكم المثل الآخر الذي سبقتموني إليه أيضا .. حين حاز ولى العهد على شعبية غير طبيعية .. وفجأة انفجرت الفضيحة وأبدع كلاب صيدكم – كتابكم – في نهش الفريسة .. فمجلة سمت الغانية: حسناء الوادي.. وصحيفة أطلقت عليها صاروخ الجبل.. ومطبوعة أطلقت عليها فاتنة الوطن.. انفجرت الفضيحة بتفاصيلها المخزية.. وتكفلت جميع أجهزة الدولة في الخفاء بنشر الشائعة والتأكيد عليها .. وواجه الملك الأمر بوقار حزين.. وتصاعدت الأمور حتى اضطر ولى العهد إلى تقديم استقالته صاغرا لا يبكيه أحد ولا يدافع عنه أحد..

يا جلالة الجلالات ويا فخامة الفخامات ويا سمو السموات..

إن ما ذكرته لكم اليوم ليس إلا أمثلة قليلة أحيلها إلى عبقرياتكم لتسفر في التطبيق عن إبداعات لا بداية لها ولا نهاية.. ولقد آن الأوان للدخول في بروتوكول آخر.. فإلى الجلسة القادمة..

بروتوكولات حكماء العرب

-5-

آضغاث أحلام..؟!

أعيش في كبد..

أهيم في كمد..

يروعني التساؤل لماذا اختصني المرسل المجهول بالمخطوط..

إذ لا ريب عندي أبدا .. أنه لم يفعل ذلك عبثا.. ولقد فهمت في البداية أن ما علىّ عمله هو أن أنسخ لكم يا إخواني هذا المخطوط.. أن أسربه إليكم .. لتعرفوا حجم المؤامرة عليكم.. لم يقل لي المرسل المجهول أبدا أن علىّ أن أفعل ذلك.. كما لم يقل لي أبدا أن علىّ أن أكتفي به.. وعندما رحت أنسخ المخطوط خفية وأوزعه عليكم يا ناس أحسست براحة بال من أنجز عملا.. و أدى واجبا.. غير آبه بما يكتنفه من مخاطر ولا راجيا منكم يا ناس شكرا ولا عرفانا.. محتسبا عند الله أمري.. مرتجيا منه أجرى.. لكنني سرعان ما أُبت إلى نفسي.. قلت لو أن ذلك هو المقصود لكان المرسل المجهول قد بث صورة للمخطوط على شبكة الإنترنت.. فإذا ما حاصروه كما حاصروني.. كان يستطيع حتى نسخه بنفسه وربطه بأجنحة الحمام الزاجل.. بل كان يستطيع الاستعانة بمن يكتب له المخطوط على حبات الأرز والقمح والشعير ثم ينثرها بين الناس.. فهناك من إخوتنا في الهند والصين وبنجلاديش و أماكن أخرى من كانوا يفعلون ذلك.. فلماذا لم يفعل أيا من ذلك واختارني ليرسل المخطوط لي.. لا ريب الآن عندي.. أن المطلوب منى أن أفعل شيئا ما أكثر من أن أنشر المخطوط بينكم يا ناس.. فالمخطوط نفسه لا يحتوى

على جديد.. وما من كلمة فيه.. بل ما من حرف.. إلا والناس جميعا تعرفه.. نعم .. منذ أزمان بعيدة ..وأجيال عديدة.. ومعظم الناس قد اكتشفوا حقيقة أمرائهم وملوكهم ورؤساء جماعاتهم .. نعم.. يعلمون.. ولن يضيف المخطوط إلى علمهم مزيد علم.. لا أنكر أنه أكد ما نعرفه ووثقه.. فكان كإقرار المذنب.. الذي قد لا يجوز بدونه مهما تعددت القرائن إقامة حد.. كما أنه اختصر من الزمان والجهد الكثير كان يمكن أن ننزفه كي نقنع باقي الناس .. حسنى النية سليمي الطوية .. بحقيقة ما يحدث.. وأنه ليس خطأ مجتهد ولا خبط عشواء بل مقاصد قصاد.. تآمر متآمرين.. نفاق منافقين.. تحالفوا مع الأعداء علينا.. ليس أعداءنا فقط .. بل أعداء الله.. فكانوا وكلاءهم لدينا.. وأمراءهم علينا.. وصرنا – قصمهم الله – بين أيديهم كالأسرى.. إن قتلونا فهذا حقهم.. وإن أبقوا علينا فماذا نرجو منهم أكثر من ذلك.. فمجرد إبقائهم على حياتنا مِنّة..لنعيش بعد ذلك عبيد إحساناتهم.. وأسرى فضلهم.. لا يتوقعون منا أن نكف عن عبادتهم وتأليههم.. وكيف لا.. وقد منحونا الحياة التي كنا لا نستحقها .. بمحض عفوهم.. وكأنما كان مجرد وجودنا على ظهر الأرض – لا في باطنها - جريمتنا الكبرى.. التي تغاضوا عنها .. بفضلهم.. وكما لو أن جريمة ارتكابنا لفعل " الحياة " تهديد لوجودهم.. وبقائهم.. لكنهم آثرونا فراحوا يتوقعون منا أن نحفظ لهم الجميل فنعبدهم لا نشرك بهم شيئا.. وافترضوا أن توقفنا عن عبادتهم ردة لا يجزيها إلا الموت.. كانوا كالسرطان.. الذي إذا هاجمك من الخارج فأنت تحطمه وتقتله.. ولا يمكن له إذا نبت في جسد جارك أن ينتشر في جسدك..نعم .. كالسرطان الذي لا يستطيع أن يؤذيك.. إلا إذا نبت داخلك.. فتغذى دمك.. وعرف منك مكامن القوة وثغرات الضعف.. ليخدع وسائل الدفاع والحماية.. التي تحسبه من الجسد.. وما هو منه.. لكنه يهتبل الفرصة.. فيبدأ بالخداع بمعسول الكلام..وحلو الوعود.. والتمويه على ما يقصد .. حتى يتمكن ويسيطر .. فيمد أنيابه ومخالبه..ويلف أذرعا كأذرع الأخطبوط حول الجسد.. فلا يستطيع منه فكاكا.. لأنه في اللحظة التي يدرك فيها خطورة الأمر.. يكون الأمر نفسه قد انتهى..

نعم.. هذا كله معلوم.. لكن السؤال يبقى.. لماذا أرسل المرسل المجهول المخطوط إلىّ.. وإذا لم يكن المقصود مجرد نشره بين الناس فما هو المطلوب منى؟..

لا أعرف..

ولقد هدني أنني لا أعرف ماذا يجب علىّ أن أفعل.. وهدني أكثر إدراك غامض أنني إن لم أفعل شيئا ما فسوف أقع في المحظور وأورد نفسي موارد التهلكة.. ليس تهلكتى فما أهونها ما أهونها ما أهونها.. و إنما تهلكتكم أنتم يا ناس.. فلو أنني هلكت وحدي لالتمست من الله المعاذير يوم الحساب..ولقلت له: غلبني ضعفي يا رب لكنني لم

أشرك بك أبدا فارحم ضعفي.. غلبني ضعفي يا رب.. فلم أقاوم.. لأن الحياة التي أفسدوها عليّ لم تكن تستحق عناء المقاومة.. بل كانت – وحق جلال وجهك يا رب – تدفعني للدعاء بنهاية الابتلاء بها.. وباختيار جوارك.. من أجل ذلك أرجو رحمتك قبل عدلك.. أستعيذ بوجهك الكريم وباسمك يا رحمن يا رحيم من عذابك.. وأطمع في غفران من يملك لمن لا يستحق.. لكن.. كان يمكن لذلك أن يجوز لو تعلق الأمر بي وحدي.. لكن كيف ألتمس المعاذير وقد تركت الناس يهلكون.. ولست أقصد هلاكا كذاك الذي حاق بأهل فلسطين أو العراق أو البوسنة والهرسك أو كوسوفا.. لست أقصد هلاكا كذاك الهلاك الذي كان يبيد جل الناس لكن من كان يبقى كان يقدر على التعويض وبداية الأمر من جديد.. لا أقصد هلاكا حتى كهلاك أهل الشيشان.. ما يرعبنى هلاك كهلاك أهل الأندلس.. أو كهلاك قوم عاد ولوط.. هلاك الانقراض.. هلاك كهلاك الفراعنة.. حين باد الناس واللغة والتاريخ فلم يبق منهم سوى المطمور من الآثار تحت الأرض.. هلاك لا يترك لنا حتى واحدا مجرد واحد يقص علينا ما جرى.. ولا يترك لنا أي وسيلة كي نعرف إن كان هلاكهم فعل ماض حدث وانقضى أم أنه فعل مضارع حدث وما يزال..

عندما تلقى مباحث أمن الوطن القبض على واحد منا فإن لحظة إلقاء القبض عليه ليست لحظة النهاية.. إنها لحظة النهاية لنا نحن.. فبعدها لن نعرف أبدا ما يحدث له.. أما هو فإن هذه اللحظة هي لحظة بداية الهول.. و أنا أخاف يا ناس أن يكون جهلي بما يجب عليّ أن أفعل بعد أن وصلني المخطوط هو الطريق إلى الهلاك المضارع.. هلاككم يا ناس.. هلاككم الذي لا يعد الموت له راحة.. ولا البقاء نجاة.. لأنكم إن بقيتم هلكتم.. وإن متّم هلكتم في النار.. لأنكم تركتم الشيطان يهلككم و يحكم ويكتب وينشر ويذيع ويسوس ويؤلف الأحزاب..

أعيش في كبد..

أهيم في كمد..

في النهار تطاردني الهموم والرعب والهواجس والفكر وعسس أمن الوطن .. وفى الليل تطاردني الكوابيس والأحلام والرؤى.. وفى حال مثل حالي يا ناس.. ليس لي أن أهمل أي حدث مهما ضؤل.. مهما بلغ من يقيني أنه لا علاقة له بما نحن فيه.. فإن كان يقيني يشي لي بذلك فكيف السبيل إلى اليقين بيقيني.. أليس واردا أن ما لا أراه أنا قد ترونه أنتم؟.. أليس واردا أن ما أعجز عن فهمه قد تفهمونه أنتم؟؟.. لذلك لن أهمل أمرا مهما بدا قليل الشأن منعدم الصلة.. حتى تلك الأشياء الصغيرة التي تثير الخجل.. سوف أنسخ لكم مع المخطوط كل ما يحدث في صحوى.. بل لن أغادر حتى ما يحدث في منامي .. فحتى الأحلام والكوابيس والرؤى يمكن أن تكون نبوءة أو تحذيرا أو إرشادا أو إشارة

.. وكم من حقيقة باهرة .. عجزت عن الوصول إليها عقول الأنام.. حتى أتت حلما في منام.. ثم أن الرؤيا الصادقة جزء من النبوة.. وأنا لا أعرف يا ناس إن كانت رؤاي صادقة أم أنها أضغاث أحلام .. ثم أنني أخشى أن يصل إليّ عسسهم فيقتلوني قبل أن أكمل تحذيري لكم.. فالوقت قليل قليل.. والمهمة صعبة وطويلة.. وما لدى من فضل زمن أستطيع فيه أن أمحص أحلامي.. كي أبقى الصادق وأستبعد الكذاب.. لذلك سأرويها كلها لكم.. لتمحصوها أنتم.. لكنني إذ أشرع أفعل ذاك .. أحذركم و أفجعكم و أبكيكم ..أصدمكم في الكلمات وبالكلمات.. إذ كيف أنقل لكم ما يحدث في الأحلام بلغة الواقع؟.. لقد تعودنا على الكذب حتى فقدنا الإحساس بأنه كذب .. وأنا أقول لكم أنني سأروى لكم أحلامي.. وأنتم تصدّقون.. فبأي لغة سأرويها.. هل بلغة الأحلام نفسها؟ .. فما هي لغة الأحلام؟!..إننا في الواقع الذي نعيشه يوما بعد يوم نشترك في أشياء كثيرة.. لذلك كانت هناك لغات مشتركة نستطيع أن نتفاهم بها .. أما في الأحلام فإن كل واحد منا عالم بأكمله.. ولهذا العالم لغته الخاصة التي لا يفهمها من خارجه أحد..

هبوا أن واحدا منكم سافر إلى المريخ أو هبط إلى جوف الأرض.. لا .. قد يكون ذلك صعبا.. هبوا أن واحدا منكم دخل إلى قاعدة عسكرية إليكترونية.. كيف يصف لنا ما فيها .. كيف يصف ما لا يعرف.. ما لم ير له أبدا مثيلا .. هبوا أنكم جئتم بواحد من العصور الخالية فعرضتم عليه سيارة.. كيف يصفها؟؟ .. وكيف يصف القطار وناطحة سحاب.. هبوا أنكم جئتم بأكبر عالم من عصور الفراعنة وعرضتم عليه قلم رصاص.. مجرد قلم رصاص.. كيف يصفه إلا أن يشبهه بفرع شجرة.. كيف إذن أنقل لكم ما أرى في أحلامي وليس للأحلام بيننا لغة.. والمعارف تصل إلى الوجدان دونما حاجة لترجمتها بالكلمات..

يا ناس .. إن العلاقة بين القلم وفرع الشجرة هي العلاقة بين ما أقوله لكم وما عليكم أن تفهموه..

هل فكر واحد منكم في وسيلة الانتقال التي يستعملها في أحلامه؟ .. تلك الوسيلة التي تنقله من أدنى الدنيا إلى أقصاها في لمح البصر..

هل فكر واحد منكم في كنه الزمن داخل الحلم.. وكيف يمكن له أن يستوعب أعواما وأعواما في جزء من ثانية..

هل فكر واحد منكم كيف يسمع في منامه و أذنه نائمة.. وكيف يرى وعيناه مغلقتان.. وكيف يسير بلا قدم ويطير بلا جناح .. ويتفاهم بلا صوت ويفهم بلا لغة .. ويشبع بلا طعام ويرتوي دون شراب ويعيش بلا جسد.. ويغرق فلا يختنق .. وتشتعل النيران فيه فلا يحترق .. ويتعرض للحوادث الهائلة فلا يموت.. أو يموت ويصحو ثانية..

لماذا لم تنجح كل تكنولوجيا العصر في أن تدخل إلى الأحلام لتسجل أصواتها على شريط كاسيت؟!.. ومشاهدها على شريط فيديو؟..!

ما هو المنطق الذي تخضع لها الأحلام؟ وأي قوانين الطبيعة نطبق عليها؟..!

هل فكر واحد منكم أين الجسد الميت ميتته الصغرى من كل هذا..

ألم يش كل هذا لكم بأي شيء.. ألم تفهموا بعد أن أحلامنا لا تنتم لعالمنا.. وأنها رمز خفي.. خفيف عصيّ.. مخيف.. لحياتنا الأخرى.. وأنها جزء من الغيب الذي تحاول بروتوكولات حكمائنا أن تسلبه منا.. إن كان لكل واحد منا غيبه الخاص داخل ذاته فكيف يريدون منا أن ننكر الغيب الأكبر..

لقد فكرت يا إخواني في كل هذا.. لكنني فكرت أيضا أن الشيطان يتسلل إلى أحلامنا أحيانا كي يسيطر علينا من داخلنا .. كالسرطان.. لذلك لا أعتمد على حلم مهما بلغت ثقتي فيه.. وليس لدى أي متسع من الوقت.. لذلك سأروى لكم أحلامي.. علّكم ترون فيها ما لم أر.. وتستنبطون ما لم أستنبط.. وتفهمون ما لم أفهم..

بالأمس كانت ليلتي كابوسا طويلا مستمرا كلما نجوت منه عدت للسقوط فيه..

كنت أجوس في شوارع المدينة.. رآني العسس فبدءوا في مطاردتي .. وهرعت أهرب.. كنت أجرى بأقصى ما أستطيع من سرعة.. وأحرك أقدامى بكل ما أملك من قوة.. لكنني لا أتحرك من مكاني..تماما كما يحدث على عجلات الجري الثابت حيث يجرى الإنسان في نفس المكان.. يجرى ولا يتحرك.. وكنت أرى المطاردين.. لا خلفي فقط.. بل خلفي وأمامي وحولي.. وكان الضابط ذو الجسد الناري ما يزال جالسا على مقعد الجمر سعيدا.. ينظر إلىّ ساخرا ويضحك.. وكانت لأوراق المخطوط بين يديه..كنت أراه فأزيد من مجهودي وسرعتي.. وبمحض الصدفة نظرت تحتي فرأيت عددا من الجنود يديرون شيئا.. دققت النظر فيهم.. فاكتشفت أنهم يديرون الأرض تحتي عكس اتجاه عدوى.. وكانوا يتضاحكون ويتغامزون ويسخرون.. كنت أسمعهم بلا أذن يتكلمون دون صوت ولا لسان ولا فم.. كانوا يقولون دعوه يظن أنه يهرب.. لكنني على الرغم من ذلك لم أتوقف عن المحاولة.. وهم يسخرون .. وأنا أهرب.. فلا أنا أتحرك.. ولا هم يمسكوني.. ولا المطاردة تتوقف.. ولا شيء يتغير..

وصحوت..

صحوت في كبد..

ثم نمت في كمد..

رأيت مبنى صحيفتنا الكبرى وفضائيتنا الأشهر يتألق بالأنوار.. كانت الدنيا ظلاما في ظلام.. وتلألأ المبنى بالأضواء الصاخبة كألعاب نارية.. قلت لنفسي ادخل واعرف أخبار الدنيا.. لم يمنعني الحراس.. ودخلت.. ذهلت.. كان المبنى مبغى.. مبغى.. مبغى.. وتحادثت مع الغرباء.. متى حولوا المبنى إلى دار بغاء؟.. وأجابوني: لم تتحول.. في الصبح تراها أكبر دار للصحف الوطنية وأشهر الشاشات الفضية أما في الليل فدار بغاء.. ذهلت.. سألتهم : متى حدث ما حدث ؟ فأجابوني أن ما يحدث يحدث منذ إنشاء الدار.. انصرفوا عنى وراحوا يعجبون من جهلي.. فهربت هربت حتى وجدت في نهاية البهو الأكبر شيخ مدينتي.. كان أنيقا.. في جبته وعمامته كان أنيقا.. قلت لنفسي ستفوتني صلاة الجماعة فهرعت إليه.. رأيت الناس يهرعون إليه .. قلت لنفسي .. أصلى خلفه أو أستفتيه هل يجوز أن يتحول المبنى في الصبح عن الليل.. ازدحم الناس فأخفوه عنى.. وسمعته يجهر بالقول .. سمعت : نويت.. سمعت: جماعة.. لكنني لم أسمع ما بينهما.. وقلت لنفسي: لم تتوضأ.. فذهبت أبحث عن مكان للوضوء فوجدت قوما يتوضئون باللبن فصرخت لا يجوز.. وأعرضت عنهم وأقبلت على غيرهم فوجدتهم يتوضئون بالخمر فصرخت لا يصلح.. وأعرضت عنهم فوجدت قوما يتوضئون بالدم فهالني الأمر ..و قلت أعود لأسأل أين الماء؟.. وعدت.. وجدت الشيخ .. وجدت الشيخ.. وجدت الشيخ.. يزنى.. ومن حوله يزنون.. بكيت بكيت بكيت بكيت..هرعت إليه .. جذبته: أشيخي أنت أم الشيطان؟.. هل يعبث بي فيتشبه بك .. فصرخ : إليك عنى .. صرخت : هل تنفع صلواتي الماضية خلفك.. قال: جربت مثلها فنفعت .. قلت : فكيف؟ .. قال بالنهار أنا إمامك وبالليل موظف في الدار.. كان يصرخ وكنت أصرخ دونما أي صوت لكنني كنت أعرف أنه صراخ..

وصحوت..

فنمت..

رأيت أبى في مرضه الأخير.. لكنني في الحلم لم أكن أعرف أنه مات.. كان يموت.. وكنت مرعوبا عليه وصدره يعلو ويهبط وأنفاسه تتحشرج.. هرعت إلى المستشفى.. لا أعرف كيف.. لكنني عندما أحسست بالخطر عليه قلت لنفسي : يجب أن نذهب للمستشفى على الفور.. وعلى الفور كنا في المستشفى.. دون أي وسيلة انتقال.. اهتم الطبيب.. ترك المرضى وتولاه.. وأنا لا أكف عن الصراخ : أنقذه أرحه.. فحصه الطبيب ثم أدار له ظهره متطلعا إلىّ في دهشة .. فصرخت : أنقذه أرحه .. فراح يرمقني في حزن.. فتساءلت : ماذا بك.. قال: يا مسكين.. قلبك أنت المعطوب لو عالجناك استراح .. نظرت إلى أبى فلم أر وجهه لكنني رأيت العتاب .. كان العتاب كستار يخفى وجهه.. كيف

علمت أنه العتاب وكيف تجسد.. لا أدرى.. قلت سامحني يا أبى.. ما علمت إلا الآن أنه ليس طبيبا وإنما مشعوذ دجال.. فتحدث العتاب دون صوت : ما من أجل هذا أعاتب.. فقلت كأن لم أسمع هيا إلى طبيب لا يشعوذ.. فخرجنا من المستشفى إلى الشارع.. فلاحظت أمرا غريبا عجبت كيف غاب عنى.. كان الناس يسيرون في الشارع كالعادة.. وكان الشارع نصف مضيء ونصف مظلم.. أو ربما ربع مضيء والباقي مظلم.. كان الناس عاديين تماما.. أما أنا وأبى فقد كان حجمنا ثلاثة أضعاف حجم الرجل العادي.. ذهلت .. دققت في الأمر فاكتشفت السر على الفور.. فالأجساد ليست إلا وعاء يحتوينا.. كصندوق خشبي يحمى ما بداخله ويحمله.. كان حجمي داخل الصندوق الجسدي ضئيلا.. والصندوق كبير وثقيل.. أكبر بكثير مما أحتاج إليه.. وكان يعيقني كثوب فضفاض.. كنت منزويا داخل جسدي في حجم الناس العادي.. وكنت أحاول أن أتحرك.. وكان الصندوق الخشبي كنعش واقف.. كان أبى يسبقني.. قلت اركض.. أدركه واسأل.. لكن قدمي كانتا ثقيلتين في الأرض.. مغروستان في الأرض.. تغوصان في الأرض.. وأنا أجاهد وأجاهد .. والهواء ثقيل.. وكنت أسبح في الهواء.. والهواء ثقيل كالماء.. وكنت أسبح في الماء.. والماء ثقيل كالزيت .. وكنت أعوم في بحر من الزيت.. وكانت المسافة بيننا ثابتة.. ونحن نحبو.. وأنا أحاول أن أجرى فلا أقدر والناس حولنا عاديون تماما ولم أطلب نجدة ولا غوثا وكنت أعرف- لا أعرف كيف؟- أن أحدا منهم لا يرانا ولا يسمعنا .. وكانوا عاديين وكنا بينهم عملاقين أنا وأبى .. وكنت ما أزال أحاول.. لكن ثقل الزيت تكثف وازداد .. الزيت تجمد.. أدركت الخدعة.. صرخت بكل ما أستطيع من قوة فلم يخرج من فيهي صوت.. صرخت : حاذر يا أبى .. ليس هواء ولا ماء ولا زيتا.. إنه شمع.. إنهم يصطادوننا بالشمع.. سيتجمد حولنا وعلينا فنتحنط فيه كما يتحنط الذباب والفراش في الشمع .. لم يتكلم.. لم يتلفت.. لكن ستار العتاب الذي كان يخفى وجهه استدار وعاتب.. وساعتها أدركت فجأة أنه مات وأنه حزين لأنني لم أعرف بعد أنه مات حزين لأنه يعرف كم سأحزن حين أعرف .. بكيت بكيت بكيت لكنني تذكرت فعلا أنه مات فكيف نسيت؟.. وعرفت أنني أحلم فقلت لنفسي انتهز فرصة الحلم وتأمل وجهه املأ عينك من وجهه زود عينك من وجهه ارو قلبك من وجهه أشبع روحك من وجهه.. صرخت فيه: انظر إلىّ أونى وجهك أوحشني وجهك.. ما أعطشني ما أجوعني ما أشقاني.. كان غاضبا فلم يلتفت فخيل إلىّ أنى فهمت فصرخت فيه: أنت أرسلت المخطوط ؟ .. كيف لم أفهم؟.. فصحوت..

ونمت.. رأيت العسس يطاردونني وتكرر ذات الحلم الأسبق فجريت جريت جريت حتى صحوت فنمت فرأيتني متهما في محكمة والقاضي يجلس تحت تمثال امرأة معصوبة العينين فغافلته وهجمت على العصابة أنزعها فوجدت المرأة تختلس النظر.. وكنت خلفه

فنظرت إلى قفاه فإذا وجه آخر فسألته : كيف لك وجهان؟.. فقال وجه للناس ووجه للشلطان فقلت : أتعنى السلطان أم الشيطان؟.. فصحوت.. فنمت.. ورأيت فأرا يقرض أوراق المخطوط فصرخت فانطلق يطاردني فهربت فرأيته يطارد قطا فصحوت فنمت فرأيت قطا هائلا يطارد كلبا هزيلا ذليلا فيأكله.. وصحوت فنمت فرأيت قردا يقود قطيعا من الأسود فدهشت فسألت أسدا منهم : كيف يقود القرد الأسد.. فكاد يجيب لكن القرد نظر إليه فارتعب فدس ذيله بين فخذيه وسجد أمامه ففهمت أنه مجبور على ذلك بعد إعلان الطوارئ فبكيت فصحوت فنمت فرأيت لصا يطارد شرطيا.. صرخت في الشرطي: انفخ صفارتك كي ينجدنا زملاؤك .. صرخ الشرطي: لم يبق أحد.. قلت : كذبت.. هذى البلدة تملؤها الشرطة.. قال: خُدعتَ.. إنما هم القراصنة و أعضاء المافيا يلبسون ملابس الشرطة التي اغتصبوها من زملائي الشهداء.. قلت كيف شهداء ولم يدافعوا عن ملابسهم قال في البلد كله لم يعد أحد يلبس ملابسه.. وهاهو واحد منهم يطاردنا الآن كي يسلبني ملابسي .. ثم أردف : يا مسكين.. أحسبت الشيخ الزاني شيخا.. ؟.. قلت: فماذا؟.. قال : سلب القواد الشيخ.. لبس ملابسه .. حلّ مكانه.. صرخت : فأين الشيخ ؟! قال: محبوس في القبو الحجري.. قلت: و أين القبو الحجري؟ قال: في القصر الصخري.. قلت فأين القصر الصخري؟.. قال: ومالك أنت؟!.. وواصل الجري فجريت معه واللص يجرى خلفنا فسألت الشرطي لماذا جاء القراصنة وأعضاء المافيا؟ قال: يبحثون عن مخطوط .. أدركنا اللص فأمسك بالشرطي فخلع ملابسه فذبحه فصرخت فيه: هذا حرام فنظر هازئا بل جادا وقال : تغيرت القوانين والأصول و أفتى الشيخ بما نقول.. قلت لا يجوز ذبحه فقال ألم تكن تريد أن تتوضأ؟ سأصفى لك من دمه ما يكفى وضوءك قلت لا يجوز ذبحه فقال: فتن علينا فقلت: لا يجوز ذبحه فقال : أنت لا تعرف لذة لحم البشر المشوي على أسياخ.. انتثر اللحم البشرى على الأسياخ على الفور.. شممت شواءه.. ناولني سيخا قال: تفضل قلت: لم تسمّ عليه .. فنظر نحوى نظرة أرعبتني فتحسست عنقي وطفقت أجرى و أجرى و أجرى حتى صحوت فنمت فرأيت القاضي ذا الوجهين .. فصرخت: ستهلك.. فصحوت.. فنمت فإذا أنا بقوم على مائدة عليها لحم مشوي كأحسن ما رأيت من اللحم وإذا حوله جيف، فجعلوا يقبلون على الجيف يأكلون منها ويدعون اللحم فصحوت فنمت فرأيت عمودا أبيضا كأنه لؤلؤة وكان أبى يحمله ، قلت: ما تحمل، قال: عمود الإسلام لا أدرى أين أضعه.. وخلت أن العمود يميل فحلقت في السماء كي أضبطه وأسنده فساح الشمع تحت أبى فراح يغوص صرخت لا تذهب فكيف يستقر في الهواء غصن مقطوع جذره منبت أصله، ورحت أهوى في الفضاء بلا قرار بعد أن أفلت العمود من يدي.. وكنت أهوي وأهوي وأهوي ولكن الغريب أن العمود كان مستقرا في مكانه.. ولم يكن الميل بع بل بي.. فصحوت فنمت فرأيت قصر الملك لا باب له ولا نافذة

ولا مدخل قطعة صماء من الحجر فرحت أطرق على الحجر.. صرخت : أريد الملك.. فإذا بعابر سبيل يجيبني: هذا هو الملك.. فنظرت حيث يشير فإذا به يشير إلى القصر الصخري.. فعجبت وقلت هذا هو القصر الصخري فأين الملك؟ قال هو الملك ! فرحت أتحسسه وأنوح: قلبه حجر روحه حجر عقله حجر.. حجر حجر حجر.. فعلمت أن الشيخ محبوس فيه ورحت أبكى وأطرق عليه كي يجيب أو يستجيب.. فاستجاب أو هكذا شبه لي فربما نمت أثناء النوم وحلمت أثناء الحلم لا أدرى لكن القصر تغير وتحول فإذا به مبنى الصحيفة الكبرى والفضائية الأشهر فقلت أدخل أسأل فإذا الجميع في وجوم فسألت فقيل : مرسوم غريب صدر بمناسبة الطوارئ .. مرسوم أذاعته وكالات الأنباء .. قلت مرسوم أم إنذار.. فقيل: رفعت الأقلام.. لو أتيت منذ قليل لرأيت بنفسك .. قلت : ما نص المرسوم ؟ فقيل: أن يحل الكتاب محل الداعرات في بيوت الدعارة وتحل الداعرات مكان الكتاب في الصحف والفضائيات .. صرخت: فلنتمرد .. فلنعلن العصيان .. فقالوا : ما نحن إلا موظفون ..وخيم الصمت حتى وجدت كاتبا أعرفه يهمس ما أشد حزننا وعارنا فإذا بداعرة تصرخ: حزننا أشد وعارنا أكثر .. فصحوت..

صحوت صحوت صحوت.. بكيت بكيت بكيت..

أعيش في كبد..

أهيم في كمد..

لكنني لا أريد أن أطيل عليكم.. ولست أريد أيضا أن يختفي المخطوط – وهو واجبي الأساسي – خلف أضغاث أحلامي التي لا أعرف لها معنى .. فلعلكم تعرفون.. وتفهمون ما عجزت عن فهمه..

والآن .. هيا إلى المخطوط:

****

أيها الجلالات والفخامات والسموات..

أصارحكم أننا لن نتحدث اليوم في البروتوكول الرابع..

ثمة حديث قصير سوف تحصلون بعده على راحة إجبارية لمدة أيام أو أسابيع يتم فيها تقييم أمور كثيرة.. أو على الأحرى إعادة تقييمها..

والحق أقول لكم : إني غاضب.. وعواقب غضبي لو تعلمون عظيمة..

لن أطيل.. فأسوأ ما يفعله المرء وهو غاضب أن يتحدث أو أن يفكر..

سوف أصارحكم على الفور بسبب غضبي:

تعلمون أن ما لدينا من أجهزة يستطيع أن يصور حتى علامات ملابسكم الداخلية بكل وضوح لنعرف مما صنعت وأين صنعت وكيف صنعت ومتى صنعت.. لن يكون غريبا إذن أن أصارحكم بأنني سمعت ما تهامستم به إلى بعضكم بعد الاجتماع الماضي حين رحتم تتحدثون عني.. لا أقصد أن أسبب حرجا لأي أحد لذلك لن أذكر الأسماء بل سأذكر شذرات من نميمتكم..

-من هذا الرجل..؟

-أعظم رجل في الدنيا..

-لا تقل رجلا .. إنه الشيطان نفسه..

-إنه سيدنا وابن سيدنا..

-ومولانا وابن مولانا..

-إنه أحكم من فينا..

-و أعقل من فينا..

-لولاه لهلكنا..

-أطيعوني مرة وخالفوني العمر كله.. إنه الشيطان..

-عيب يا (...) نعرف أباه وأمه وجميع أفراد عائلته النبيلة..

-إذن فهو عميل للموساد والـ..CIA

-لا نسمع بهذا التخريف ولا نرضى بإهانة هادينا ومعلمنا الحكمة..

-أطيعوني مرة و...

سوف أكتفي بهذا القدر مقررا أن هجاءكم لن يضرني ومديحكم لن ينفعني.. لكنني فقط أخشى عليكم من تسرب أفكار الجاهلية إليكم.. شيطان .. عميل.. موساد .. CIA .. ألم نتفق على ألا نعود إلى هذه المعاني أبدا .. ألم نتفق على أن هذا هو أسلوب الرعاع من شعوبكم .. أسلوب المؤمنين بالغيب فيستعيضون به عن الواقع.. فلو تسلل هذا الأسلوب –وهذه الطريقة للتفكير – إليكم اليوم فمن يعرف ما يحدث غدا.. إن بناءنا متين وعملاق لكنه قد يتقوض كله إزاء فيروس كهذا ينتشر بينكم..

إن صدور هذا الكلام ولو من واحد منكم دليل ثغرة.. وهذه الثغرة غير مسموح بها..

والآن .. هبوا أنني عميل للموساد والمخابرات الأمريكية.. هبوا أنني عميل للشيطان.. بل هبوا أنني الشيطان نفسه .. فلينسحب الآن من يرفض أن يتبعني ويتعلم مني..

...

...

...

لماذا لا ينسحب منكم واحد يا جلالة الجلالات ويا فخامة الفخامات ويا سمو السموات.. لماذا لم ينسحب أحد .. وهذا الطائش الذي سبني.. لماذا لم ينسحب.. هل خاف على عرشه؟..

لا .. لا يكفيني ذلك.. إنكم قلة تواجهون جيشا عرمرما من الرعاع وما لم تكونوا صفا واحدا لا ينفذ منه أي فكر غريب فسوف يمزقكم الرعاع شر ممزق..

لذلك لا يكفيني الآن صمتكم..

سوف أترك لكم الفرصة أياما و أياما كي تراجعوا أنفسكم وتحزموا أمركم..

إن ما سنتناوله في الجلسات القادمة خطير ومثير ولا أحب أن أخوض فيه وبينكم مرتد أو من توسوس له بالردة نفسه..

والآن هيا .. ولا يحضرن اجتماعنا القادم إلا من يؤمن بي..

بروتوكولات حكماء العرب

-6-

لكل مواطن جريمة.. ولكل قانون ثغرة..

البروتوكول الرابع

لا يسعنا يا جلالة الجلالات ويا فخامة الفخامات إلا أن نقف دقيقة حدادا على فقيدنا الجليل الذي وافته المنية بعد اجتماعنا الماضي.

***

إنني أنتهز هذه الفرصة كي أحيى و أقرظ الطريقة المهيبة الجليلة التي اتبعت بعد وفاة الملك.. لقد أطلق الرعاع كثيرا من الشائعات حول الملك الشاب الذي مات في ريعان شبابه مشككين في حقيقة موته.. وليس هذا جديدا عليهم فسوء الظن الأبدي طبيعة متأصلة في الرعاع والسفلة.. لقد حاولوا دون أي احترام لحرمة الموت أن يطلقوا الشائعات المغرضة الحاقدة حول احتمال أن يكون الموت غير طبيعي و أن يكون قد اغتيل مدللين على ذلك ببعض مواقف التمرد التي ظهرت منه في الآونة الأخيرة.. حاول الرعاع الذين لم يكفوا طيلة حياة فقيدنا العظيم عن الهجوم عليه.. حاولوا الآن – بعد موته – أن يرفعوه إلى مراتب الشهداء والقديسين.. لكن الموقف العاقل الرزين الذي

اتخذه الملك الجديد أفسد على الرعاع خطتهم.. كما أن الاحتفالية المهيبة للدفن قد أفسدت على الرعاع كل مزايدة.. ولقد كان الغضب العاتي الذي واجه به الملك الجديد مطالبة بعض الرعاع بتشريح جثة الملك الراحل تحت إشراف المنظمات الدولية غضبا جعلهم يلوذون بجحورهم .. لقد كان تصرفا مثاليا لأزمة كان يمكن أن تتطور إلى ما لا تحمد عقباه.. وهنا لابد أن أشير إلى موقف الشيخ الكبير .. والذي كان له أبلغ الأثر في مواجهة شكوك الرعاع وهياجهم.. فلقد كان تأكيده على أن الموت كان طبيعيا وأن حياة كل إنسان وديعة من بارئه يستردها حين يشاء هو فصل الخطاب الذي أطفأ النار.. ولقد كان لجوء الشيخ إلى عالم الغيب وتأكيده على أن الملك الشاب قد زاره في المنام مؤكدا أن موته كان طبيعيا و أنه في الجنة .. كان ذلك – إزاء رعاع يؤمنون بالخرافات والأساطير – هو الكلمة الأخيرة.

أريد أن أذكركم أيضا بالموقف العظيم لمعالي المدعى العام الذي أصدر قرارا بحظر النشر في الموضوع برمته وفى كل ما يتعلق به، كما أصدر قرارات متعاقبة بمنع القلة الحاقدة التي أطلقت مثل تيك الشائعات من السفر إلى الخارج ليمنعها من بث سمومها السوداء في العالم. ولم يقتصر على ذلك، بل تكرم بإحالة القضايا العاجلة التي رفعت إلى دوائر قضائية معينة سبق الاتفاق معها على كل ششيء وكتبت لها الأحكام.

إنني هنا أريد أن أذكركم.. أن أعظم استثمار للرؤساء والملوك والأمراء .. ليس الاستثمار في الصناعة والزراعة والتكنولوجيا .. وليس حتى في عمولات السلاح وصناعة المخدرات وتهريب الذهب .. إنما يقبع أعظم استثمار في توظيف المشايخ والنيابة والقضاء لصالح سياسة الحكم.. وهذا هو موضوع بروتوكولنا الرابع..

يا جلالة الجلالات ويا فخامة الفخامات ويا سمو السموات..

لقد قمنا بتأبين زميلكم الراحل.. وعلينا أن نرحب الآن بزميلكم الجديد والذي عقدت معه عدة جلسات أحطته فيها بما تم في اجتماعاتنا السابقة.. والآن .. هيا إلى العمل..

***

لقد بدا القضاء لفترة طويلة جدا مشكلتنا الكبرى..

ولولا نجاحاتنا الساحقة في المجالات الأخرى لما تمكنا منه.. فالقاضي واحد من أفراد المجتمع وما يؤثر في المجتمع يؤثر فيه.. كما أنه من المحتم مهما طال المدى أن تنتقل أمراض المجتمع إليه.. لذلك.. فإن محاولاتنا لتحطيم تماسك الرعاع والسفلة آتى أكله.. ليس على الفور بالطبع.. بل بعد معارك ضارية سقط فيها العشرات من آبائكم وأجدادكم..

إنني أريد أن ألفت انتباه جلالاتكم وفخاماتكم وسمواتكم مرة أخرى أنني أضرب لكم الأمثلة على سبيل الاستدلال لا الحصر.. وأن الطرق التي اتبعت مع القضاء والنيابة لم تكن مقصورة عليهما.. كما أنها لم تكن خاصة بهما وإنما استعملت في مجالات أخرى عديدة.. كما أود أن أكرر.. أنني إذ أعلمكم علم الملوك لا أقول لكم كل شيء.. نعم .. ليس ما أقوله لكم هو العلم الجامع المانع.. بل إنني أعلمكم الحروف لتصوغوا منها كلمات لا أول لها ولا آخر.. و أدرس لكم الأرقام كي تصوغوا منها عمليات رياضية لا نهاية لها..

نعود إلى مشكلتنا الكبرى مع القضاء.. كانت المشكلة أن القاضي يعتبر نفسه عدل الله في الأرض.. وبهذا لم يكن يحتفظ للحكام بأي ولاء بل هو الذي يحكم عليهم ويحمى الرعاع منهم.. كانت المشكلة صعبة.. لكن نجاح أسلافكم الباهر في الانتقال من الشريعة إلى القانون كان الضربة الكبرى.. بعدها حسم الأمر وتحددت محطة الوصول مهما تأخرت ساعة الوصول..

بالانتقال من الشريعة إلى القانون استطعنا قلب مفاهيم الناس عن الحقوق والقانون والأخلاق . فمع الحكم بالشريعة كان الخوف من الله ومن العقوبة في الآخرة ، وفكرة الجحيم والعذاب هي التي تمنع الفرد أو

الجماعة من ارتكاب المعاصي كالقتل والتزوير والسرقة والتعذيب والظلم، كانت الشريعة هي التي تتولى تنظيم العلاقات الاجتماعية، حتى لو لم تكن هناك حكومة ولا حاكم ، فنصوص الشريعة وخوف الله الكامن في القلب هما اللذان يمثلان أساس ضمان العدل ، هما الشرطة الحقيقية في المجتمع. ولم تكن العقوبة موجودة إلا على سبيل الاستثناء للمنحرفين عن الطريق العام. وكان ذلك وضعا خطرا مهما حاولنا الالتفاف من حوله باختراق بعض دوائر القضاء.. فالنص الأصلي موجود ويمكن الرجوع إليه في أي وقت.. ثم أن الخروج على هذا النص كان يستوجب احتقار الناس للحاكم وللقاضي معا.. فلا يمكثون على الطاعة والخضوع إلا ريثما يتسنى لهم الانتفاض والانقضاض..

لقد كانت معركة الانتقال من الشريعة إلى القانون معركة شرسة ودامية .. لكننا نجحنا فيها.. والحذر الحذر من أن تعودوا إليها مرة أخرى.. قضى الأمر.. وعليكم أن تعاملوا بمنتهى القسوة والعنف أولئك العصاة المارقين الذين يطلبون بعودة الشريعة كمصدر للقانون..

نعم.. لقد نجحنا في استبدال القانون بالشريعة.. والمثقف المستنير بالفقيه.. فالفقيه لا يتبعنا ولن يتبعنا أبدا.. أما المثقف المستنير.. فقد نجحنا أن نجعله أشبه بالمهرج.. الذي يهاجم في المساء بكل شراسة ما دافع عنه في الصباح بكل حماسة..

وبنجاحنا في استبدال القانون بالشريعة أصبح كل ما لا ينص عليه القانون حلال وممكن عمله ولا يعاقب عليه أحد، أصبحت العقوبة دنيوية ومادية ، دنيوية أي تستند إلى قانون وضعي متفق عليه بين الجميع، ويمكن تغييره أيضا مع الزمن والإجماع ، فما كان جريمة منذ عشر سنوات في مجتمع يمكن أن يصبح مباحا بموافقة مجلس الأعيان المنتخب. وأصبحت العقوبة مادية، لأن العقوبة تتم على الأرض إذا تم الكشف عنها من قبل الدولة وإلا فلن يكون هناك عقوبة..

لقد اندفع إعلامنا وتعليمنا ومثقفونا المستنيرون يظهرون- بصورة ملتوية ومعقدة وغير مباشرة- تخلف الشريعة وعدم صلاحيتها لمواكبة العصر، ووعدنا الرعاع بقانون فابتلعوا الطعم، لأننا في الواقع لم نكن نريد أي قانون، لقد أخذنا منهم الشريعة وأعطيناهم بدل القانون الفوضى وسيطرة فئة كليا على فئة أخرى، لم نبق من قانون يمنع اعتداء فرد على آخر إلا قانون القوة والعنف . فأصبح كل شيء مباحا عمليا ، لم يعد هناك رادع حقيقي لدى أي فرد . لقد وضعنا القانون ثم يسرنا سبل اختراقه فلم تعد هناك أية هيبة لأي قانون ، لقد استطعنا أن ننفذ خطتنا الكبرى، لكل مواطن جريمة ولكل قانون ثغرة، أصبح الكل مهددا والكل يمكن أن ينجو في ذات الوقت، ولكن ذلك مرتبط بإرادتنا .. إرادتنا فقط.. وبهذا أصبحت كل القوانين لا قيمة لها، وكل عسس العالم لن يستطيعوا أن يمنعوا الاعتداء والظلم والهمجية. ولما كنا قد أفسدنا العسس تماما، أفسدناهم للدرجة أصبحوا فيها أقوى بما لا يقاس من كل العصابات، لقد جعلناهم فوق القانون، أو هم القانون، فتخلصوا من الرعب الذي يطارد العصابات، تفرغوا للإبداع لصالحنا، حيث القتل مباح والنهب مباح والتزوير مباح والظلم مباح، لا ، ليس مباحا فقط، بل هم يثابون عليه حين يفعلونه ويعاقبون إن لم يفعلوه، لقد تفوقنا في ذلك على الشيطان ذاته- كما تتصوره أوهام الرعاع والسفلة- فالشيطان لا يكافئ ولا يعاقب.. نعم.. تفوقنا على الشيطان .. وبعد ذلك أصبح القانون سوطا في أيدينا نلهب به ظهور الخارجين علينا وخنجرا نمزق به لحمهم وطلقة رصاص نطلقها على قلوبهم..

إن كلمات القانون صماء وتحتاج لمن يفسرها، وكنا نحن الذي نفسر ما نشاء بالكيفية التي نشاء، ونجرم من نشاء ونبرئ من نشاء، وكانت التفسيرات والأحكام أحيانا متناقضة لكن ذلك لا يهم، لأن وسائل إعلامنا ومثقفينا المستنيرين ومدننا الإعلامية وفضائياتنا[4] سيتجاهلون دائما هذا التناقض، لقد جعلنا المجتمع يعيش فعلا بدون قانون. وترتب على ذلك شعور رهيب بالفزع بين الناس.. إذ لم يعد ما يحميهم من بعضهم البعض ولا منا،

وعندئذ كان لا بد لفرض النظام والحد الأدنى للأمان بين الناس من قوة قهر عظمى، قوة بديلة عن إلههم القديم، قوة تتصف بالقداسة، بحيث تكون هي القانون، هي الأمن والأمان والنظام والرزق والحماية والغنى والفقر والرضا والسخط والابتلاء والاصطفاء، قوة لا تُسأل عما تفعل، قوة تحل محل الله، نعم، كان لابد من ربط الناس بإله مقدس جديد، يكون هو القانون بين الناس، ولم يكن هذا الشخص إلا أنتم يا جلالة الجلالات وفخامة الفخامات وسمو السموات، إن هدفنا النهائي أن يكون كل واحد منكم الزعيم المعبود الذي يفتديه الناس بالروح والدم، فبهذا تكتمل حلقات خدعتنا الكبرى لهم، لقد جعلناهم يتوقفون عن عبادة الله كي يعبدونا..

باستبدالنا القانون بالشريعة نجحنا في أن نسمم منابع النهر الذي يرتوي منه القضاة..

ولقد كان نجاحنا في ذلك هائلا، لا ينال منه بقاء بعض القضاة مستمسكين بضلالهم القديم، فهم على أي حال جيل منقرض كالدناصير، وفى غضون أعوام قليلة سيتكفل الموت بالقضاء عليهم فلا يبقى في ساحة القضاء إلا عبيدا لكم تحبونهم ويحبونكم [5].

لقد كان نجاحنا مع القضاء ملحمة هائلة تستحق أن تروى..

كان القضاء قلعة شامخة عصية، ولقد أدركنا من البداية أن محاولة اقتحام القلعة كارثة علينا يجب ألا نقع فيها أبدا، لكننا لم نستسلم، كانت الجدران منيعة والأسوار حصينة والمواجهة المباشرة مستحيلة، فقررنا أن ننقب في الجدار ثغرة، و قررنا التسلل منها، للنفاذ إلى القضاء والقضاة . و دراسة تركيبة الدوائر القضائية . استقطاب الأشخاص المؤثرين . عمليات غسيل المخ التي تجرى بدون أن يدرك الضحية . فن التأثير عن بعد . استغلال شعار: لكل مواطن جريمة بالنسبة لبعض الدوائر وتهديد قضاتها بصورة مستمرة كمستند أو شريط فيديو يصور فضيحة جنسية أو عرض رشوة أو الإغراء بمنصب . فقد كان القاضي الذي يتوافق مع ما تريده المنظمة يصعد إلى

منصب قيادي أو وزاري أما الآخر فليس له سوى الفضيحة والخراب. واستطعنا بالسيف أو بالذهب استقطاب البعض، لكن عيونا يقظة تنبهت لما يجرى فبدأت تشوي من استقطبناهم وتكوينا بألسنة حداد، وهنا كانت خطتنا العبقرية بتقديس القضاء والقضاة، القضاء عادل ونزيه، جعلنا من مديحهم حبلا مددناه إليهم، فأصبح التعرض للقاضي من بعيد أو قريب جريمة كبرى تستحق أشد العقاب، فالقضاء مقدس، لم يتنبه الحمقى والأغبياء أننا نمنحهم القداسة والحصانة التي ضننا بها على الله والأنبياء، وعندما ابتلع الجميع الطعم سخّرنا هذه المفاهيم جميعا من أجل قضاتنا الذين استقطبناهم، يسرنا أمامهم سبل الانحراف والغواية ثم حميناهم بالقوانين التي سنناها لهم.. وفوجئ القضاة الآخرون الذين لم نستطع استقطابهم، لأن القانون المقدس يحمى من وصفوهم بأنهم قضاة النار وقضاة السلطان وقضاة الشيطان، يحميهم حتى من القضاء، وأصبح من الطبيعي، مادام القانون يحمى القضاة من تبعات مخالفة القانون أن يحمى كل رجالنا أيضا من أي مخالفة للقانون، و أسقط في أيدي الخارجين علينا، شنقناهم بالحبل الذي مددناه لهم، ولم يعد أمامهم إلا الانزواء انتظارا للانقراض.

لم يخل الأمر من مزالق خطرة لكننا استطعنا تجاوزها.. ولست أنسى على سبيل المثال ذلك القاضي الذي كان يحاكم حاكما غبيا وقع في شر أعماله لأنه لم يتبع نصائحنا.. وساءت الأمور حتى العزل والوقوف في المحكمة كمجرم.. وهنا بدأت آلتنا الجهنمية الرهيبة في تلميع القاضي الذي سيحاكمه.. دفعنا العامة للاعتقاد بأنه أعظم قاض في الدنيا وأشرف قاض في الدنيا وأنقى ضمير في الدنيا.. دفعنا الناس لذلك.. أما هو فقد دفعنا له طنا من الذهب.. ومر الأمر على الناس ولم يتهموا القاضي النزيه الشريف وإنما اتهموا الأجهزة التي لم تجمع له الأدلة وما كان له أن يخالف ضميره فيحكم بغير ما في الأوراق.. كانت عملية كاملة لولا أن القاضي كاد يكشفنا بحذلقة لم يكن لها أي داع.. لقد أورد في الحيثيات خمس آيات من القرآن الكريم..– نعم.. الكريم_ أخطأ في نطقها جميعا.

قد يتساءل بعضكم كيف لم يدفع ذلك الخطأ الناس إلى اكتشاف الأمر كله.. وأنا أجيبكم.. الإجهاد الفكري والخوف هما اللذان دفعاهم إلى الصمت.. تماما كالزوج الذي يشك في خيانة زوجته.. لكنه في اللحظة التي يجهر فيها بشكه لا بد له أن يهدم المعبد على من فيه.. لا بد له أن يدمر حياته كلها.. لذلك فهو يفضل الاستمرار تحت ثقل شك محتمل من الانهيار تحت وطأة انهيار أكيد..

أظنكم تفهموني جيدا..

لا أريد أن أحرجكم..

هل يوجد منكم واحد فقط يثق حتى اليقين في عفة زوجته؟ في أنها لم تكون علاقة مع هذا الضابط من الحرس أو هذا الفارس من الحاشية.. ومع ذلك فأنتم جميعا تصمتون. وهكذا شعوبكم.

في مرات أخرى كانت تصادف بعضكم قضايا عاجلة تريدون حكما معينا فيها دون أن يكون القاضي المسئول من أتباعكم. وأعترف أن أداءكم كان ممتازا. لمثل هذا القاضي كانت ترسل ليلة النطق بالحكم حقيبة تحتوي على عشر سبائك –أو مائة أو ألف– من الذهب.. ومظروفا يحتوي على شريط فيديو به موقف مشين لهذا القاضي.. وعلى الحكم المطلوب مكتوبا.. لم يحدث مرة واحدة أن رفض القاضي.

لكننا أيضا لابد أن نحذر من الممارسات الفجة والمبالغة في امتهان القضاة مثل تلك القضية التي اندفع فيها قاض غبي بدافع من فرط طمعه في تسليم رأس نبي إلى بغي.. أو تلك القضية الأخرى التي أريد فيها التنكيل بداعية فأمر القاضي بوضع لجام على فمه كي لا يتكلم لمدة شهرين..أمثال هؤلاء القضاة أغبياء يجب أن تتخلصوا منهم لأنهم يفضحون خطتنا..

لكن الكارثة الكبرى حدثت بالفعل في إحدى ممالككم .. ولا أسميها.. هندما انهارت المليارات ففسد القضاء كله وتتالت أحكام البراءة كالطوفان في

قضايا لم يكن من الممكن الحكم بالبراءة فيها.. مثل هذه الخطوات الرعناء تفسد عملنا كله.. لأن الرعاع .. في اللحظة التي يقررون فيها تجاوز الشك لليقين..سينحون إلى المواجهة.. وسيفعلون في المحاكم والقضاة ما فعلوه في أقسام الشرطة وضباط الأمن في إحدى ممالككم منذ سنوات..

لقد تدنى الأمر حتى أن أحد القضاة خبط رأسه في الجدار حتى يصاب فيتهم غريمه.. وذلك تصرف صعلوك لا قاض..

لذلك كله فأنا أطالبكم بكبح أفعالكم لاستقطاب القضاء.. لا بد أن يبقى 10% من القضاة شرفاء – بمفهوم العامة– ..لأن تلك النسبة هي التي ستمكننا من خداع العامة وإيهامهم أن القضاة جميعا شرفاء مثل هذه النسبة.

ولقد كانت خطتنا مع النيابة أيسر بكثير، فلقد خدعناهم، بدأنا بهم صنوا للقضاء يرعبون العسس ويهيمنون عليهم وانتهينا بهم فرعا من العسس يرتعبون منهم ويخضعون لهم.. حولناهم جميعا إلى (...)[6]..

إن القانون الآن لعبتكم الكبرى، وعليكم الإبداع والابتداع فيه، لقد نجحنا في الفترات الماضية أن نجعل لكل مواطن جريمة ولكل قانون ثغرة، فنستطيع في أي وقت أن نجرّم من نشاء وأن نعفو عمن نشاء، لكننا لم ننه الأمر كله، فما تزال الساحة تنتظر إبداعكم.. لكن.. دون إفراط ولا تفريط.. أليس يقول رعاعكم أن المنبت لا أرضا قطع ولا ظهرا أبقى!.

يجب أن تطوروا شعار" لكل مواطن جريمة " من بحث الجرائم الحقيقية التي يرتكبها المواطنون إلى دراسة كاملة لكل شخصية من جوانبها النفسية والاجتماعية والاقتصادية والوظيفية والبيئية بحيث نتجاوز الجريمة المرتكبة إلى الجريمة المحتملة التي يمكن أن يدفع المواطن لارتكابها إذا تعرض لظروف معينة. ثم إن علي أجهزتكم أيضا أن تبحث لكل مواطن عن الجرائم التي يمكن أن تلفق له فيصدقها الناس..

أما شعار" ثغرة لكل قانون " فإن عليكم تطويره هو الآخر إلى درجات متعددة . ففي الدرجة الأولى توجد الثغرات العادية الموجودة في كل قانون والتي يمكن للمتمرسين من المحامين استغلالها . وفى الدرجة التالية يجب استغلال قوانين منسية لم يتم إلغاؤها رسميا وإن كانت المحاكم قد كفت عن العمل بها حتى نسيت .. لكن الإبداع الأعظم الذي عليكم أن تستكملوا إنجازه فهو " إدارة تفصيل القوانين " والذي نجح معظمكم في إنشائها لكي تضم صفوة مختارة تدرس قوانين الماضي والحاضر واحتمالات المستقبل . و يتنبأ بظروف معينة ستستجد بعد عام مثلا أو حتى بعد عشرة أعوام.. فيُسن قانون يبدو في ظاهره بريئا ولا تدرك المعارضة ولا الرعاع خطورته . . . و يقدم هذا القانون إلى مجلس الأعيان فيوافق عليه دون ضجيج .. وتمر الأيام حتى يفاجأ الجميع بوضع مفاجئ لهم فقط يطبق فيه القانون الذي لم يدركوا حين سنّه خطورته.. إن ذلك يستلزم أن يكون هناك في مجلس الأعيان أعضاء جاهزون باستمرار لتلقى الأوامر لعرض قوانين جديدة يوافق مجلس الأعيان على الفور. إن دليل نجاحكم الباهر أنه لم يسجل في تاريخ مجلس الأعيان أنه رفض قانونا واحدا عرض عليه من قبل حكوماتكم.

يا جلالة الفخامات ويا فخامة الجلالات:

إن المهام المنوطة بكم صعبة.. وإننا جميعا نعانى من وحدة موحشة لا يعانى حتى هؤلاء الرعاع مثلها.. لقد حسموا أمرهم منذ زمان طويل .. وراحوا يعزون أنفسهم عن كل خيبة أمل يعانونها في الدنيا بما سوف يجدونه في الآخرة .. الآخرة سقفهم وغطاؤهم وعزاؤهم أما نحن فنعانى وحدة العاري بلا سقف أو غطاء أو عزاء... وحدة من لا ينتظر شيئا .. وعالمنا المحدود يضيق بنا كل يوم.. لأن ما ينقضي منه لا يعود أبدا.. وليس لنا من عالم آخر نأمل فيه.. إننا بدون هذا العالم الآخر تعساء... لكننا بوجوده نكون في وضع مأساوي لا حل له.. إلا حل خرافي لم يحدث في التاريخ إلا مرة..

عندما رفض مَلِكٌ المُلكَ .. وهرب في الصحراء حافيا حيث لم يعثر له أحد على أثر.. وما أظن واحدا منكم على استعداد لأن يفعل مثله..

فتذكروا دائما.. أننا لم نسمح لله بأن يشاركنا في رغباتنا وأهوائنا وحكمنا فكيف نسمح للرعاع والسفلة أن يشاركونا في الحكم..

لقد آن الأوان للانتقال إلى بروتوكول آخر.. فإلى الاجتماع القادم..

-7-

الجنس الثالث..!!..

البروتوكول الخامس

من حسن حظكم يا جلالة الجلالات ويا فخامة الفخامات أن التاريخ ليس كالجغرافيا..!!..

انظروا إلى مجسم الكرة الأرضية الذي أديره أمامكم الآن.. تستطيعون بلمحة خاطفة أن تتصوروا تصورا واضحا وصحيحا مكان كل قارة وكل محيط بل كل وطن وكل بحر.. بقليل من تمحيص النظر تستطيعون تمييز الأنهار والجبال والصحراء والوديان بل وكل المدن المهمة تقريبا.. فلو حدث أن أي واحد منكم أراد مزيدا من التفاصيل عن مدينة أو عن المدن الأصغر بل والقرى والنجوع فمن السهل أن يرجع إليها في المراجع بعد أن يحدد أين يبحث.. من الصعب.. بل من المستحيل أن يخطئ الواحد منكم خطأً فادحا في هذا الأمر.. كأن يقول مثلا أن الرياض تتبع ولاية نيويورك في أمريكا الشمالية.. أو أن القاهرة تقع في نطاق محافظة تل أبيب.. أو أن الكعبة في البيت الأبيض.. تلك أخطاء لا يمكن لأي واحد أن يقع فيها مادام قد رأى مثل هذا النموذج المجسم ولو مرة واحدة في العمر كله..

لننتقل الآن إلى افتراض آخر.. وهو ليس افتراضا بالضبط.. لأنه ظل هو الحادث على سطح هذه البسيطة آلاف الأعوام.. عندما قضى البشر كل هذا الزمن الطويل.. لا يدركون أن الأرض كرة وأنها تدور.. في ذلك الزمن..

كان من الممكن لأي واحد أن يقع في الأخطاء الفادحة كتلك التي ضربت لكم عليها الأمثال.. أخطاء تتجسد في أساطير وأساطير تعشش فيها الأخطاء و تنمو.. فلنفترض أننا رجعنا إلى الوراء ألف عام.. وأن عالما من العلماء – لكي يفهم الجغرافيا راح يجوب البلاد والقفار والبحار كي يلم بتضاريس الأرض وحدودها و أبعادها.. فحتى لو افترضنا أن عمر هذا العالم سيتسع لتغطية الأرض.. وهذا محال.. فإن مثل هذا العالم سينسى في آخر عمره ما شاهده في أوله.. لتختلط عليه الأمور.. فكثير الأمور ينسى بعضها بعضا.. ولو تصورنا أننا دسسنا على هذا العالم من يزور له الخرائط.. ويغير اللافتات .. فيضع اسما مكان اسم..ويبدل مواقع البلاد.. ويغير أطلس الخرائط أمام ذلك العالم فيضع مكان الصحراء نهرا ومكان الجبال غابات ومكان الغابات صحارى.. ويجعل الرياض في أمريكا والقاهرة في إسرائيل والكعبة في البيت الأبيض.. لو فعلنا ذلك.. لو فعلناه بدقة وبخبرة.. ولو جعلنا المدارس والمعاهد والجامعات تدرسه.. والتليفزيون يذيعه.. والإذاعة تنوه عنه.. والصحف لا تكف عن نشره... ولو تسللنا إلى المراجع في كل المكتبات الكبرى.. فأثبتنا فيها هذا التزوير.. وأخفينا قدر ما نستطيع .. أي أطلس صحيح.. لو نجحنا في ذلك.. وسلطناه على هذا العالم الذي قضى عمره كله يدرس جغرافيا الأرض.. فهل سيستطيع هذا العالم أن يستفيد من علمه أي فائدة.. بل هل يستطيع أن يكون أي تصور صحيح عن الجغرافيا؟..

فإذا كانت الإجابة بالقطع : لا.. لا .. لا بالنسبة للعالم الذي قضى عمره كله يحاول أن يفهم الجغرافيا.. فكيف يكون الوضع بالنسبة للرجل العادي.. الذي لم يبذل أي جهد سوى الجلوس السلبي الأبله أمام التلفاز الذي نقف نحن خلفه نبث في عقله ما نريد.. هل سيستطيع هذا الشخص أن يفهم أي فهم أو أن يكوِّن أي يقين؟!.. وهل يستطيع أن يخرج عن نطاق التصور الذي نضعه له؟..

الإجابة واضحة..

فإن النظرة الشاملة للجغرافيا هي التي مكنتنا من التصور الكلى على الوجه الصحيح.. هي التي مكنتنا من أن نفهم حتى المتناقضات .. بل ومكنتنا من أن نحول هذه المتناقضات إلى بديهيات.. كأن تقول مثلا أن أقصى الشرق هو بالضبط آخر الغرب.. وأن يقبل أي إنسان مهما قل علمه.. أنه لو سار في اتجاه واحد مستقيم عبر الأرض كلها فإنه سيعود إلى ذات النقطة التي بدأ منها..

نعم .. التصور الصحيح للكل هو الطريق إلى التصور الصحيح للجزء..

وهذا هو حسن حظكم يا جلالة الجلالات ويا فخامة الفخامات.. والذي لولاه ما استقر كرسي الحكم تحتكم يوما واحدا..

ذلك أن التاريخ ليس كالجغرافيا.. ونحن لا نستطيع أن نأتي بكرةٍ للتاريخ.. كي نديرها أمامكم.. لتستطيعوا في لمح البصر.. الإلمام بخط سير التاريخ الكلى.. بتضاريسه العظمى.. وكيف تدافعت الأمور عبر التاريخ المكتوب لتصل بنا إلى زماننا الآن..

وهذه هي فرصتكم الكبرى.. عليكم ألا تكفوا أبدا عن تزوير التاريخ.. أن تمحو كل التذكرات القديمة التي لا تناسبكم وأن تجففوا منابعها لتضعوا مكانها تذكرات جديدة تبرر أمام السفهاء حكمكم وتعطيكم الشرعية..

ليست هذه مهمة سهله.. بل إنها تكاد أن تكون محور وجودكم كله.. وسوف أعود إلى ما قلته لكم في البروتوكول الأول عن معنى الكلمات.. لأقول لكم أن الصدق لا يعنى الأمانة في رواية ما حدث.. بل إن الصدق هو ما تستطيعون إيهام الآخرين به وفرضه عليهم .. فرض وإيهام تستعملون فيه كل أدواتكم الرهيبة من بوليس جبار ووزراء وكتاب وإعلام و إعلان و أجهزة ومقاصل وسجون.. لكن معضلة صعبة ستترتب على ذلك.. لأن التاريخ الذي حاولنا إيهام الرعاع والسفلة أنه هو التاريخ الصحيح منذ خمسين عاما قد أصبح مشكلة أمامنا.. لقد قال آباؤكم – وما زلتم تؤمنون على قولهم– على سبيل المثال أنهم كانوا أبطالا.. الآن.. لو عرض التاريخ الصحيح لاكتشف

الرعاع أنهم كانوا جواسيس وخونة.. وليس أمامكم من سبيل إلا تغيير الوقائع وإنكار ما سبق لكم أن تباهيتم به.. نعم.. فالتاريخ كحبل مددناه فالتف حول أعناقنا.. فطبقا لذلك التاريخ.. فما من واحد منكم الآن إلا وهو مجرم.. خان الدين والأمة والتاريخ وباع شهداء شعبه وانقلب على ما كان يقول به أسلافه بل وفى بعض الأحيان هو نفسه... إنها مشكلة خطيرة.. لكن عليكم أن تفهموا أن الصراع بينكم وبين الرعاع والسفلة هو صراع مستمر.. والحبل الذي التف حول أعناقكم.. استديروا ليلتف حول أعناق أعدائكم.. وذلك لا يمكن أن يحدث إلا إذا أعدتم كتابة التاريخ مرة أخرى..

إنكم لن تقوموا بهذا العمل بأنفسكم بالطبع.. سيقوم به بعض خدمكم وخولكم.. وهنا علينا أن ننتقل إلى فئة أخرى لمسناها لمسا سريعا قبل ذلك.. فئة ليست من طبقة الملوك والرؤساء وليست أيضا من طبقة الرعاع والسفلة.. طبقة أخرى.. يمكن أن نطلق عليها مع بعض التجاوز فئة الجنس الثالث.. جنس لا هو من جنس الملوك ولا هو من جنس الرعاع.. جنس يأتي منه النظار و الوزراء والحاشية.. وأقول تجاوزا لأن هذا الجنس يشمل الكثيرين من غير النظار و الوزراء والحاشية .. كرؤساء تحرير الصحف الملكية وبعض كبار الكتاب فيها..وبعض رؤساء الهيئات والمؤسسات .. والمذيعين ومقدمي البرامج كما تشمل فئات أخرى سنتناولها في حينه..

هذا الجنس ليس من السفلة الرعاع وإن نبت فيهم .. ليس منهم لأنه انقلب عليهم.. وهو ليس منا بالطبع .. إنه جنس بين بين.. لا هو من السادة ولا هو من العبيد.. جنس بين بين.. كالخصيان في العصور القديمة.. جنس بين بين.. ولو جاز أن أشبهكم يا جلالة الجلالات ويا فخامة الفخامات بالجياد الأصيلة.. ثم لو جاز لي أن أشبه الرعاع والسفلة بالحمير.. فإن الجنس الثالث هذا .. هو فئة تستولدونها من الحمير لكنها ليست جيادا مثلكم ولا هي حمير مثلهم.. هي البين بين.. فئة لا تستطيع أبدا أن تتحول إلى جياد.. ولا ترضى أبدا أن تعود إلى الحمير..

إنني أعتذر يا جلالة الجلالات ويا فخامة الفخامات عن فجاجة التعبير..لكننا في علمنا هذا.. علم الرؤساء والملوك.. علينا أن نستفيد من كل منجزات العلم.. وأن نحاكى تقدم الفروع الأخرى.. وأقول نحاكيه.. لأن وضعنا الصعب لا يمكننا من إجراء الدراسات والتجارب في وضح النهار.. وما أندر مراجعنا.. وما أقل التجارب التي تتاح لنا.. لذلك فإن علينا أن نستغل تقدم الفروع الأخرى.. كي نجعل منها محاكيا كمحاكي الطائرة.. الذي يدرب الطيار فيه على ما يمكن أن يوجهه من كوارث وأخطار دون أن تسقط الطائرة.. والطائرة في مثلنا هذا هي الملك أو الرئيس.. الذي لا نستطيع أن نغامر به كي نجرى تجربة.. علينا أن نستعير من دارون مثلا سلمه الحيواني.. وأن نحاكى سلما كسلمه.. تحتلون أنتم فيه يا جلالة الجلالات ويا فخامة الفخامات درجاته العليا.. درجة الإنسان.. أما الرعاع من شعوبكم فهم كالحيوانات البدائية .. كالأميبا.. ولاحظوا دقة التشبيه هنا.. فكلما سحقتموهم نشئوا من جديد... تماما كالأميبا.. من أصغر جزء يبقى حيا منه ينبتون.. ليعودوا كما كانوا .. لكن السلم بين الأميبا والإنسان لن يكون خاليا.. بل توجد فيه الزواحف والحيات السامة وكلاب الصيد الشرسة والذئاب والثعالب والببغاوات والحمير والبغال والقرود...كل هذه الفئات يا جلالة الجلالات ويا فخامة الفخامات هي أدواتكم للسيطرة.. ولكن لاحظوا دائما أن البغل على سبيل المثال لا يستطيع أبدا أن يتحول إلى جواد ولا إلى حمار.. وأن القرد لا يمكن أن يصبح إنسانا..

إنني أعتذر مرة أخرى عن تشبيهات فجة أخرق بها قواعد الإيتيكيت والبروتوكول – لكننا كما اتفقنا منذ البداية – قد عقدنا جلساتنا السرية هذه خارج كل النطاقات والأعراف لنتدرب على علم لا يعلمه سوانا.. علم الرؤساء والملوك.. وقد يخدش جليل مسامعكم ما أقول.. لكن وضعنا الوعر هو الذي يدفعني لذلك.. وما دفعني لركوب الصعب إلا الأصعب.. ثم أن الضرورات تبيح المحظورات..ونحن نبحث عن شرعية فقدناها منذ قرون.. كان عصرنا الذهبي هو عصر الحق الإلهي لنا.. فمع الديانات

المحرفة القديمة كانت صورة الله مشوهة تماما..(كل الأديان كذلك) فهو عاجز يتصارع مع البشر يحب الدماء.. وفى إطار هذه الصورة كان يمكننا أن ننادى بالحق الإلهي في الملك والحكم.. كان يمكننا ذلك مهما بلغت الانحرافات والتشوه والعجز والنقص فينا.. فالمثل الأعلى الذي ترنو عيوننا إليه كذلك.. مع الإسلام اختلف الوضع.. لقد استطاعوا الحفاظ على صورة الله نقية ومطلقة الصفات مطلقة القدرة.. وعلى هذا فلم ينجح أحد قط تحت عباءة هذا الدين أن يدعى حقا إلهيا.. فالكل بشر.. وليس ثمة معصوم.. كنا قبل ذلك نعطى صكوك الإيمان والغفران ونبيع حتى الجنة.. الآن تحت ظل المفهوم المدمر للإسلام لا أحد – حتى الرؤساء والملوك – يضمن الجنة لنفسه.. ونحن لا نستطيع قبول هذا الوضع.. لكن علينا أن نتعامل معه.. لا بالخضوع ولا بالمواجهة بل بالمداورة والمناورة.. أو – بلغة الرعاع – بالنفاق..

ولنتفق أن الإنسان في سلم دارون مجرد حيوان وأنه يختلف اختلافا جذريا عن إنسان الله.. إنسان الله لا يمكن التعامل معه.. وهو خطر علينا كما وضحت من قبل لكم .. نحن إذن نريد إنسان دارون لا إنسان الله.. إنسان دارون حيوان يمكن دراسته وترويضه كما يتم دراسة وترويض أي حيوان آخر.. في عالم الحيوان نسود.. عالم ما يجعل الأسد فيه أسدا هو قوته.. وما يجعل القرد قردا هي مهارته.. وما يجعل كلب الصيد كلب صيد هي شراسته.. وما يجعل الذئب ذئبا غدره.. وما يجعل البغل بغلا هو صبره واحتماله.. ثم أن البغل لا يلد بغلا.. وهذه ميزة إضافية سيبدو لكم الكثير من آثارها.. ذلك أن ابن الملك يكون ملكا أو أميرا.. وكذلك الرئيس.. وفى طبقة الرعاع يحدث نفس الشئ.. مع الجنس الثالث لا..

الإنسان حيوان.. ولقد حاول بالغيب والخرافة والأساطير أن يتنكر لأصله الحيواني ذلك.. وأن يطول بيده القصيرة المجذوذة الأصابع .. سماوات يصبح فيها أرقى من الملائكة.. لكننا اكتشفنا أن هذا ليس سوى أساطير الأولين..

الإنسان حيوان.. وهو كشريط التسجيل إذا جاز لي التشبيه.. وشريط التسجيل ليس سوى مادة البلاستك معالجة بصور مختلفة.. وشريط التسجيل هذا تستطيع أن تسجل عليه أغنية لأم كلثوم أو سيمفونية لتشايكوفسكي.. كما تستطيع أن تسجل عليه آية قرآن أو ترنيمة شيطان..إنني أريد أن أبسط لكم الأمر.. إن البلاستك في شريط التسجيل هو الجزء المادي في الإنسان..هو الجسد.. وليس لدينا حتى الآن رغم كل جهودنا في الهندسة الوراثية القدرة على إجراء تغيير جذري فيه.. وعلى ذلك فإن كل الشرائط متشابهة.. لا فرق بين شريط وشريط.. ما يخلق الفرق هو ما يسجل على الشريط نفسه..هو الآية أو الأغنية أو الترنيمة.. والتي تشكل في مثلنا هذا روح الإنسان.. وإن كل قدرتنا وبراعتنا وواجبنا ودورنا هو أن نمحو التسجيلات القديمة من على الأشرطة.. وأن نسجل مكانها ما نحبه ونرضاه.. لأننا بهذا نعيد تشكيل البشر.. فلا نكتفي بأن نعطي ما لقيصر لقيصر.. بل نأخذ ما لله فنستولي على عباد الله لنجعلهم عبيدنا نحن.. عبيدنا وخولنا وخصياننا..

أجل يا جلالة الجلالات ويا فخامة الفخامات.. هذه هي لعبتنا الكبرى.. لكن علينا أن ندرك أننا ونحن نفعل ذلك.. فإنما نطلق كل الشياطين من كل عقالاتها.. فعندما ننزع من تلك الشرائط تسجيلاتها .. أو على الأحرى من الأجساد أرواحها .. لنعيد برمجتها من جديد.. فإننا نشبه من يأتي إلى تليفزيون متعدد الأنظمة ليسحب منه البطاقات التي تتعرف على جميع الأنظمة لنضع بطاقة واحدة بنظام جديد.. ماذا سيحدث؟! سيتوقف الجهاز عن استقبال البث الذي كان يستقبله في الماضي.. وسيستقبل فقط ما نبثه نحن فيه.. أو كأنك جئت بفأر تجارب ورحت تستأصل من مخه مركز الإبصار فلا يرى.. أو مركز السمع فلا يسمع.. أو مركز الخوف فلا يخاف .. وهذا الأمر ليس بسيطا حتى مع الفئران.. فما بالكم به مع الإنسان.. خاصة إذا كنا لن نستأصل لحما وشرايين وأوردة ومراكز عصبية بل صفات معنوية.. نعم .. إننا لن نكف عن المحاولات كي نستأصل من أرواح الرعاع مراكز الغيب والشجاعة والأمانة والشرف والنزاهة والأمانة والشكر والعرفان والامتنان

والوفاء والصبر والرحمة والتواضع وتوقير الكبير ورحمة الصغير والاحترام والجود والكرم والتعفف والقيام بحقوق الأبناء وبر الوالدين وصلة الرحم والأمر بالمعروف والنهى عن المنكر و إكرام الجار وحسن المعاملة وإنفاق المال في حقه وكف الأذى عن الناس و إماطته عن الطريق.. سوف نحاول أن نفعل ذلك.. وسننجح وسنفشل.. فأما من نفشل معهم فيكفينا أننا زلزلنا يقينهم.. وأما من ننجح معهم فأولئك هم من سنصطفيهم وزراء ونظارا وحاشية وكبار كتاب ورؤساء للهيئات والمصالح.. وهؤلاء لن يحسوا بأي صفة من الصفات التي نزعناها منهم تماما كما تعجز العين المصابة بعمى الألوان عن تمييز الألوان.. نعم .. تلكم هي حاشيتكم المصطفاة التي لا تدرك فارقا بين الجهاد والإرهاب.. ولا بين السفه والكرم.. ولا.. ولا.. ولا.. فئة لا تعرف كيف يكون الإنسان أمينا أو شجاعا أو وفيا.. لأنها لا نعرف أصلا ما هي الأمانة أو الشجاعة أو الكرم.. هذه الفئة.. هي الحامية لكم..المنفذة لأغراضكم .. هي الفئة العالية في سلم دارون ولا يعلوها إلا أنتم.. و ما دمنا قد وصلنا إلى هذه النقطة.. علينا ألا نخجل أو نستهجن أن الإنسان حيوان يحمل صفات الحيوان.. وفى عالم الحيوان لا توجد المودة والمرحمة إلا بين الأم وأبنائها.. مع شذوذ عن القاعدة هنا وهناك.. لا يمكن أن ترى أسدا يحترم أسدا.. أو قردا يفي بالوعد لقرد.. أو كلبا ينكص – أمانة – عن التهام قطعة من اللحم لأنها لا تخصه بل تخص رفيقه.. أو حوتا كبيرا يحنو على سمكة صغيرة.. إن القوة هي القانون وهى المنطق وهى العدل.. وحتى الأسد.. إذا ما فقد قوته.. فإن أحقر جرذ يستطيع أن يسخر منه..

هل ما زلت في حاجة للاعتذار لكم عن الأسلوب الذي استخدمته كي أشرح لكم وأفسر؟..

هل كان يمكن أن أستعمل لغة أخرى؟..!

لم أجد – يا فخامة ويا جلالة– تعبيرات أخرى كي أصف وأوصف بها الجنس الثالث.. وهو جنس من أهم ما يكون.. إنه لسانكم الذي تكذبون به..

ويدكم التي تبطشون بها.. وسمعكم الذي يمدكم بدبيب رعاياكم..وسوطكم الذي تلهبون به ظهورهم.. وصوتكم الذي تزيفون به وعيهم.. وعينكم التي تحصى حركات الرعاع – وبالمناسبة هل سبق لكم أن لاحظتم تشابه الكلمتين: رعايا ورعاع–.. نعم .. علىّ أن أحدثكم عن هذا الجنس كثيرا..

إن بعض ما قلناه عن ولي العهد أو نائب الرئيس ينطبق عليه.. بعضه فقط.. فأقصى طموح للوزير أو لرجل الحاشية – على سبيل المثال – هو أن يبقى في منصبه.. ويظل طيلة احتفاظه بمنصبه.. مهموما بهاجس الإقالة.. مرعوبا من غضب سيده ومولاه عليه.. ومدركا في الوقت نفسه .. أنه ما من رئيس تحرير قد أصبح ملكا أو رئيسا.. و ما من وزير قد عاد إلى طبقة الرعاع.. إنه بذلك محاصر.. وهذا المحاصر هو أفضل من يلبى مطالبكم..

إن وزيرا منزوع مراكز الروح بهذه المواصفات وبهذه الصفات فقط هو الذي يمكن أن يزور لكم الانتخابات والمبايعات والاستفتاءات كلما شئتم..

ورئيس تحرير أو مقدم برامج من هذا النوع هو الذي يستطيع أن يكذب ويكذب ويكذب بلا نهاية وبلا خجل مهما انكشف كذبه..

وواحد من هذا النوع هو الذي يستطيع تجفيف المنابع فيغير مناهج التعليم كما شئتم ثم يقسم أمام الناس أن شيئا لم يتغير..

وآخر من هذا النوع يصدر لكم من القوانين ما شئتم بل ومن الفتاوى ما أردتم..

وواحد من الجنس الثالث هو الذي يستطيع أن يأمر بالتعذيب دون أية بادرة لتأنيب ضمير – فهو منزوع الضمير– .. ويكشف العالم كله فضائحه فلا يطرف له جفن ويواصل الإنكار تلو الإنكار..

إن الأمثلة بلا نهاية .. وسوف أعود إليها بعد ذلك.. لكن هناك عددا من النقاط أريد أن أركز عليها الآن:

• إن هذه الطبقة مأمونة جدا.. فإن عزل وزير أو رئيس تحرير أسهل من فصل جندي مطافئ أو عامل في مطبعة..

• أنتم الأسود وهم حيوانات أدنى يقتاتون على بقاياكم.. وتكلفتهم بالتالي زهيدة جدا .. ولقد أجرينا إحصاء ذات مرة فاكتشفنا أن ما يحصل عليه مائة وزير ومائة رئيس تحرير ومائة مذيع ومائة رئيس جامعة ومائة شيخ ومائة رئيس هيئة ومائة رئيس مؤسسة.. ما يحصل عليه كل أولئك من موازنة الدولة – شاملا الأموال المهربة للخارج وأموال العمولات وأموال المشروعات الصورية – أقل مما يحصل عليه نجل الملك الأصغر الذي لم يكن حتى وليا للعهد..

• أن هذا الجنس لا يحمل أي خطورة حقيقية عليكم.. فليس ثمة تأييد حقيقي ولا احترام لهم.. فالرعاع يكرهونهم وأنتم تمتهنونهم .. وكراهية الرعاع لهم يتيح لكم صمامات أمان لا حد لها.. حين يروح الرعاع والسفلة يمارسون معهم نوعا من التصريف اللفظي عن الغضب.. وهذا التصريف الدائم هو الذي يمنع تحول الغضب إلى ثورة .. ثم أن الرعاع والسفلة يوجهون إلى هذه الطبقة كل السباب والاحتقار والاتهامات التي لا يجرءون على توجيهها مباشرة إليكم.. فهؤلاء الرعاع عندما يتهمون وزيرا بالفساد فإنما يقصدونكم أنتم .. وعندما يتحدثون عن الرشوة.. فإنهم لا يقصدون الفتات الذي يحصل عليه الجنس الثالث.. بل يقصدون ما يحصل عليه الملك وآل الملك من ثروات البلاد.. وتلك وظيفة أخرى عظيمة القيمة يقوم بها الجنس الثالث.. كقميص يقي من الرصاص.. وهى وظيفة عليكم أن تشجعوها.. ولتحفل أكبر صحفكم بأفدح هجوم على مسئول كبير من أبناء الجنس الثالث.. هجوم لا يتوقف.. وسخرية لا تمل.. فرجل الجنس الثالث هنا يتلقى الطعنات نيابة عنكم.. ورئيس التحرير الذي ينشر ذلك إنما يقدم الرشوة للرعاع.. الذين يريدون توجيه هذه الكلمات لكم.. لكن توجيهها إلى رجل الجنس الثالث ذاك.. يقدم للرعاع عزاء.. ويلهيهم عنكم..

•إن الرعاع كثيرا ما يكشفون عن عبقرية في الوصول إلى الحقائق.. ولولا جهودكم وجهود الجنس الثالث معكم في تشتيت هذه العبقرية وتضليلها لساءت عواقب الأمور.. ومن لمحات الذكاء النادر تلك .. ما حدث في الشقيقة مصر إبان الحملة الفرنسية.. حين باع شيخ كبير من شيوخ الأزهر شرفه لنابليون.. لا أتحدث بالمجاز بل أعنى الحقيقة المجردة.. أعنى أنه اتخذ نابليون عشيقا لابنته .. وكان اسمها زينب.. ابنة الشيخ البكري.. وكانت خلواتهما تتم تحت بصره.. وبعد هزيمة الحملة الفرنسية رجم الرعاع الدهماء الإرهابيون المتخلفون المتطرفون الهمج زينب أمام أبيها.. ولم يمسوه هو بسوء.. (والدرس: كانت زينب صمام أمان وواق من الخطر) .. ثم أن هؤلاء الرعاع كانوا يتجمعون أمام بيت أبيها وينشدون أنشودة بذيئة تقول: " شد العمة شد.. تحت العمة قرد!!" .. وكانت هذه لمحة عبقرية جعلت أساتذتنا يخشون من توصل هؤلاء الرعاع إلى الأفكار التي شرحتها لكم في بداية هذه المحاضرة عن الإنسان الأسد والإنسان القرد والإنسان البغل والإنسان الحمار.. (درس آخر: إلى أي مدى يمكن أن يصل حتى شيخ في الأزهر إذا أحسنتم الإعداد والتدريب).. (درس ثالث: عندما تصادفون مثل هذا الشيخ في أي مجال فعليكم بدفعه إلى أرقى المناصب)..

•لا يحدث إلا في أحوال نادرة أن يمد واحد من هؤلاء جذوره إلى الخارج ليستمد التأييد والعون.. وحتى هذا النمط لا يشكل في أغلب الأحيان أي خطر.. فجذوركم أنتم أيضا ممتدة إلى الخارج تستعينون به على هزيمة رعاياكم .. لكنه في أحوال قليلة جدا يمثل خطرا.. وعليكم التصرف معه كما تتصرفون مع الرجل الثاني..

•إنني رغم كل ما طمأنتكم به عن هذه الطبقة لا بد أن أحذركم أن الخطر أحيانا يأتي منها.. ولعلكم تذكرون زميلكم خمارويه رحمه الله.. وكان كما لابد تذكرون واحدا من أعظم ملوك الدولة الطولونية.. وكان صهرا للخليفة في بغداد بعد أن زوجه بابنته قطر الندى في حفل ما زالت أصداؤه

تتردد في أنحاء المعمورة.. خمارويه هذا أنهى ملكه .. بل ودولته بعد ذلك.. عبد خصي كان قد اصطفاه وزيرا .. وخان العبد فذبح مولاه ذبح الشاة..

يا جلالة الجلالات ويا فخامة الفخامات.. مازال هناك الكثير جدا الذي أريد أن أقوله لكم في هذا البروتوكول.. لكنني أراكم تتثاءبون.. فإلى الجلسة القادمة..

بروتوكولات حكماء العرب

-8-

القَسَمُ الأَعْظَمْ

البروتوكول الثالث عشر

إنني أستأذنكم يا جلالة الجلالات أن ننتقل من البروتوكول الخامس إلى البروتوكول الثالث عشر والأخير على أن نعود بعد ذلك إلى بقية البروتوكولات .. وهو وضع نجد أنفسنا مرغمين عليه .. فقد نبهتني إدارة البروتوكولات في المؤتمر إلى خطأ وقعنا فيه في الجلسة الماضية.. إذ لا يجوز لعضو جديد أن يحضر جلساتنا دون أن يقسم القسم الأعظم.. ولكن الظروف العصيبة المفاجئة التي صاحبت استشهاد الملك الشهيد وتنصيب الملك الجديد كانت وضعا غير معتاد لنا .. فنحن في العادة نعلم متى سيموت أي ملك أو رئيس ونعد العدة قبل موته بفترة كافية نستكمل فيها الإجراءات .. في هذه المرة لم يسعفنا الوقت .. لذلك أخطأنا..

والآن.. سنفعل كما فعلنا في الجلسات الختامية في المرات السابقة .. سنتلو القسم الأعظم ..

سأقرأ أنا القسم.. وسوف يقوم جلالة الملك الجديد وحده بترديد القسم ورائي بصوت مسموع.. على أن ترددوا أنتم القسم بصوت غير مسموع على تقولوا جميعا بصوت مسموع عقب كل قسم : آمين..

والآن ليتفضل جلالة الملك الجديد إلى جواري..

...

• أقسم بالقسم الأعظم.. أن أحافظ على حدود إسرائيل..

• أقسم بالقسم الأعظم.. أن أطبع علاقاتي مع إسرائيل..

• أقسم بالقسم الأعظم .. ألا تكون هناك دولة في العالم أقرب إليّ ولا أحب إلى قلبي من دولة إسرائيل..

• أقسم بالقسم الأعظم .. أن أسعى لرفاهية الشعب الإسرائيلي وسيادته و أمنه و أمانه وسيادته على الشعوب العربية جمعاء..

• أقسم بالقسم الأعظم أن أعادى أي دولة إسلامية تعادى إسرائيل..

• أقسم بالقسم الأعظم أن تكون مرجعية علاقاتي بأي دولة من دول العالم – خاصة الدول العربية والإسلامية – هي علاقة هذه الدول بإسرائيل..

• أقسم بالقسم الأعظم ألا أعصى أمريكا.. وأن تكون قبلتي هي البيت الأبيض..

• أقسم بالقسم الأعظم ألا أكشف للناس أن العولمة هي الأمركة.. و أن الأمركة هي ضد الإسلام .. و أن ذلك كفر بالله .. كما أقسم أن أدلس على شعبي فأوهمه أن كل ذلك لا يتعارض مع الإسلام .. و أقسم أن أنتقى من الشيوخ من يفتون بذلك فأوليهم أمور الإسلام والمسلمين..

• أقسم بالقسم الأعظم ألا تتجاوز قوة جيشي الحدود اللازمة لمواجهة شعبي والحروب المحلية مع أشقائي.. كما أقسم بالقسم الأعظم ألا أتوانى عن إضعاف جيش بلادي وإفساد تدريبه واستبعاد كل عناصر الخبرة والفكر

والدين والوطنية والقومية منه.. وكذلك إحالة كل الكوادر المحترفة إلى التقاعد.. خاصة أولئك الذين اشتركوا في حروب ضد إسرائيل.. وأن نتعقبهم ونضطهدهم وننكل بهم جزاء وفاقا على ما ارتكبت أيديهم.. ولكي يكونوا عبرة لمن يعتبر..

•أقسم بالقسم الأعظم.. أن أكون مخلصا في هدم الأمة الإسلامية.. وأن أبذل الرخيص والغالي لمنع وحدة الأمة.. ولمنع أي مظاهر للتعاطف بين أشتاتها .. ولضرب أي محاولة لمساندة الفئات المهزومة بمنتهى القوة والعنف..

•أقسم بالقسم الأعظم ألا أكف عن تفتيت العالم الإسلامي بالعصبية تارة وبالقومية تارة وبالوطنية تارة ثالثة..

•أقسم بالقسم الأعظم ألا أكف عن استيراد أردأ أنواع السلاح وأكثرها تخلفا بأغلى الأسعار من الولايات المتحدة الأمريكية..

•أقسم بالقسم الأعظم.. أن أنتقى أسوأ القواد وأغبى الوزراء و أخس المستشارين..

•أقسم بالقسم الأعظم أنه عندما يتعلق الأمر بالإسلام فلا دين في السياسة ولا سياسة في الدين.. أما عندما يتعلق باليهود فلا دين إلا السياسة ولا سياسة إلا الدين..

•أقسم بالقسم الأعظم ألا أكف عن هدم المجتمع في بلادي.. و أن أغلق النقابات وأن أحاصر الأحزاب و أن أصفى المعارضة فلا أدع منها إلا المعارضة الشكلية التي يرضى عنها الغرب و إسرائيل.. وأقسم أن أنشئ بدلا من منظمات المجتمع المدني منظمات جديدة تحل محلها بنفس اسمها لكي تمجد الشذوذ وتقبح العفة وتسخر من الشرف وتمجد الكذب.

• أقسم بالقسم الأعظم أن أجعل من محاولة أي فرد أو فئة أو جماعة أو حزب يحاول إحياء الإسلام عبرة لمن يعتبر.. وأن أجعل من هذه المحاولة أكبر الجرائم وشر الفتن.. وألا تأخذني رأفة ولا شفقة بمن يرتكبها..

• أقسم بالقسم الأعظم.. أن أتساهل في الحساب عن كل الجرائم إلا الجرائم السياسية..

• أقسم بالقسم الأعظم أن أجعل أقصى أمنية بالمسجون السياسي هي أن يتساوى مع المجرم الجنائي.. مع اللصوص والقتلة والقوادين..

• أقسم بالقسم الأعظم ألا تكف أجهزة إعلامي عن تشويه المجرم السياسي وإطلاق الأكاذيب والافتراءات عليه حتى تتشوه صورته تماما أمام الناس فلا يتبعوه أبدا..

• أقسم بالقسم الأعظم أن أولى من القضاة شرارهم وأن أصفى خيارهم.. حتى أفسد القضاء..

• أقسم بالقسم الأعظم أن يقوم وزير تعليمي بتفريغ عقول التلاميذ من كل ما يمت بصلة إلى جوهر الدين عندما يكون هذا الدين هو الإسلام.. ثم أن يتجاوز ذلك إلى تشويه مبادئ الإسلام حتى نصل إلى تجفيف كل المنابع..

• أقسم بالقسم الأعظم أن يقوم وزير إعلامي بنفس ما يقوم به وزير تعليمي .. إضافة إلى جهده الآخر في تزييف وعى الناس وتسطيح عقولهم..ونشر الفاحشة بينهم وجعلها غذاءهم اليومي..

• أقسم بالقسم الأعظم أن يكون ناتج جهد وزير تعليمي ووزير إعلامي أن يكون الجهاد عند الناس إرهابا وأن يكون الإرهاب جهادا وأن يكون الشهداء مجرمين وأن يكون المجرمون أبطالا ونجوما..

• أقسم بالقسم الأعظم أن أجعل الفقر في بلادي قدر الناس المطلق وأن أجعل الغنى لا يتوصل إليه إلا بالقرارات الماكرة والرشوة والعمولة والفساد..

• أقسم بالقسم الأعظم أن أزيد الواردات وأن أنقص الصادرات..

•أقسم بالقسم الأعظم أن أستنزف موازنة بلادي في المشاريع الوهمية التي لا تعود على الرعاع والدهماء إلا بالخداع لكنها تعود علينا وعلى آلنا بالخير العظيم.. كما تعود بنفس الخير على شركات الخارج التي تدعمنا أمام حكوماتها..

•أقسم بالقسم الأعظم.. ألا أعين رئيس تحرير إلا إذا كان أكذب من مسيلمة..

•أقسم بالقسم الأعظم أن أجعل من مجلس الشيوخ مطية للأقوى.. ولعبيد الأقوى..

•أقسم بالقسم الأعظم ألا أجرى انتخابا إلا زورته ولا استفتاء إلا وكانت نتيجته 99,99%.

•أقسم بالقسم الأعظم أن أجعل العسس كلاب صيدنا الشرسة وأن أجعل الناس فرائسها.. وأن أحول العسس من حراسة أمن الناس إلى تهديده.. وأن يكون الأمن يعنى أمن الحكام فقط..

•أقسم بالقسم الأعظم أن أبث الكراهية بين الناس.. وأن أحارب تنامى المودة والمرحمة بينهم.. وأن أنثر فيهم الفرقة والبغضاء حتى يكون كل واحد منهم عدوا لأخيه.. صديقا لعدوه..بل أن نجعل المرأة عدوة لزوجها والزوج عدوا لامرأته والأبناء أعداء للجميع..

•أقسم بالقسم الأعظم .. أن آمر وجميع من معي بالمنكر وأن ننهى عن المعروف..

•أقسم بالقسم الأعظم أن أستعمل الطالح وأنفى الصالح..

•أقسم بالقسم الأعظم أن أقرب الكذاب وأبعد الصادق..

•أقسم بالقسم الأعظم أن أولى الخائن وأن أعزل الأمين..

•أقسم بالقسم الأعظم أن أجعل العفة تحجرا.. والوقار تخلفا .. والعلم جهلا.. والفجور تحضرا.. والابتذال تمدنا.. والجهل نورا..

• أقسم بالقسم الأعظم أن أحاصر الفن الحقيقي وأن أجعل الدعارة فنا والفن الوحيد المسموح به فن الدعارة..

• أقسم بالقسم الأعظم أن أتستر على تهريب آثار ومخطوطات بلادي..

• أقسم بالقسم الأعظم بأن تقوم صحافتي بتزييف وعى الأمة..

• أقسم بالقسم الأعظم أن أحترم أمريكا وإسرائيل والأمم المتحدة والنظام العالمي الجديد وأن أكره الله والرسول والصحابة والتابعين..

• أقسم بالقسم الأعظم أن أشجع الاجتراء على الدين وعلى الله وعلى النبي وأن أسمى من يفعلون ذلك بالمستنيرين وأن أفتح أمامهم سبل الرقى وأن أجزل لهم العطاء..

• أقسم بالقسم الأعظم أن أكن الاحترام والتبجيل والتقديس لموسى وعيسى عليهما السلام..

• أقسم بالقسم الأعظم أن أعامل المسلم كالمرتد والمرتد كالمسلم..

• أقسم بالقسم الأعظم أن نزيف مظهرا تحرريا لكل الهيئات وكل الاتجاهات التي نصطنعها ، و أن نضفي هذا المظهر على كل خطبائنا ووزرائنا وصحفيينا وكتابنا والمتحدثين باسمنا. فهؤلاء سيكونون ثرثارين بلا حد ، حتى أنهم سينهكون الشعب بخطبهم ، وسيجد الشعب خطابة من كل نوع أكثر مما يكفيه ويقنعه.

• أقسم بالقسم الأعظم أن نحير الرأي العام كل الحيرة بتغييرات من جميع النواحي لكل أساليب الآراء المتناقضة حتى يضيع الناس في متاهتهم . وعندئذ سيفهمون أن خير ما يسلكون من طرق هو أن لا يكون لهم رأي في المسائل السياسية: هذه المسائل لا يقصد منها أن يدركها الشعب . بل يجب أن تظل من مسائل القادة فحسب.

• أقسم بالقسم الأعظم أن أعمل على أن تتضاعف وتتضخم الأخطاء والعادات والعواطف والقوانين العرفية في البلاد ، حتى لا يستطيع إنسان أن يفكر بوضوح في ظلامها المطبق ، وعندئذ يتعطل فهم الناس بعضهم بعضا.

• أقسم بالقسم الأعظم على أن أقوم ببذر الخلافات بين الهيئات، وفي تفكيك كل القوى المجتمعة ، وفي تثبيط كل تفوق فردي ربما يعوق سياستنا بأي أسلوب من الأساليب.

• أقسم بالقسم الأعظم ألا أسمح أبدا بأن ينبت من بين الناس قائد متميز يحبهم ويحبونه.. لأن مثل هذا القائد الذي يستطيع إقناع الناس أخطر علينا من ملايين الناس الذين وضعنا يد كل منهم على رقبة الآخر ليقتله.

• أقسم بالقسم الأعظم أن أجعل من أفراد شعبي في وضع أسوأ من وضع العبيد وأدنى من الرق.. فمن الرق القديم كانوا يستطيعون التخلص بطريقة أو بأخرى.. أما من ربقة الحكم المطلق فلا خلاص لهم أبدا..

• أقسم بالقسم الأعظم ألا أوافق على عقد مؤتمر قمة مع أشقائي إلا بعد الحصول على موافقة روما أو بدائلها..

• أقسم بالقسم الأعظم ألا أوافق على عقد مؤتمر قمة مع أشقائي إلا بعد الحصول على موافقة لندن..

• أقسم بالقسم الأعظم ألا أوافق على عقد مؤتمر قمة مع أشقائي إلا بعد الحصول على موافقة باريس..

• أقسم بالقسم الأعظم ألا أوافق على عقد مؤتمر قمة مع أشقائي إلا بعد الحصول على موافقة بون..

• أقسم بالقسم الأعظم ألا أوافق على عقد مؤتمر قمة مع أشقائي إلا بعد الحصول على موافقة واشنجتن..

• أقسم بالقسم الأعظم ألا أوافق على عقد مؤتمر قمة مع أشقائي إلا بعد الحصول على موافقة تل أبيب..

•أقسم بالقسم الأعظم أن أرعى أجهزة الأمن والقمع في بلادي وأن أسلحها بأقوى الأسلحة وأن أدربها على أرقى التكنولوجيا والحيل النفسية للتعامل مع الإسلام والمسلمين في أمريكا وإسرائيل لأن ذلك يعظم سلطاننا فيصير استبدادا يبلغ من القسوة أن يستطيع في أي زمان وأي مكان سحق الساخطين المتمردين من الرعاع والمتأسلمين..

•أقسم بالقسم الأعظم أن أساهم في وضع النظام العالمي الجديد فوق كل الحكومات القائمة لتمتد أيديه كالمخالب الطويلة المدى ، وتحت إمرته سيكون له نظام يستحيل معه أن يفشل في إخضاع كل الأقطار. وأقسم بالقسم الأعظم أن أعلى القوانين الدولية على قوانين الإسلام وأن أجعلها حاكمة عليه متحكمة فيه.. وأقسم أن أفصم عرى الإسلام عروة بعد عروة حتى لا يبقى منها شيء.

•آمين آمين آمين..

بروتوكولات حكماء العرب

-9-

فتنة الوزير الشاذ..

البروتوكول السادس

من المؤكد يا جلالة الجلالات ويا فخامة الفخامات أنكم سمعتم تلك الطرفة عن السائح الذي ذهب إلى دولة كبرى (ليست إسرائيل كما يدعى الرعاع المتخلفون أعداء السامية).. وفى ليلته الأولى في عاصمتها) ليست تل أبيب كما يزعم المتطرفون).. حين راح يتجول في شوارع العاصمة يستكشف أسرارها.. اقترب منه قواد عارضا بضاعته: نساء من كل الأعمار بجميع المواصفات والألوان .. ودهش السائح من كثرة الأصناف المعروضة فقال للقواد:

-كل هذه الأصناف من البغايا .. ألا توجد في بلادكم امرأة شريفة..

وهنا أجاب القواد على الفور:

-يوجد بالطبع يا سيدى.. لكنها ستكلفك أكثر!!..

***

نعم يا جلالة الجلالات ويا فخامة الفخامات.. ما من امرأة لا يمكن إغواؤها وما من رجل كذلك..

ينطبق هذا على عالم الدعارة والشذوذ بنفس الدرجة التي ينطبق بها على عالم السياسة..

وكما أن الدعارة فن فالسياسة فن كذلك..

حدد قيمة الهدف.. ثم حدد طريقة الاقتراب.. ثم قدر الثمن.. ثم ادفع بسخاء دون تردد ولا ندم.. لأن المرأة الشريفة لن تظل شريفة بعد المرة الأولى وستحصل على ما تشاء منها بعد ذلك دائما دون ثمن..

سوف تجدون بالطبع قلة نادرة تشذ عن هذه القاعدة.. وكما يمكن أن تجدوا بين النساء من تستعصى على الإغواء مهما كانت ضراوته فسوف تجدون في السياسة أيضا كذلك.. لكن هذا الشذوذ يثبت القاعدة ولا ينفيها.. فهذه الفئة الحمقاء التي ربطت حياتها بما رددته أساطير الأولين عن الحياة بعد الموت تمنى نفسها بأجر لا تستطيع كل خزائنكم منافسته.. أجر من الله.. (أرأيتم أهمية ما بدأت به هذه البروتوكولات من ضرورة عزل الله عن عالمنا لأننا لا نستطيع منافسته؟).. هذه الفئة لم تعد مشكلة طاغية كما كانت فيما مضى... لقد أثمرت سياسة تجفيف المنابع.. وسياسة التعليم).. ودعوني من على منبرى هذا أرسل تحية إعجاب وتقدير لوزراء تعليم بلادكم.. فقد اضطلعوا بالمهمة الأكبر والأخطر والأصعب و الأشمل في نزع عوامل المقاومة من الأجيال الجديدة جيلا بعد جيل وفى بث القابلية للإغواء و في حصار الفئات الشاذة التي تستعصي على الإغواء...).. أثمرت أيضا سياسة الأمن التي حاصرت غير القابلين للغواية .. وكما أعلم فلقد نجحتم في عزل غالبيتهم عن المجتمع عندما أودعتموهم سجونكم ومعتقلاتكم.. لم يبق منهم خارج السجون والمعتقلات إلا أقل القليل.. وهم يعيشون دائما تحت رعب الانتظار والتساؤل هل حان حين اعتقالهم أم لم يحن بعد.. ودعوني من على هذا المنبر أيضا أوجه تحيتي إلى وزراء ثقافتكم وإلى صحفكم والمسئولين عن الإعلام في بلادكم.. والذين أكملوا مسيرتنا الكبرى نحو الليبرالية والحداثة وما بعد الحداثة وضد الظلام والجهل وأساطير الأولين..

لم يعد الأمر مشكلة كما كان فيما مضى.. لأن كل ما تحتاجونه الآن هو مراقبة من يعملون فعلا ثم تختارون منهم الأسوأ فتصعدونه إلى وظيفة

أعلى.. ومن فئة الوظائف الأعلى تختارون الأسوأ .. وهكذا حتى تصلون إلى المناصب الكبرى في البلاد.. إلا أنني أحذر هنا من أن يتم ذلك بصورة عشوائية.. ذلك أن الأسوأ في مجال ما ليس هو الأنسب لكل منصب.. عنصر الموهبة الشخصية جوهري ونوع الاستعداد الفطري مهم.. ولكي أضرب لكم المثل فإن لص الخزائن لا يصلح قاطع طريق.. والقواد لا يصلح دجالا.. والمحتال لا يصلح بلطجيا.. لكل واحد منهم موهبته التي تجعله ينجح نجاحا باهرا في عمل ما ويفشل تماما إذا أسند إليه عمل آخر.. إن عليكم أن تقوموا باختيار كبار موظفيكم ووزرائكم كما يقوم المخرج الموهوب بانتقاء ممثليه.. وأظنكم جميعا معي .. في أن من ينجح في دور قد يفشل في آخر.. لكن عليكم هنا أن تتجنبوا أن يكون لكم أية معايير ثابتة في الاختيار.. بل إن المعايير الثابتة هي أسوأ ما تفعلونه.. لأنها ستعطي للفئات الأخرى فرصة للانتقاد عندما لا تتفق معكم في تقييم هذه المعايير.. كما أنها ستتيح للبعض شبهة في أن يكون من حقهم الفوز بهذه المناصب ما دامت المعايير تنطبق عليهم.. لا.. ذلك خطر.. لأن الاختلاف معكم فيروس شديد العدوى.. وما أن يبدأ في فئة حتى ينتقل كالوباء إلى الرعاع جميعا.. لذلك يجب أن يكون واضحا أمام الجميع أن المناصب الكبرى منحة مطلقة منكم تمنحونها لمن شئتم وتمنعونها عمن شئتم.. دون أي تعقيب من أي معقب..

يا جلالة الجلالات ويا فخامة الفخامات: إنكم تعرفون الناس ليس أكثر مما يعرفهم الرعاع فقط بل أكثر مما يعرفون أنفسهم.. و سوف يكون ممتعا لكم ومحبطا للناس أن تلتقطوا واحدا يظفر بإعجاب الناس لتولوه السلطة.. سوف تهتاج مشاعر الدهماء بالنشوة.. فهذا هو بطلهم الذي انتظروه طويلا.. وهاهو من يتوسمون فيه أنه سيحق الحق ويقيم العدل بعد طول غياب.. وربما يكون الرجل نفسه يظن في نفسه ذلك.. إما لأنه أصلا لم يتعرض لأي اختبار حقيقي أو أنه واصل خداع الناس لفترة طويلة حتى صدق نفسه.. سيكون ممتعا أن تروه وهو يغوص في الفساد يوما بعد يوم.. كامرأة شريفة تبدأ الانحراف.. ابتسامة تصطنع البراءة.. ثم لمسة مختلسة تصطنع الصدفة ثم

تلبية دعوة بريئة الظاهر ثم فجأة .. كل أنواع الفاحشة حتى النخاع .. نفس الشيء سيحدث مع رجل السياسة أو القائد أو المحافظ أو الوزير أو رئيس الجامعة و أنتم تضعون أمامه من المغريات كل يوم ما يجعله يقترب من الانحراف أكثر.. حتى ينزلق الانزلاق النهائي ليكون طوع بنانكم أبد الدهر..إلا أنه في الفترة الطويلة التي تبدأ باختياره للمنصب إلى أن ينحرف فعلا.. ثم في الفترة الأطول التي يكتشف فيها الرعاع أنه ليس أفضل من سابقيه .. في هاتين الفترتين ستكون لديكم كل الفرص لأن تعدوا بعده خليفة له أنسب لكم وأشد سوءا للرعاع والدهماء..

ليس الأمر بالغ الصعوبة.. إن الفساد كالساعة فليس عليك لكي تعطلها أن تعطب كل ترس فيها..بل عليك فقط بالترس الأكبر..

إن الميزان يميل في صفنا.. لأن الإرهابيين سيعانون كثيرا كي يكسبوا إرهابيا واحدا إلى صفوفهم أما نحن فسنجد الألوف رهن إشارتنا وطوع أمرنا.. إنهم يصطادون بالسنارة ونحن نصطاد بالشبكة..

إن كل ما نحتاج إليه لننتصر.. ليس أن نقنع الرعاع بالإيمان بنا بل أن ننجح في إغراقهم في مستنقع الحيرة حيث لا يدركون ما يجب عليهم أن يفعلوه..

إن العبقرية الكامنة في فلسفتنا أننا نعانى بعض المشقة في البداية ثم تسير الأمور بعد ذلك بقوة الدفع الذاتي.. بحيث لا يحتاج نشر مزيد من الفساد لأي مجهود منكم.. في البداية عليكم أن تأتوا بفأر أسود وفأرة.. بعد عام ستكون آلافا.. بعد أعوام ستكون مئات الألوف.. بعد أعوام أخرى ستكون ملايين.. ولن تكون هناك قوة قادرة على مقاومتها أو السيطرة عليها.. وهكذا الفساد.. لن تتوقف أبدا عمليات المقاومة اليائسة من السفهاء.. لكن.. ماذا يفعل الجمهور الغبي الأعمى.. الذي كلما نجح في اصطياد فأر وضعنا أمامه بدلا منه ألف فأر.. فإذا ما نجح عبر الإرهاب والتمرد في اصطياد ألف فأر وضعنا أمامه مليون فأر.. ماذا سيفعل؟..!

***

البروتوكول السابع

سوف أضرب لكم مثلا بسيطا يا جلالة الفخامات ويا فخامة الجلالات على الميزات الهائلة التي تظفرون بها عندما تضعون وزيرا شاذا جنسيا في مجلس وزرائكم.. وكيف أن ذلك سيثير بين أمتكم فتنة تدع الحليم منها – إن وجد– حيران..

ففي الخارج.. ستحققون ميزة حاسمة على جميع المستويات.. فعلى المستوى العام سيطمئن الغرب كله أنكم لا تخفون خلف عباءاتكم الفضفاضة سيفا من سيوف جهاد أجدادكم ، و أنكم قد قطعتم روابطكم بالماضي فعلا بعد أن برئتم من أخطر تحد واجه الإسلام به الغرب.. ألا وهو الجهاد.. وتذكروا أن الغرب لم يستطع دحر هذه المنطقة إلا بعد أن أغمدت سيف الجهاد.. وقد يقبل الغرب على مضض أن يتعامل مع ملك أو رئيس يتظاهر بأداء شعائر دين الإسلام طالما كانت هذه الشعائر لا تتجاوز اللسان وحركات المفاصل.. أنتم تعرفون أنهم هناك يصورون حتى ماركات ملابسكم الداخلية.. ويعرفون جميع ما تفعلون.. وهذا ما يطمئنهم إلى أن تظاهركم بأداء الشعائر ليس إلا تقية من سفهائكم ورعاياكم.. ولكنه اطمئنان غير كامل.. إذ قد يستسلم أحدكم تحت وطأة ضغط رعاياه الإرهابيين ليعود إلى الإرهاب من جديد.. سوف يرضى الغرب إذن على مضض.. وسوف تظل الهواجس المرعبة تتناوبه من أن هذا الملك المتظاهر بأداء الشعائر قد ينتكس فجأة ليعود إلى الإرهاب..

إن تعيين وزير شاذ واحد في مجلس وزرائكم سيكون كفيلا بتبديد كل هذه الهواجس بضربة واحدة.. سوف يرى الغرب المدى الذي وصلتم إليه في الامتثال لحضارته وفكره..سوف يدرك مدى الاستنارة والتحضر والتقدم الذي

وصلتم إليه .. وسوف يرى أيضا أنكم تجاوزتم مرحلة الرعب من شعوبكم السفيهة.. وسوف يطمئنه هذا إلى أقصى حد ممكن إلى إخلاصكم وولائكم له..

هذا على المستوى العام.. على مستوى آخر فأنتم تعلمون مدى انتشار جمعيات الشذوذ في الغرب الآن.. و أن هذه الجمعيات باتت تملك ضغطا سياسيا لا ينكره إلا أعمى.. ووجود وزير شاذ في حكومة أي واحد منكم ستجعل من هذه الجمعيات نصيرا قويا لحكمكم.. ومدافعا قويا عنكم.. ثم أنكم تعرفون أيضا الصلات القوية بين منظمات الشواذ تلك ومؤسسات الصهيونية العالمية التي يمثل الروتاري والليونز والماسونية قمة جبل الثلج فيها.. أنتم تعلمون أن هذه المنظمات هي التي تحرك العالم اليوم.. صناعته وزراعته واقتصاده وإعلامه .. وهذا يعـنـى ضمن ما يعـنـى أنه لن يتعقب فضائحكم أحد ولن ينتقد سياستكم أحد ولن يكشف سرقاتكم وسرقات أبنائكم أحد.. كم أنهم لن يتحدثوا عن تزوير الانتخابات أو إهدار حقوق الإنسان..

هل أدركتم الآن كم أن تعيين وزير شاذ يمثل استثمارا من أعظم استثمارات الحكم..

إلا أن ربح هذا الاستثمار لن يقتصر على الخارج فقط .. بل إن له تداعياته العميقة في الداخل أيضا.. سوف يصرخ الرعاع المعارضون.. وسوف يحاولون فضحكم أمام شعوبكم.. أما أنتم فسوف تلتزمون الصمت المطبق.. وسوف يفسر صمتكم هذا بالتعالي على المعارضة والاشمئزاز من سفالتها.. وكلما طال صمتكم سيعلو صوت المعارضين لكم.. سيتجاوزون كل منطق.. ولكن الناس.. الناس العاديين في الشوارع.. السفهاء .. لن يكون لديهم أي يقين بما تقوله المعارضة ولا بما تنشره صحفها.. سوف يستبد بهم الذهول ..فبرغم أنهم – في عمومهم – يصدقون ما تقوله المعارضة.. إلا أنهم لن يستطيعوا تصور أن جلالة الجلالة يمكن أن يقدم على هذا الفعل الوضيع المشين.. إن هؤلاء الرعاع يشكون في كل شيء في جلالته.. في أمانته.. في عفته.. في نزاهته.. في صدقه.. في وطنيته.. في دينه.. لكنهم

سيتساءلون دوما ما الذي يدفعه إلى ارتكاب مثل هذا الفعل المشين بتعيين وزير شاذ في مجلس وزرائه .. إن هؤلاء الرعاع ذوى العقول المتدنية الظلامية لا يستطيعون التفكير بالطريقة المستنيرة الحرة التي نفكر نحن بها.. ثم أن الأساطير التي يؤمنون بها كبلت عقولهم ومنعتها من الانطلاق .. سوف ندس من بين غلماننا من يزايد على المعارضين الإرهابيين أنفسهم.. سوف نجعلهم ينشرون الأكاذيب.. ثم ننسب هذه الأكاذيب إلى المعارضة.. ثم ندفع بغلمان آخرين لنا لتسفيه المعارضة المجرمة التي لم تترفع عن الدنايا.. نعم.. سوف ندفع بمن يلصق بالمعارضة تلميحات عن شذوذ المليك نفسه.. لكن بقايا عقل ستجعل الرعاع يرفضون على الفور أن يكون مليكهم قد عين شاذا لأنه هو الآخر شاذ.. لقد سمعوا كثيرا عن ملوك شواذ اكتفوا بالغلمان ولم يراود أحدا منهم وزيرا عن نفسه بله أن يعينه وزيرا.. سوف تكون ملامح الوزير المخنثة المنفرة عاملا آخر في صفنا تدفع الرعاع لتكذيب المعارضة.. لكنهم من الجانب الآخر – بفكرهم المتدني – يظنون أن المعارضة على صواب دائما.. يصدقها – أولئك الرعاع – في كل ما تقول وتكتب.. والحقيقة أننا في نواح كثيرة نعجز عن تكذيب ما يقولون.. لسبب بسيط هو أن الناس تراه في الشارع يحدث كل يوم.. لذلك سيكون عليكم دائما اصطناع أحداث ومواقف تثبتون فيها كذب المعارضة.. ومن أهم هذه المواقف تعيين وزير شاذ .. قلت لكم أن الرعاع لن يصدقوا أن يقدم أي من جلالاتكم على هذا الفعل الشنيع.. كما أنهم في نفس الوقت لن يصدقوا أن المعارضة – التي طالما صدقوها واحترموها – تقدم على هذا الاتهام الفظيع دون دليل.. وهنا.. هنا بالضبط سنضرب المعارضة في مقتل.. هاتوا دليلكم...!!.. ولن يجد الإرهابيون أي دليل ملموس يؤكد صدقهم وينفى كذبهم.. وهذا سيمكن كلاب صيدكم من افتراسهم.. لا هم سيتراجعون ولا نحن سنتراجع.. ليقع الجمهور الأعمى في حيص بيص.. إنه عاجز عن التصديق وعاجز عن التكذيب.. وهذا هو الوضع المثالي الذي يجب أن نجعل الجمهور عليه دائما.. أن نشتت عقله حتى نفقده الثقة فيه.. أن ندفعه إلى يأس كامل

ومطبق بإمكانية أن يسعفه تفكيره بأي حل لقضاياه .. أن نجعله يكفر بعقله و أسلوبه في التفكير فيندفع إلى السلبية لا يلوى على ششيء.. ولا يقدم على ششيء ولا يفكر في ششيء..

سوف تشغل هذه القضية عمر جيل كامل من أجيال شعوبكم.. سوف تشغلهم عن قضاياهم الملحة .. وسوف تشد انتباههم إلى بعيد بعيد عن تلك الأماكن التي تحرصون ألا ينظروا إليها.. كما أنها ستشغل المعارضة الإرهابية المجرمة عن تعقب السرقات وإهدار المال العام والخيانة والرشوة والعمولة وتزييف الوعي وجميع هذه الألفاظ ضخمة الشكل فارعة المضمون..

لن تقتصر آثار تعيين الوزير الشاذ على ما ذكرت حتى الآن.. فثمة تداعيات لا أول لها ولا أخر سوف تشق قلب فئات المجتمع كله كما يشق النور الظلام..

ففي مجلس الوزراء مثلا.. كيف سيتعامل معه زملاؤه.. كيف وهم يعلمون أنه الأثير لديكم.. وسوف يجدون أنفسهم كل يوم متورطين في الدفاع عنه بحكم التضامن الوزاري.. إن الأمر هنا لا يقتصر على موقف أخلاقي.. بل إنه من أهم الدروس التي يحب على جميع الوزراء استيعابها بطريقة عملية.. أن يتعلموا أنه لا يوجد حق وباطل بل يوجد قوى وضعيف.. منتصر ومهزوم.. وأن الحق حق ليس حقا لأنه العدل بل لأننا استطعنا فرضه ولم يستطع خصومنا مواجهتنا فانهزموا.. وأن الصدق ليس صدقا والكذب ليس كذبا (وهنا أرجوكم يا جلالة الجلالات ويا فخامة الفخامات أن تراجعوا ما ذكرناه في البروتوكولات الأولى) .. هذه الخبرة العميقة ضرورية جدا لممارسات كل وزير على المستوى الوطني والعالمي.. نعم .. سوف يكون هذا الموقف هو رأس الذئب الطائر أمام كل وزير .. سوف يتعلم أنه انتقل إلى عالم آخر غير عالمه الأول.. عالم مقاييسه مختلفة.. عالم الملوك المقدس.. وأنه كما يخلع الرعاع نعالهم حين يدخلون المساجد فإن عليه أن يخلع عقله في حضرة الملك المقدس.. وعليه أن يدرك أن كل المطلقات قد تهاوت وأن

المليك أصبح هو المطلق الوحيد.. كإله.. وأن ذلك هو الذي سيحدد له برنامج وزارته كلها .. بما له من تداعيات..

هذا عن مجلس الوزراء.. فلننتقل الآن إلى التداعيات الرهيبة المروعة التي تحدث في وزارة الوزير الشاذ نفسه.. أي خذلان سيحس به من تدفعهم الحاجة إليه؟ أي عار سيشعر به من يجبر على احترامه وتقديسه..

هل تذكرون يا جلالة الجلالات ويا فخامة الفخامات قول الشاعر:

واعلم بأن عليك العار تلبسه ...من عضة الكلب لا من عضة الأسد

نعم .. علينا أن ندرك حقيقة ما نفعله.. وأن علينا أن نلبس الأمة كلها ثوب العار حتى نستطيع حكمها.. لا يقتصر الأمر على ما مضى .. إذ كيف سيعامل معالي الوزير الشاذ وكلاؤه وموظفوه؟.. ما تأثير ذلك على قراراتهم وسلوكهم؟.. وكيف ينتقل هذا كله منهم إلى زملائهم في الوزارات الأخرى وإلى مرءوسيهم.. كيف ينتشر من الأعلى إلى الأدنى ليصبح نمطا يقلد فيه الأصغر الأكبر والأضعف الأقوى.. لينتشر بعد ذلك بين الناس جميعا..

تخيلوا يا جلالة الجلالات أنكم بقرار واحد بسيط مثل هذا القرار تجنون كل تلك المكاسب..

لا أقول لكم أن الطريق سيكون دائما ممهدا ومفروشا بالورود.. توجد بالطبع بعض الخسائر.. ومن المؤسف أن بعض هذه الخسائر يأتي من طرف رجالنا.. تماما كما يحدث في المعارك الحربية حين تقصف كتيبتان من نفس الفرقة كل منهما الأخرى.. سوف أضرب لكم المثل على الفور.. ففي إحدى الممالك كان الوزير الشاذ بالغ الحماقة والتهور..كان عنينا.. وقد استبقاه الملك في وزارته عشرين عاما.. وكان يقوم بدور الحصى في رعاية حريم الملك وبناته.. لم يكن مطلوبا من الوزير الشاذ أن يستر نفسه – وإلا انتفت الفائدة من العملية كلها- لكن لم يكن مطلوبا منه أيضا أن يثير كل ما أثار من فضائح.. واستغلت صحف المعارضة الوضيعة رعونته فكشفت سر إسناده

وكالة الوزارة لشاب عفي.. ولم يكتف الوزير بذلك بل جعل لهذا الوكيل مكتبا في بيته.. وأصبح لا يفارقه ليل نهار.... والتقط أحد رجال الأمن الأغبياء الخيط بمبادرة ذاتية منه .. فتعقب الوزير والشاب وسجل ما يحدث بينهما بالصوت وبالصورة.. وأتى الأحمق بشريطه وقدمه إلى رؤسائه.. وانتشرت الفضيحة داخل أروقة جهاز الأمن كله.. بل وتسربت نسخ من الشريط إلى المعارضة.. كان الأمر نكسة سيئة.. لكن علم الملوك الذي أعلمه لكم سوف يمكنكم من تحويل كل هزيمة إلى نصر.. حسنا.. هل تجرؤ المعارضة الوقحة على نشر مثل هذا الشريط وتوزيعه؟؟ .. إن وسائل الإعلام كلها في أيدينا.. فأين سيعرضونه؟؟.. بل إن وجود هذا الشريط نفسه عند أي واحد منهم يشكل جريمة وخرقا للآداب العامة.. وتخيلوا تأثير محاكمة زعيم معارضة بتهمة اقتناء شرائط تسجيل منافية للآداب العامة(لن تذكر وسائل إعلامنا بالطبع أي تفاصيل عن الشريط.. لكن العار سيلتصق بالإرهابي أمام الرعاع)..

تبقى مشكلة أخرى تتعلق بجهاز الأمن نفسه.. فجميع الضباط والجنود قد شاهدوا هذا الشريط.. وانطلقوا يدلون فيما بينهم بتعليقات أكثر فجورا من تعليقات المعارضة.. حسنا.. الآن يدرك جهاز الأمن أن ما قاله المعارضون بشأن الوزير الشاذ صحيح.. وقد يتبادر إلى أذهانكم أن ذلك يشكل كارثة كبرى.. لأن جهاز الأمن سيرى أنه إذا كانت المعارضة قد صدقت في هذه القضية فمن المحتمل أن تكون صادقة أيضا في جميع القضايا الأخرى.. لكن ما قد يراه بعضكم كارثة كبرى ليس إلا تدشين جهاز الأمن وإنضاجه لكي يتبوأ بجدارة مكانته.. فرجل الأمن ليس لديه عمل آخر إذا ما أطيح به .. وعليه أن يمارس عمله كما هو.. دون أي تفكير منه .. وليس له أن يقدم على أي مبادرة من تلقاء نفسه .. تلك هي الكارثة الحقيقية إذا حدثت.. فليس لرجل الأمن أن يفكر على الإطلاق.. بل يجب أن يُبرمج بطريقة واحدة: هل هذا يرضى رئيسي أو لا يرضيه؟.. يجب أن يكون ولاء جهاز الأمن لنا كولاء أفراد العصابة لزعيم العصابة.. ولاء مطلق لا يبحث عن سبب.. ثم أن إدراك جهاز الأمن لصدق ما تقوله المعارضة سيجعله أكثر ارتماء في

أحضاننا.. لقد نكل بها كثيرا وعذبها كثيرا وقتل منها الكثير.. ثمة ثأر نجحنا في خلقه .. فماذا تفعل المعارضة بجهاز الأمن إذا ما حدثت الكارثة واستولت على الحكم..

تعرفون يا جلالة الجلالات ويا فخامة الفخامات قصة الظبي وكلب الصيد.. حينما طارد الكلب الظبي فلم يدركه فسأله: كيف لم أدركك؟.. فأجاب الظبي لأنني أجرى لنفسي وأنت تجرى لصاحبك!!..

هل فهمتم المغزى يا جلالة الجلالات ويا فخامة الفخامات.. إن أعظم إنجاز تنجزونه أن تجعلوا جهاز الأمن يدافع عن نفسه لا عنكم.. وأن يعتبر الصراع بينه وبين المعارضة والرعاع قضية حياة أو موت.. له لا لكم..

هل تحسبون أننا قد أحطنا الآن بالقضية كلها؟..

لا .. وسوف ينسى الجميع أهم أثر من آثار هذه المعركة الرهيبة – معركة الوزير الشاذ– على محرمات الرعاع ومقدساتهم..

لقد عاش هؤلاء الرعاع دهورا طويلة يسجنون رغباتهم السرية في تابوت المحرمات.. واتسم المجتمع كله – تحت تأثير أساطير الأولين – بالمحافظة.. حتى أن كلمة الجنس والحب على سبيل المثال لا ترددها أبدا معظم الأسر.. بل إن المعارض الوقور أيضا يتعفف عن استخدام الألفاظ الجنسية في الهجوم على أعدائه وخصومه.. لكننا بتعيين الوزير الشاذ نقلب المائدة عليهم.. إن الملايين من رعاياكم لا يجرءون على نطق الكلمة.. بل إن عددا لا يستهان به منهم لا يعرف معناها أصلا.. لذلك .. فإننا عندما ندفع بها إلى الساحة نزلزل بنيانا هائلا صمد قرونا تلو قرون وآن له أن ينهار.. سوف يتحدث المجتمع كله عن الوزير الشاذ.. هل هو شاذ أم غير شاذ.. ؟ .. ثم يتطرق الحديث إلى الشذوذ نفسه.. تهتك الأستار ستارا خلف ستار.. وتنهدم المقدسات مقدسا خلف مقدس.. وتلاميذ المدارس.. و.. و.. و.. لن يخرجوا بعد ذلك في مظاهرات ضدكم بل سيتحدثون عن الشذوذ وينشغلون في تفاصيله.. ستكون العفة بعد ذلك اجتناب الشذوذ أما ارتكاب الزنا فحلال وتحريمه تخلف وانغلاق وحجر

على الحرية الشخصية للناس.. و إرهاب.. ثم أنه إذا أمكن تناول الشذوذ بكل هذه الحرية والتفاصيل على كافة المستويات فإن أي محرم آخر لن يصمد.. ستنهار القلاع جميعا.. وتصبح كل الأشياء مادة للمناقشة .. لا مطلقات.. لا أفكار مسبقة .. لا أساطير.. كل شيء قابل للتحليل والهدم وإعادة الصياغة من جديد..

هل تحسبون يا جلالة الجلالات ويا فخامة الفخامات أننا قد أتينا هكذا على الأمر كله.. لا .. بل يبقى الأهم.. تعلمون أنهم يقولون أن الحياء شعبة من الإيمان.. لكن انتشار الحديث عن الشذوذ بين كل طبقات المجتمع بهذه الطريقة سوف يقضى على الحياء قضاء مبرما.. والقضاء على الحياء قضاء على الإيمان.. عدونا الأهم..

تأملوا إذن يا جلالة الجلالات ويا فخامة الفخامات عبقرية تخطيطنا..

لكنني سوف أترك لكم الوقت لتتأملوا في ذلك كله قبل أن ننتقل إلى البروتوكول الثامن..

البروتوكول الثامن

بروتوكولات حكماء العرب

-10-

فسد الملح .. فسد..

****

هل قلت لكم يا ناس أن المرسل المجهول للمخطوط قد بشرني..؟..!

هل قلت لكم أنه بشرني.. لا بالنصر بل بالشهادة.. إحدى الحسنيين..؟!

هل قلت لكم أنني أنتظر الاستشهاد كما ينتظر العريس حفل عرسه أو كما ينتظر الأسير يوم عتقه؟..!

هل قلت لكم أنه واعدني؟..!!

وأنني أذوب شوقا إلى لقائه..

لم يصرح لي أنه سيلقاني.. لكنه قال – بعد أن ألححت عليه بالسؤال تلو السؤال: -

-اذهب إلى الحج..

أفعمتني النشوة فكأني شربت من خمر الجنة.. سألته : هل أراك هناك.. قال: اذهب.. قلت هل ألقاك هناك.. قال: اذهب.. قلت هل أسمعك هناك.. قال : اذهب.. قلت هل تفسر لي هناك ما لم أستطع عليه صبرا؟.. قال: اذهب.. قلت هل تعلمني كيف نواجه مخطط الشيطان .. قال: اذهب.. قلت هل تبصرني كيف أنقذ أمتي مما ورد في البروتوكولات .. قال: اذهب.. قلت : هل تنير لي بصيرتي؟.. قال: اذهب.. قلت هل تمنحني قلما لا يكتب إلا الحق؟.. قال : اذهب.. قلت: هل تعطيني تعويذة تجعل لساني لا يقول إلا الصدق؟!.. قال: اذهب.. قلت: هل تدعو لي دعاءً يجعل لي أذنا لا تسمع إلا ما يمكث في الأرض أما الزبد فتتركه جفاءً؟!.. قال اذهب.. قلت : هل تعطيني سيفا لا يضرب إلا الظالم..؟!.. قال: اذهب.... قلت هل تعطيني قلبا لا يغضب إلا للحق.. قال : اذهب.. قلت : هل تنير ظلمات قلبي حتى يبصر .. قال اذهب؟!.. قلت هل تأخذ بيدي حتى يصبح بصري حديدا فقد تعبت

من مراوغة الشيطان والسلطان والكتبة ؟!.. قال : اذهب.. شكوت له شيخي.. فقال: اذهب.. قلت له أنا شريد سرقوا بيته فآوني.. قال اذهب.. قلت له : لم يسرقوا البيت فقط بل والوطن أيضا.. قال: اذهب.. قلت له: لم يسرقوا الوطن وحده بل الأمة كلها.. قال: اذهب.. قلت: أخذوا النساء سبايا والرجال عبيدا.. وكل طفل لنا يولد يعولمونه أو يذبحونه .. قال : اذهب.. قلت له: أنا يتيم باعه إخوته فَضُمّنى .. قال اذهب.. قلت له لا تودعني ولا تهجرني ولا تقلني ولا تدعني .. قال : اذهب.. قلت له : أنا ضال فاهدني.. قال اذهب.. قلت له : أنا عائل فأغنني.. قال : اذهب.. قلت له : أنا جاهل فعلمني.. قال: تعلم.. قلت: تكلم..!! .. قال: تألّم..!!!..

هل قلت ذلك لكم يا ناس؟..!

هل قلت لكم أيضا أنني قلت له:

-كنا نصلح بالملح.. لكن فسد الملح.. فسد الملح.. فمن يصلح الملح إذا فسد..

وأنه لم يزد على قوله:

-اذهب..

وكان يعنى : " اذهب إلى الحج.."

هل قلت لكم ذلك في رسائلي السابقة إليكم.. ؟؟ لا أتذكر..

لكنني حريص من يومها ألا أكتفي بنسخ البروتوكولات لكم.. بل أنقل لكم أيضا كل ما يحدث لي.. فقد أنال الشهادة في أي وقت.. والمرسل المجهول لم يعدني بشيء ولم يكشف لي شيئا.. لكنني واثق أنه حين أمرني أن أذهب لم يكن الأمر عبثا ولا سدى.. ولست أدرى أين وضع سره.. هل في كشف هذه البروتوكولات وأمري بأن أنسخها لكم يا ناس؟.. هل سيكتفي بكشفها كي تبحثوا أنتم عن ترياق لها؟.. أم أنه سيمنحني الترياق.. أم أن الترياق سيأتي في ومضة كشف مذهلة قد تومض في رأسي بغتة و أنا واقف في عرفات .. أو وأنا أطوف وأسعى.. أو أرمى الجمرات.. هل يأتي رأيا أم يأتي رؤيا ؟.. أم أرى آياته في الآفاق..

لا أعرف يا ناس..

منذ بدأت طريق الذهاب إلى الحج عقدت العزم على أن أرهف سمعي.. أرهف بصري.. أرهف جلدي .. وأرهف عقلي.. فقد يومض الحل كما يومض الشهاب.. قد يومض في لمعة عين أو خلجة ملمح أو همسة شفة أو هبة ريح أو خطرة فكرة أو برعم زهرة ..

لو غفلت لحظة هلكت..

***

كنا ما نزال في الطريق إلى الحج حين عرفت القوم.. في استراحة للحافلات كانوا يجلسون إلى جواري.. و كانوا يتحاورون:

-لقد ورد هذا في البروتوكول الرابع..

-بل في الثالث..

اقتربت منهم.. تسللت.. اختلست النظر فيما يقرءون.. قرأت:

.."أن يحال إلى المحاكمة على أن يوضع سيناريو المحاكمة كاملا للقضاة.. و هذه أيضا نقطة هامة جدا.. فلو أن القضاة تصرفوا كقضاة فسوف تسوء الأمور أكثر.. سوف تثبت مسئوليتكم المباشرة عما حدث.. أنتم لا تحتاجون لقاض حقيقي بل لمن يمثل دور القاضي.. خطورة القاضي الحقيقي عليكم كخطورة رجل الدين الحقيقي الذي لم يروض ولم يستأنس.." ..

استخفني الفرح حتى تخليت عن دواعي الحذر فهتفت بلا روية:

-من أي البلاد أنتم .. وكيف وصلت هذه البروتوكولات إليكم..؟..

تجمدوا من الرعب حتى غشى البعض منهم.. فقد ظنوني من العسس الذين تزج بهم الحكومات العميلة كي ترصد مشاريع الشهداء .. حاولت أن أقول لهم أنني منهم لا عليهم.. لم يصدقوني في البداية.. هل كان عليّ أن أقول لهم أنني أنا الذي أنقل هذه البروتوكولات إليهم؟.. هل كان عليّ أن أكشف سري وأفضح أمري؟.. فإن لم يكن لي ذلك فما أصعب أن أحملهم على الاقتناع بالنتيجة دون أن أحدثهم عن الوسيلة والسبب.. رحت أحاول وأحاول.. قلت لهم أنهم غير مخلصين.. لأن الرجل المجهول الذي ينقل إلينا المخطوط الذي أرسله المرسل المجهول قد أوصانا ألا نحتفظ بهذه البروتوكولات في أيدينا بل في قلوبنا.. قل رعبهم قليلا لكنهم لم يطمئنوا.. فرحت في مراحل الطريق إلى الحج مرحلة بعد مرحلة أتواعد معهم لنلتقي بعد كل مرحلة.. أكسب ودهم وطمأنينتهم.. ألقيت على مسامعهم البروتوكولات كلها فقد كنت أحفظها.. وعندما وجدت بقايا شك خاطرت.. قلت لهم سأتلو عليكم ما لم تحيطوا به خبرا.. ورحت أتلو عليهم ما لم يصل إليهم بعد.. البروتوكول الثامن..

***

البروتوكول الثامن

سوف أحدثكم يا جلالة الجلالات ويا فخامة الفخامات اليوم عن موضوع بالغ الأهمية –.. وأرجو أن تدركوا أن كل البروتوكولات بالغة الأهمية– لكن أهمية هذا الموضوع في أنه يعطى لكم مفاتيح في الرد على بعض الأسئلة المحرجة التي قد تتعرضون لها في مؤتمر صحفي أو حديث تليفزيوني أو أي مناسبة من تلك المناسبات التي يفرضها اصطناع الشكل الديموقراطي الذي يفرضه النظام العالمي الجديد عليكم..

إن الأمر ليس أمر ذكاء ولا علم ولا سرعة بديهة.. الأمر إعداد متقن.. وفى سبيلكم لهذا الإعداد عليكم أن تغيروا من تركيبة المجتمع في بلادكم.. لقد درج الأمر في المجتمعات الأخرى أن تكون نخبة المجتمع والشريحة العليا فيه ممثلة لأقل من 1% من المجتمع.. وتمثل الحثالة والغوغاء نسبة 20 أو حتى 25% من الشعب.. الباقي من هذا وذاك تمثله الطبقة المتوسطة.. وهذه التركيبة للمجتمع غير صالحة بالنسبة لكم..بل إنها أخطر ما يكون.. ذلك أن النخبة لن تصدقكم – –ولن تكف في نفس الوقت عن تأييدكم – مهما قلتم أو فعلتم.. أما الحثالة فلن تكذبكم – كما لن تعارضكم – مهما قلتم أو فعلتم.. المصائب كلها تأتى من الفئة المتوسطة .. الطبقة المتوسطة.. فهي وعاء دين المجتمع وقيمه وفلسفته وثقافته وذاكرته ووعيه وتاريخه.. منها العلماء والمفكرون والشيوخ والفلاسفة والكتاب والصحافيون والفنيون والمهنيون والجيش والنيابة والقضاء والمعلمون إلى نهاية هذه السلسلة التي تشكل العمود الفقري للمجتمع.. ولكي تأمنوا على عروشكم فإن عليكم القيام بتحطيم هذه الطبقة تحطيما..لأنها هي التي تستطيع أن تفكر وتؤيد وتعارض.. وهى التي تستطيع أن تزلزل عروشكم عندما تكتشف خياناتكم –.. – إنني هنا أستعمل مصطلحاتهم الإرهابية المريضة– .. لكن كيف تحطمونهم.. ليت الظروف كانت تسمح أن نسحقهم بالدبابات أو نبيدهم بالطائرات أو أن نلقى بهم جميعا

في غياهب السجون.. لكن الظروف لا تسمح أبدا بمثل هذا.. كما أن نشر السموم في الغذاء عن طريق المبيدات والمخصبات قد يستغرق أجيالا حتى يؤتى أكله.. لذلك أقدم لكم الحل البديل.. انتقوا من الطبقة المتوسطة 2 أو 3 أو حتى 5% وضموهم إلى النخبة.. أما الباقي منهم فاسحقوهم كي يكونوا من الحثالة والغوغاء.. إن توسيع طبقة النخبة سوف يثير في الطبقة المتوسطة حمى كحمى الذهب.. سوف يحاول معظمهم أن يفوز بالغنيمة.. وفى محاولتهم تلك لن ينكصوا عن جريمة.. تريدون قائدا يعتمد صفقة أسلحة فاسدة.. سيتنافس على الاعتماد مائة قائد.. تريدون قاضيا يحكم لكم بالباطل.. قاضيا تكتبون له الحكم قبل أن تبدأ المحاكمة ويكون كل جهده في إتقان التمثيلية لا أمام الغوغاء والرعاع بل أمام العالم الخارجي الذي ينظر ويرصد ويتحفز.. ستجدون ألف قاض.. تريدون محاميا للشعب أو مدعٍ عامٍ يتلقى التعليمات من أصغر خادم في الحاشية ويخشى أن يعارض أصغر شرطي .. ستجدون.. تريدون رجل دين يبيع دينه بأبخس ثمن .. ستجدون.. تريدون رئيسا لنادي العدالة يسحق العدالة بحذائه ويمزقها بزنده.. ستجدون.. تريدون مربيا يربى على الضلالة والفسوق .. ستجدون.. لن تجدوا فقط.. بل سيتنافسون تحت أقدامكم كي ينضموا للنخبة.. إنكم بهذه الطريقة تصطادون ألف عصفور بحجر واحد.. لأن توسيع قاعدة النخبة سينقل بأسهم ليكون بينهم.. وفى أتون التنافس والصراع سوف يحاول كل منهم أن يثبت ولاءه لجلالاتكم وفخاماتكم أكثر وأكثر كي يستمد منكم العون على خصومه.. وكلما اشتدت ضراوة التنافس بينهم كلما ارتفعت قيمتكم.. ليس على النحو المباشر المتمثل في الربح منهم.. بل على النحو الأهم.. ذلك أن توسعة قاعدة ومساحة النخبة تهبط بقيمة كل فرد فيها.. ليظل الملك أو الرئيس هو وحده الأعلى.. هو الإله..

على الجانب الآخر.. فسوف ينسحق أولئك الذين لم يفوزوا في الصراع.. أولئك الذين لم يستطيعوا الانضمام للنخبة.. إما عن رفض وإما عن عجز.. سوف يهبطون إلى الحثالة عن طريق برمجة دقيقة للاقتصاد والاستنزاف والسرقات والضرائب والرسوم وجداول الأجور ونفقات التعليم..سوف

ينسحقون وينحدرون رويدا رويدا إلى طبقة الحثالة والغوغاء التي تشغلها هموم حياتها اليومية عن أي تأثير في مجريات الأمور..

يا جلالة الجلالات ويا فخامة الفخامات..

عندما تصلون إلى إعادة تشكيل شعوبكم على هذا النحو لن يوجد من بين شعوبكم من يوجه إليكم أي سؤال محرج.. سوف يكون الكل مجروحا.. الفرد والمجتمع.. الأحزاب والهيئات والمؤسسات والنقابات.. لكنكم ستواجهون هذه الأسئلة المحرجة من الخارج.

سوف تواجهون مثلا بسؤال يقول:

-جلالة الملك.. أنت تحكم من أكثر من عشرين عاما.. بدأت والصادرات خمسة مليارات انخفضت الآن إلى ثلاثة .. وبدأت والواردات مليارا ارتفعت الآن إلى عشرين.. وفى فترة أقل من فترة حكمك حققت دولة كسنغافورة معجزتها الاقتصادية الكبرى.. نعم.. ارتفعت وارداتها من أقل من مليار إلى أكثر من عشرة مليارات.. ولكن صادراتها ارتفعت من ثلاثة مليارات إلى مائة وثمانين مليارا.. ألا يعد هذا دليلا على فشل جلالتكم مهما كانت مبررات آلتكم الإعلامية..

قد تواجهون أيضا سؤالا يقول:

-فخامة الرئيس.. إن فخامتكم لم تنجحوا طيلة حكمكم في أي من مشروعات التنمية.. نجحتم فقط في تنمية جهاز الأمن..

أو سؤالا يلقيه مسلم تحميه جنسيته الأجنبية:

- أنتم تتهمون الدين بأنه سبب تخلف شعوبكم.. بينما الواقع يقول : لم ينهزم دين البسطاء الصحيح وإنما دين السادة العلمانى الوضيع هو الذي انهزم .. دينك يا سمو الأمير..

يا جلالة الجلالات ويا فخامة الفخامات.. عندما تواجهون مثل هذه الأسئلة فليس أمامكم سوى طريقين..

الطريق الأول تسلكونه إذا كانت العلاقات الظاهرية بينكم وبين الغرب ليست على ما يرام.. (أرجوكم الانتباه لكلمة : الظاهرية).. وفى هذه الحالة ستمنون على شعوبكم ودولكم بأنه لولاكم لكان الانهيار التام..إن هزائمكم ليت هزائم بل نكسات.. وأن نجاحكم في أم المعارك أو أخواتها هو قدرتكم على المحافظة على البنيان وشكل الدولة متمثلة في رأسها.... ثم أن فداحة النكسات ترجع لضخامة الهجمة الإمبريالية وعنفها وشمولها وعنف المؤامرات والخدع التي لم يفطن إليها الشعب في الداخل ولا الأشقاء في الخارج.. أما أنتم فقد فعلتم كل ما عليكم.. بل ويزيد.. وبحديثكم يا جلالة الجلالات ويا فخامة الفخامات عن شراسة هجمة الأعداء فإن ذلك يستدعى على الفور أن أي تخل عن القيادة في هذه الفترة المصيرية من حياة الشعب هو خيانة للأمة وتحالف مع العدو. .. ثم أن تركيزنا على ضخامة الهجمة تتيح لنا أن نقول أن عبقريتنا هي التي لم تجعل الهزيمة كاملة.

الطريق الثاني تسلكونه عندما تتحسن العلاقات مع الغرب.. سوف تتحدثون عندها عن تحجر وتخلف الشعب.. عن جهله.. عن قلة إنتاجيته وزيادة استهلاكه.. عن غبائه وعدم قدرته على الفهم.. عن خيانة المعارضة.. وكل هذا مجرد تمهيد للبطش والقمع لشعب لم يربّ ويجب أن يساس بالحديد والنار... نعم .. عليكم أن تدفعوا شعوبكم للشعور بالإثم والعار لأنهم سبب كل هزيمة وتخلف.. وأنه لولاكم لساءت الأمور إلى غير حد.. عليكم أن تزرعوا في أذهان الناس أن العار يجللهم والخطيئة تحيط بهم وأنهم هم المسئولون عن كل ما حدث.. وأنكم تعالجون المصائب التي تسببوا فيها والكوارث إلى قادوا البلاد إليها بحكمة الفلاسفة وصبر أيوب.. نعم .. يجب – والحال ذاك – على الشعب الجاحد أن يقوم بالتكفير الدائم عن تخلفه لمحرريه ومنقذيه..وأن يكون هذا التكفير لكم يا جلالة الجلالات ويا فخامة الفخامات ويا سمو السماوات.. إنها فكرة الخطيئة الأبدية تلبس لباسا آخر.. انقلوها من مجال الدين إلى مجال السياسة .. وبيعوا صكوك الغفران .. وامنحوا صكوك الوطنية لمن تشاءون وادمغوا بالخيانة من تريدون..

إن هذه الطريقة في التفكير لن تساعدكم في الرد على الأسئلة المحرجة فقط.. فالأهم أنها سوف تخرس الشعب وتحاصره .. ليس ذلك فقط.. فإنها تؤثر على المثقفين المعارضين من بقايا الطبقة المتوسطة تأثيرا مزدوجا.. لأنهم والوضع ذاك.. وقد استسلم الشعب وراح يكفّر ويتوب .. دون أن يأمل أبدا في أن التائب من الذنب كمن لا ذنب له.. هذا الشعب المحكوم عليه بالذنب الدائم لن يعارض ولن ينتقد ولن يطمع في الكثير .. فإن أقصى ما يطمح أن يصل إليه هو التوقف عن ارتكاب ذنوب جديدة أما ما حدث فقد حدث ولا غفران له.. إن الملك أو الرئيس يقوم هنا بدور المخلص.. بدور من يحمل خطايا شعبه على كاهله ويقوم هو بدفع ثمن أخطاء غيره.. فطوبى لمن يفعل ذلك..

هذا الشعب الذي لا يكف ضميره عن تأنيبه سينظر بعدائية مضاعفة إلى المعارضين.. الذين مازالوا مصرين على الخطيئة التي كادت تورد الأمة موارد التهلكة لولا عبقرية الزعماء.

إنكم بهذه الطريقة في التفكير تغرقون شعوبكم في فشل مزدوج: الفشل الأول هو فشلكم في مواجهة أعداء الأمة.. لأنكم تتنصلون من هذا الفشل وتحملونه لشعوبكم.. أما الفشل الثاني الذي ستحيطون به شعوبكم.. فهو فشل هذه الشعوب في مواجهتكم.. فشلها في تغييركم أو توجيهكم أو السيطرة عليكم..

وبين هذين الفشلين ستصبح شعوبكم جثة هامدة.. أو سائمة.. تأكل وتشرب وتتناسل.. أما غير هذا فغير مسموح به.

****

استغرق الأمر أياما حتى تغلبت على توجس رفاق الحج وحذرهم مني.. راحوا يسألونني في البروتوكولات.. ورحت أعجب ويعجبون كيف انتشرت بهذه السرعة في بلاد المسلمين رغم جهود العسس..

همس لي رجل – بعد أن وثق بي:-

-أنا من بلاد الشرق .. حالكم أفضل من حالنا.. فحاكمنا ليس جاهلا فقط.. بل عميل..

قال الرجل الثاني:

-أنا من بلاد شرق الشرق ..حالكما أفضل من أحوالنا.. فملكنا خائن.. وجميع أسرته خونة..

قال الثالث:

-أنا من بلاد الغرب .. أحوالكم أفضل من أحوالنا.. فأميرنا وجميع عائلته وجميع حاشيته .. وجميع أصهاره.. وجميع أصحابه .. وجميع أنصاره خونة..

قال الرابع:

-أنا من بلاد غرب الغرب .. بل حالنا نحن الأشد.. فعاهلنا خائن لا شك في خيانته.. وحاشيته عميلة لا شك في عمالتها.. وعسسنا لم يعودوا مجرد حماة لصوص.. بل لصوص.. لصوص لا يكفون عن الإفساد في الأرض.. لم يعد لدينا قانون.. خدعونا أولاد الكلب.. قالوا لنا شريعتكم بالية وقديمة.. سنستورد لكم قانونا متحضرا يحافظ على حقوقكم.. ثم أتوا بقانون.. ليس قانون الله.. أتوا به لا لينصبوه بل لينتهكوه .. ونحن شهود..

انضم خامس ليقول:

-أنا من بلاد الوسط.. وحالنا أسوأ من أحوالكم جميعا .. فجميع ما ذكرتم عندنا .. لكننا نزيد أن أجهزة العدالة في بلادنا قد تحولت إلى شيطان لم يعد أخرس.. بل شيطان متحدث ذرب اللسان.. أما قضاتنا فهم شر البرية.. لم يعد لدينا قضاة.. أصبحوا موظفين يأتمرون بأمر السلطان كشيخنا.. تكتب لهم الأحكام وهم كالمشاهد الديوث لمغتصب امرأته لا يغار.. لا يغار .. لا يغار... بل يساعده.. كبّل يديها.. يكبّل.. أمسك ساقيها.. يمسك.. اكتم صرخاتها .. يكتم.. امنع شكواها.. يمنع..

قال السادس:

-أنا من بلاد وسط الوسط.. الأمر عندنا أسوأ من ذلك كله.. فالمناصب تباع وتشترى.. وليست المناصب فقط .. بل والمشروعات والقرارات والقضايا وكل شىء.. ثمن عقيد في السياحة يفوق ثمن لواء في الأمن العام.. وثمن رقيب في مباحث أمن الإمارة يفوق ثمن عقيد في السياحة.. وثمن منصب مدير في الجمرك أو عضو في مجلس الشيوخ أغلى من ثمن منصب الوزير الأول..

قال السابع:

-أنا من بلاد الشمال.. أغلى شىء في بلادنا هو القضايا.. قضايا المخدرات غالية .. لكن قضايا السياسة أغلى بكثير.. بقضية سياسية واحدة يمكن للقاضي أن يكون أميرا أو وزيرا أو حائزا على مئات الملايين.. ولولا كثرة القضايا لقتل القضاة بعضهم البعض في المحاكم وهم يتنافسون من يفوز بالقضية..

قال الثامن:

-أنا من بلاد الجنوب.. أرخص شىء في بلادنا الإنسان..

قال التاسع:

-بل الإنسان في بلادنا أرخص..

فعارضه الجميع:

-الإنسان رخيص في كل بلادنا..

فقال العاشر:

-أرخص من الإنسان في بلادنا دم المسلم.. أو على الأحرى فإنه بلا ثمن..

-قال الحادي عشر:

-أنا من بلاد الـ"بدون".. في بلادنا يشترون حَكَمَ المباراة قبل المباراة.. مليونا.. مليونين.. عشرة ملايين.. يختلف الأمر باختلاف أهمية المباراة.. وتبدأ المباراة والنتيجة مكتوبة قبل البدء.. تسكن الكرة الشباك لكن الحكم يحكم أنها غير صحيحة.. أو تصل إلى مدرجات الجمهور فيحكم الحكم أنها هدف صحيح.. يقضى الحكم بالباطل.. فيعترض المظلوم.. فيطرد من الحلبة.. لأنه لا تعقيب على قرار الحكم في الملعب.. بعد المباراة يلجأ الفريق المظلوم إلى رؤساء الحكم.. يعاقبونه بخصم شهر من راتبه.. ألفا أو حتى عشرة آلاف.. ماذا يهم إن كان قد حصل على عشرة ملايين..

قال الثاني عشر:

ـيا لك من رجل طيب لولا الحج لأسأت إليه.. نحن نتحدث عن الدين والحكم والملوك والقضاة وأنت تتحدث عن ملاعب الكرة..

فتلفت الحادي عشر حوله في رعب وهو يهمس:

ـظننتكم ستفهمون دون أن أبوح.. في بلادنا عقد الرعب ألسنتنا.. لم نعد نسمى الأشياء بأسمائها..

ثم ازداد رعبه وتلفته وهو يهمس:

ـأنا لا أقصد الكرة فافهموا الرمز.. هل تعرفون لماذا يفلت الحَكَمُ من العقاب.. لأنه يستخلص لنفسه خمسة ملايين فقط.. أما الملايين الأخرى فيعطيها لرؤسائه.. الفساد شامل وكلى.. ولست أعرف كيف نتصرف..

هتف الثالث عشر:

ـلا فسوق في الحج..

فقلت:

ـالفسوق ألا تحارب الفسوق..

ثم أردفت:

ـكان الحَكَمُ هو الأمل.. هو الملح الذي نصلح به ما فسد.. فكيف نفعل إذا فسد الملح.. نعم.. فسد الملح.. فسد الملح.. فسد الملح.. ولا حول ولا قوة إلا بالله العلى العظيم..

***

بروتوكولات حكماء العرب

-11-

في جوار الرسول صلى الله عليه وسلم

المدينة المنورة..

السلام عليك يا حبيبي..

السلام عليك..

السلام عليك يا رسول الله ورحمة الله وبركاته، صلى الله وسلم عليك وعلى آلك وأصحابك، وجزاك الله عن أمتك خيراً، اللهم آته الوسيلة والفضيلة وابعثه المقام المحمود الذي وعدته.

السلام عليك..

أشهد أنك رسول الله صلى الله عليك وسلم..

يا حبيبي .. يا سيدي.. يا مولاي..

السلام عليك يا سيدنا أبا بكر ورحمة الله وبركاته رضي الله عنك، وجزاك عن أمة محمد خيراً.

السلام عليك يا سيدنا عمر الفاروق ورحمة الله وبركاته رضي الله عنك، وجزاك عن أمة محمد خيراً.

السلام عليك يا حبيبي..

جئتك جريحا يا حبيبي.. بل مذبوحا..

ذبحني عشيرتي وإخوتي وأهلي..

لم يفت في عضدي هجوم عدوي لكن انقلاب أخي عليّ هد كياني..

هل يمكن أن يكون الإنسان عدو نفسه؟

هل يمكن أن تتواطأ الفريسة مع الصياد كي يذبحها..

صرخت فيهم يا حبيبي: نحن قطيع يساق نحو المجزرة وهو فرح بها نشوان.. فاتهموني.. وطاردوني..

يطاردني من كان يجب أن يحميني..

وهم يحاربون الرسالة التي أرسلك الله بها إلينا.. بل إلى البشرية جمعاء..

كنت أزور حبيبي صلى الله عليه وسلم.. وصلت عند الفجر لكنني لم أذهب إلى الحرم المدني إلا في صلاة المغرب..

ولم تكن وعثاء السفر هي التي منعتني من الذهاب فورا إلى حضرته..

ما منعني كان الرعب والهيبة..

كنت مرعوبا وخائفا..

كانت الهيبة كاملة.. لكن الخوف كان مني.. من ذنوبي.. من تقصيري.. من آثامي.. ذلك أنني فخور بأنه نبيي.. فهل يفخر هو بي.. هل يباهي بي الأمم يوم القيامة أم يعرض عني فيتساقط لحم وجهي خجلا منه.. وهل يرويني يوم العطش عند الحوض أم يتركني وقد تشقق حلقي..

فقدت السيطرة على نفسي فرحت أبكي وأنتحب..

استخفيت كي لا يراني أحد وكتمت صوتي كي لا يسمعني الناس..

أشتاق إليك.. أشتاق إليك.. يا حبيبي..

حتى قبل وصول المخطوط إليّ عن طريق المرسل المجهول كنت أشتاق إليك.. لكن شوقي بعده ازداد عندما أضيف إلى شوق الحب شوق الحاجة وشوق النجاة..

ليس شوق عام ولا شوق عامين ولا شوق عشرة أعوام ولا شوق مائة عام ولا حتى شوق ألف عام..

أكثر أكثرأكثر أكثر..

أشتاق إليك منذ قبل مولدي.. وأشتاق إليك بعد أن أموت.. ذات مرة خطر لي أنني قد أمكث في البرزخ مليار عام لا أراك فيها فبكيت حتى انصدع كبدي..

في زياراتي السابقة كنت أقول لنفسي لو بكيت نجوت.. كنت أعد البكاء دليلا على وجود بقايا خشوع وعلى أن القلب لم يصدأ كله بعد.. ولكنني الآن أقل أملا في النجاة

رغم أنني لا أكاد أستطيع السيطرة على نفسي وبكائي ونحيبي ونشيجي.. لا أكف عن البكاء.. والنجاة تبتعد.. وأنا أرتعد..

وقفت بعيدا عن المسجد..

يا للرعب يا للرعب يا للرعب.. ليت أمي لم تلدني.. أو ليتني كنت حجرا مجبورا على الطاعة لا يحمل أمانة ولا يختار.. حجر يحن إليك كجذع النخلة فيبكي..

زاد الأمر عليّ.. أحسست أنني سأتفتت وأتلاشى أو سأجن.. أو سأنطلق نحو الجبال والصحراء صارخا في البرية مجنونا لا يلوي على شيء.. كي أهرب فيها وأتوه وأضيع وأتلاشى..

صرخت في نفسي مثبتا لها:

- لماذا الخوف لماذا الفزع لماذا الجزع.. إنس كل شيء.. أليس يكفيك أن الله ربك وأنك عبده وأن محمدا صلى الله عليه وسلم نبيك ورسولك.. ماذا تريد أكثر من ذلك.. ماذا تريد من الوجود أكثر..ألا يكفيك هذا.. ألا يكفيك..

ورحت أصرخ دون صوت:

- الله ربك وأنت عبده ومحمد صلى الله عليه وسلم نبيك ورسولك....ماذا تريد أكثر.. تهون الدنيا بعد ذلك.. تهون الدنيا.. كل ما عدا هذا لا يهم..

قسرت نفسي واستجمعت شجاعتي وقهرت جبني فدخلت..

كان الزحام شديدا شديدا شديدا..

في ساحات المسجد الخارجية كان الزحام شديدا.. لكن بعد دخول المسجد ستدرك معنى الزحام حقا وأن ما خارج المسجد لم يكن زحاما..

في جزء ما.. لا أدركه فوجئت بمن يمسك يدي.. كاد قلبي يقفز خارج صدري.. هل هو المرسل المجهول.. نظرت في وجه الرجل.. بدا أنه يتوسل إليّ من أجل شيء ما.. لم أفهمه وبسبب الزحام لم أسمع ما يقول.. بدا عليه الرعب من ألا أجيب طلبه..ترى.. هل يطلب مالا.. هل يطلب صدقة.. هل يطلب مساعدة.. بدا لي أنه سيعاني خذلانا فظيعا لو لم أستجب له.. ربما سقط من هول الصدمة.. وهو يلح وأنا لا أسمع ولا أستطيع أن أحدس ما يريد.. أدرك أنني لا أسمع ولا أفهم فأشار.. كان بجانب الجدار ثمة مائدة على الأرض تمتد -كما عرفت في الأيام التالية- بمحيط المسجد وبممراته ..وجبة الإفطار للصائمين.. وكان يتوسل إليّ أن أكون ضيفه وبدا مرعوبا من رفضي كأن رفضي سيكون دليلا على

غضب الله عليه وأنه سيدخله النار.. كانت عيناه تنضحان بالتوسل بل تطفحان بتسول رضائي..

بكيت بكيت بكيت بكيت..

أباهي الدنيا والعالم والتاريخ بديني..

باه بنا الأمم يوم القيامة يا رسول الله..

باه بنا الأمم..

نحن خير أمة أخرجت للناس..

يا رب.. اشهد لأمة محمد أنه ما من مكان في الأرض عُبدت فيه كهذا المكان.. والمسجد الحرام.. إشهد ..

مليون مصل في الحرم يفطرون بهذه الطريقة..

بكيت يا حبيبي..

مليون من البشر يفطرون على مائدتك في يوم واحد وأنت كنت تجوع..

كنت فقيرا..

خيرك الله أن يجعل لك الجبال ذهبا فآثرت هداية أمتك..

وخيرك المشركون أن يجمعوا لك حتى تكون أغناهم فأبيت وآثرت هدايتهم..

كان يجوع..

نعم.. كان حبيبي وحبيبكم صلى الله عليه وسلم يجوع فيربط الحجر على بطنه.

وما شبع سيدي وحبيبي ومولاي صلى الله عليه وسلم من خبز القمح ثلاثة أيام متتالية حتى فارق الدنيا، ويمر عليه الشهر والشهران فلا يوقد في بيته نار .. وكان يحب أكل اللحم لكنه لم يكن يأكله إلا ثلاث أو أربع مرات.... كل... عام..!! ..

لو أنه شاء لكان..

لو أنه شاء لبزّ الأكاسرة والقياصرة..

لكنه أبى..

***

أذوب في الزحام..

يشتبك ثوبي بثوب أحدهم فيتمزق ثوبي.. لكنني لا أستطيع الآن العودة لاستبداله بثوب آخر..

لم يكن لحبيبي صلى الله عليه وسلم قط قميصان معاً ، ولا رداءان معاً ، ولا إزاران ولا نعلان وكان يلبس الصوف حيث الصوف أرخص نسيج آنذاك ، ويرتق ثوبه ، ويرقع قميصه ، ويخصف نعله ، ويركب الحمارة ويحلب شاته ولم يستمتع بدنياه وكان طعامه الشعير ومات ودرعه مرهونة عند يهودي ولا ميراث لأهله مما ترك عقار وهو قليل .

***

أمس.. أو اليوم.. فلم أعد أدري أمسي من غدي.. كان أحد رفاق الرحلة يشكو من خشونة الفراش.. قال لي أنه لم يستطع النوم.. ثم واصل:

- أنت أيضا لم تكن مستقرا في نومك.. كان نومك أشبه بالكوابيس وأنت تشكو من المطاردة وتتحدث عن شيء اسمه البروتوكولات..
- سألني: ما هذه البروتوكولات؟
- أجبته:
- أضغاث أحلام..

***

كان الفراش خشنا

اضطجع حبيبي وسيدي ومولاي رسول الله صلى الله عليه وسلم على حصير فأثر في جنبه فلما استيقظ عرضوا عليه أن يبسطوا له على الحصير شيئا فقال: ما لي وللدنيا.. وما أنا والدنيا إنما مثلي ومثل الدنيا كراكب ظل تحت شجرة ثم راح وتركها ..

***

أذوب في الزحام..

مئات وربما آلاف من الجند يحاولون تنظيم الناس..

في حياته لم يكن له حرس..

صرفهم

هل كان يمكن أن يحدث ذلك يا حبيبي ما لم يكن ذلك وحياً من الله الذي يعلم الغيب وبيده الموت والحياة .قال تعالى: (يَا أَيُّهَا الرَّسُولُ بَلِّغْ مَا أُنْزِلَ إِلَيْكَ مِنْ رَبِّكَ وَإِنْ لَمْ تَفْعَلْ فَمَا بَلَّغْتَ رِسَالَتَهُ وَاللَّهُ يَعْصِمُكَ مِنَ النَّاسِ إِنَّ اللَّهَ لا يَهْدِي الْقَوْمَ الْكَافِرِينَ).

آمنت مبشرة ونطقت الشهادتين عندما قرأت هذه الآية فالإنسان لا يتآمر على نفسه ولا يقامر بحياته.. ولو لا قدر الله قتل الرسول صلى الله عليه وسلم بعد هذه الآية لضاعت حياته وضاعت رسالته.

***

آمن آخر عندما رفض أن يكون كسوف الشمس حزنا لموت ابنه إبراهيم..

طواني الموج..مئات بل آلاف بل ملايين..ذبت وسط الملايين.. انعدمت القدرة على الحركة المستقلة.. أصبحت والناس جسدا هائلا يتحرك جملة.. كجسد واحد.. فقدت القدرة على الحركة المستقلة.. تماما كما يعجز قلبك أو كبدك أو مخك عن التجول بحرية داخل جسدك.. طواني الموج.. الكتلة الهائلة تتحرك كجسد واحد..لم أعد أسمع شيئا مستقلا ولا أرى شيئا.. كيف يمكن أن أقابل المرسل المجهول في وضع كهذا؟ كيف؟.. لو أنه كان لصيقا لما سمعته ولو سمعته ما استطعت الالتفات إليه.. لا شيء إلا الزحام.. يهولني الأمر.. إن كان هذا زحام الدنيا فكيف يكون يوم الحشر.. أريد أن أنفصل.. أريد أن أقترب من الروضة الشريفة.. وكل ذلك مستحيل.. لم أكن أعرف حتى في أي مكان من المسجد أنا.. رأيت ضوءا.. أدركت أننا نقترب من باب يؤدي إلى الخارج.. انخلع بالرعب قلبي.. هل يلفظني المسجد النبوي.. المدينة كالكير يخرج الخبيث .. حبيبي صلى الله عليه وسلم قال : لا تقوم الساعة حتى تنفي المدينة شرارها كما ينفي الكير خبث الحديد.. يا رب.. ليس لي سواك ولا أحتمل أن أطرد من مسجد رسولك.. يا رب.. يا رب.. وحق جلال وجهك الكريم أنت تعلم أن بي ضعفا لكنني غير منافق ولست خبثا .. يقول حبيبي صلى الله عليه وسلم : ثم ترجف المدينة بأهلها ثلاث رجفات فيخرج الله إليه كل كافر ومنافق .. سأموت لو خرجت.. جد لي مكانا يا رب.. جد لي مكانا.. بكل ما أستطيع من خضوع وتوسل وزلة كنت أدعو.. والزحام أمواج كالجبال.. وفجأة وجدت نفسي على حافة الموج.. وفي ثانية وربما أقل..كان أحدهم في الصف الثالث أمامي قد قام كي يضع المصحف الذي كان يتلو منه في مكانه فقفز من خلفه واحتل مكانه.. ربما ظنه سيغادر.. وكان المكان الذي خلا إلى جواري مباشرة.. لم أهرع إليه بل دعّني الزحام فيه.. لا أنا ولا من أمامي ولا رجل الصف الثالث كنا نستطيع تبديل ما حدث أو النكوص عنه .. وعلى الفور نويت الصلاة ورحت أبكي.. هل قلت رحت أبكي؟ .. لكنني قبلها كنت أيضا أبكي.. لكن البكاء عن البكاء يختلف..رحت

أصلي.. وأصلي.. وأصلي.. وأدعو.. وأدعو.. وأدعو..وأدعو.. أذن للمغرب فصلينا.. ثم العشاء.. ومضى وقت طويل فخف الزحام قليلا.. وتلفت حولي لأعلم أين أنا..

يا اللـــــــه..

يا اللـــــــه..

ما أرحمك ما أكرمك..

فوجئت أنني أمام المقصورة النبوية مباشرة.. بيني وبينها مترين أو ثلاثة.. وبجوارها مباشرة الروضة الشريفة..

أقف مشدوها عاجزا عن النطق زمنا لا أدريه..

خامرني إحساسان متناقضان.. أولاهما أن أهرب.. والثاني أن أخترق الوجود والزمن فأصل إلى الجنة أراه وألمسه وأشمه وأغسل بدمعي يديه وقدميه..

ثم كمن يفيق فجأة بعد إغماءة رحت أصرخ:

- السلام عليك يا حبيبي وسيدي ومولاي.. السلام عليك..

كنت قد أنسيت الصيغة التي حفظتها.. فرحت أكرر: يا حبيبي يا حبيبي يا حبيبي..... وبعد أن استدركت رحت أقول:

- السلام عليك يا رسول الله ورحمة الله وبركاته، صلى الله وسلم عليك وعلى آلك وأصحابك، وجزاك الله عن أمتك خيراً، اللهم آته الوسيلة والفضيلة وابعثه المقام المحمود الذي وعدته.

السلام عليك يا أبا بكر ورحمة الله وبركاته رضي الله عنك، وجزاك عن أمة محمد خيراً.

السلام عليك يا سيدنا عمر الفاروق ورحمة الله وبركاته رضي الله عنك، وجزاك عن أمة محمد خيراً.

السلام عليك يا رسول الله ورحمة الله وبركاته..

يرتج كياني..

أصرخ فيمن حولي.. فيمن لا أعرف..لكنهم أعز عليّ من أعز أهلي..يربطني بهم نسبتنا لرسول الله..

أصرخ:

- لقد رد عليّ السلام.. لقد رد عليّ السلام.. لقد رد عليّ السلام..

وراح من حولي يتبادلون النظرات كما لو كانوا يشكون في عقلي.. فرحت أصرخ مرة أخرى أنني أقسم لهم أنه رد السلام عليَّ وسألني أحدهم في دهشة:

- هل سمعته بأذنيك..

فأجبته:

- بل سمعته بقلبي.. فجأة ارتج قلبي وامتلأ نورا وسرت الكهرباء فيه فعرفت أنه رد عليَّ.

وكان ثمة جندي واقف في الممر المجاور للحجرة النبوية مباشرة والمخصص للجند.. لمحته ينظر إليَّ بحب وإشفاق.. صرخت فيه:

- أنت سمعت؟!

فلم يرد وإن اختفت نظرته الحانية بسرعة.. فصرخت فيه:

- هل أرسلك المرسل المجهول لي؟..

مع صرختي تجمع الجنود حوله.. بدا لي أنه رئيسهم.. وربما بدا لهم أنني سأعتدي عليه.. بل أريد أن أقبل قدميه.. حاولت الوصول إليه..

ولكن موجة من البشر دفعتني أمامها كقشة يدفعها طوفان..

بعد ذلك عدت مرارا محاولا لقاءه مرة أخرى.. ولم أجده أبدا..

حاولت أن أسأل عنه زملاءه.. فأبكروا وجوده أصلا.. وقلت لنفسي ربما يخشون عليه مني..

***

كنت أحب لقاء حبيبي قبل الفجر..

في تلك اللحظات يكون الزحام أقل وأستطيع أن أحادثه وأشكو له .. وأبكي..

في تلك اللحظات يكون رواد المغرب والعشاء قد ذهبوا ليناموا قليلا تأهبا للفجر.. لم أكن أنام.. كنت أذهب لأبكي..

ذات فجر رحت أبكي..

كنت مرعوبا وحزينا وخجلا وخائفا..

رحت أناجيه بلا صوت.. كانت العبرات حروفي..

سيدي ومولاي وحبيبي أنا خجل من نفسي، فنحن لم نطعك.. لم نأتمر بأمرك.. ولهذا ذللنا وانهزمنا.. ونحن من جنس أولئك الذين قالوا: اذهب أنت وربك فقاتلا إنا ههنا قاعدون.

أنا خجل من كل شيء..

لكن أقسى الخجل كان من الله.. ومنك يا رسول الله صلى الله عليك وسلم

أخجل حتى من أن أدعوه ليغفر لي خطيئتي وتقصيري.

أخجل .. و أنا أفكر كم مرة سأعاني ما هو أشد من الموت و أقسى عندما يسألني الله يوم القيامة: ماذا فعلت.. ولماذا لم تستشهد مع الشهداء.. لماذا لم تجاهد أعداء الله..

خجلت.. حتى طغى الخزي و الخجل على الرعب والفزع والخوف والجزع..

خجلت وقلت لنفسي:

- حتى لو غفر لي الله يوم القيامة فلن ينقطع خجلي بل لعله يزيد.. ولعلي قبلها وحينها وبعدها أصرخ واسوأتاه ..وا سوأتاه و إن غفرت..

خجلت.. أغرقني الخزي وشلني الخجل .. تمزق قلبي، وانجرح، وكان الجرح طويلا وكان الطول طويلا: كطول المسافة بين مؤتة وبغداد، وكان الجرح عميقا وكان العمق عميقا ، عمق المسافة ما بين المسجد الأقصى وما بين الكعبة، وكان الجرح عريضا وكان العرض عريضا عرض الهوة التي صنعها – عليهم اللعنة – ملوك ورؤساء يتبعون بروتوكولات ما أدري من وضعها لهم..

سيدي.. حبيبي .. مولاي من أجل مواجهة هذه البروتوكولات جئت.. لأن ما تطرحه البروتوكولات الآن واحد من ثلاثة:

إما أن يبيدونا كعاد وثمود وكالهنود الحمر..

و إما أن يروضونا كما روضوا العبيد بعد أن يخرجونا من الملة..

و إما أن نجاهدهم..

والمخطوط الذي لم يكتمل قد يرسم لنا الطريق.. وهو لن يخرج عن القرآن وسنتك.. لكن القرآن وسنتك معنا منذ انتقلت إلى الرفيق الأعلى.. ونحن على أبصارنا غشاوة..المرسل المجهول ربما يعطينا مفتاح البداية وما يزيل الغشاوة.. ربما يعطينا دعاء أو سرا يقصر الطريق علينا به.

***

ليس أمامنا سبيل آخر..

فإذا أردنا الدنيا فإن علينا أن نهزم هذه البروتوكولات..

و إذا أردنا الآخرة فإن علينا أن نهزمها..

و إذا أردنا الدنيا و الآخرة فإن علينا أن نهزمها..

***

سيدي وحبيبي ومولاي:

وا إسلاماه..

أصرخ بها دون صوت ودونما أمل في الاستجابة والغوث من المخلوق فتتمزق نياط قلبي.. وأتوجه للخالق..

وا إسلاماه..

سيدي وحبيبي ومولاي:

إنني أشكو لرب السماوات والأرض الذي لم أعرف أسماءه وصفاته إلا منك.. أشكو وأصرخ وأستغيث: أينما توجهت رأيت مسلمين يذبحون وإسلاما يعتدي عليه وبلادا تتفكك وأمة تتآكل..

كي يرضى العالم القاسي المجرم المتوحش عنا لا بد أن نترك ملتنا ونتبع ملته وأن نوالي عدونا ونبرأ من أخينا وأن يكون عدونا الاستراتيجي هو حليفنا الاستراتيجي..

فوا إسلاماه..

أقولها دونما صوت.. أو أن صوتي يصم البرية .. لكن البرية بآذانها صمم..

أقولها بين الواقع والخيال.. وبين الحلم والكابوس

وا إسلاماه..

أقولها مذهولا وأنا أتأمل أتباعك -يا سيدي وحبيبي ومولاي صلى الله عليك وسلم كالمصعوق- متسائلا: هل ماتت قلوبكم؟.. إلى هذا الحد هان عليكم دينكم؟ هل ينستم من الخلد في الجنة؟ أم أنكم لم تؤمنوا بها أبدا؟!..

في بلادي كنت أحمل نسخا من مخطوط المرسل المجهول وأسير في الشوارع كالمجنون وأنا أتمنى أن أحمل درة أهوي بها على الناس صارخا أفيقوا.. أنهم يذبحون الإسلام بعد أن ذبحوا المسلمين..

أصرخ في كل من ركع لله ركعة أو صام يوما أو نطق بالشهادتين:

قم واجه معي بروتوكولات حكام العرب..

أقولها معذبا ممزقا نازفا لكنني لا أفقد الأمل في النصر الموعود أبدا..

قم واجه معي بروتوكولات حكام العرب..

تصرخ بها كل نبضة من نبضات قلبي.. كل شهقة وكل زفرة.. مع كل صحيفة أو مجلة.. كل مشهد.. كل خبر أطالعه..أو تعليق أسمعه.. أو واقع في الشارع أراه..

قم واجه معي بروتوكولات حكام العرب..

أقولها وأنا أرى الدين يستباح.. والحرمات تنتهك.. والأمة تمزق.. وولاة الأمر يخونون.. والنخبة المجرمة المنحطة تنافق..

أقولها وأنا أنظر في عيون الأبناء والأحفاد فأرى فيها حيرة من غسلوا مخه فأضلوه السبيل..

أقولها وأنا أنظر في عيون من حولي فأكاد أسمع صراخهم في يوم سيكون عليهم عَسِيراً ..

وَيَوْمَ يعض أصحاب البروتوكولات عَلَى أيديهم يَقُولُ الواحد منهم يَا لَيْتَنِي اتَّخَذْتُ مَعَ الرَّسُولِ سَبِيلاً ..

يَا وَيْلَتِي لَيْتَنِي لَمْ أَتَّخِذْ الشيطان خَلِيلاً ..

يَا وَيْلَتِي لَيْتَنِي لَمْ أَتَّخِذُ الرئيس خَلِيلاً ..

يَا وَيْلَتِي لَيْتَنِي لَمْ أَتَّخِذُ الملك خَلِيلاً ..

يَا وَيْلَتِي لَيْتَنِي لَمْ أَتَّخِذُ الأمير خَلِيلاً ..

لَقَدْ أَضَلَّنِي عَنْ الذِّكْرِ بَعْدَ إِذْ جَاءَنِي ..

يا ليتني لم أتخذ فلانا خليلا.. يا ليتني اتخذت مع الرسول سبيلا..

***

يدوخني الألم فأقولها..

يذهلني الألم فأقولها..

يدميني الألم فأقولها..

وها أنذا أعيدها أمامك يا سيدي وحبيبي ومولاي..

ويدوخني ويذهلني ويدميني يا حبيبي   أنني أقولها فلا يستجيبون ولا يتحركون..

أسمع صمت صوتهم وصوت صمتهم إذ يسمعون أوامرك بالجهاد والأمر بالمعروف والنهي عن المنكر :

اذهب أنت وربك فقاتلا.. إنا خائفون..

اذهب أنت وربك فقاتلا.. إنا جبناء منافقون..

اذهب أنت وربك فقاتلا.. إنا لصوص سارقون..

اذهب أنت وربك فقاتلا.. إنا سفلة منحطون..

اذهب أنت وربك فقاتلا.. إنا في الأسواق والمعيشة مشغولون..

أقولها فتختلط الأمور فلا أكاد أعلم هل ما أراه ورأيته وما أحسسته وأحسه كان حلما أم كابوسا أم خيالا   أم حلم يقظة أم واقعا مريرا موازيا

أراه في المنام كما أراه في اليقظة:

أراني في صحراء واسعة شاسعة مترامية هائلة وثمة خطر هائل محدق لكنني لا أصرخ ولا أستغيث لأنني أعلم أن لا يوجد أحد يستطيع إنقاذي إلا هو.. هو الباقي.. وأنه يسمع صمتي كما يسمع صوتي فلذلك أفقد الرغبة في الصراخ رغم الكارثة المحدقة..

هل يئست ممن حولي..

لكنني لن أكف أبدا عن الصراخ فيهم:

قوموا واجهوا معي بروتوكولات حكام العرب..

أقولها دونما صدى..

أقولها وليس ثمة أمل إلا أن يكشف الله البلاء عنا..

ولكنني-حتى – لا أعلم إن كان الإذن الإلهي برفع الضر قد حان أوانه

***

قوموا واجهوا معي بروتوكولات حكام العرب..

أقولها وقد استنسر البغاث علينا..

أقولها وقد باض الحمام على الوتد وبال الحمار على الأسد..

***

كنت ما أزال أبكي..

وكنت أسأل نفسي في دهشة:

من أين أتت كل هذه الدموع..أم هي مخزونة منذ ألف وأربعمائة عام!

كان لابد- تحت وطأة الزحام- أن أبتعد خارجا من المسجد مرغما مع الموج كي أعود من باب آخر لأعود إلى المسجد..

المسجد الذي تشد الرحال إليه

كنت لم أعد أنا.. كنت أطوف في الزمان والمكان.. جاهدت للوصول للروضة الشريفة.. مَا بَيْنَ بَيْتِى وَمِنْبَرِى رَوْضَةٌ مِنْ رِيَاضِ الْجَنَّةِ..تختلف التفاسير.. هل هو بيت السيدة عائشة وحدها –رضي الله عنها- فتكون أضيق بكثير من المساحة المعروفة الآن أم بيوت نسائه جميعا فتكون هي المساحة المعروفة.. واختلفوا في فضلها.. تقول بعض التفاسير أن هذا المكان يشبه روضات الجنات في حصول السعادة والطمأنينة لمن يجلس فيه .وتقول أخرى أن العبادة في هذا المكان سبب لدخول الجنةوتقول تفسيرات أخرى-ويالعظمة هذا الدين- أن ليس لها فضل على بقية المسجد.. الحرية وتعدد الآراء والجهر بها أمر عظيم جدا لكنني لم أستسغ هذا الرأي.. الروضة؟ إنها سويداء قلبي. . أحشر جسدي بين الناس..أتسلل وسط الزحام.. تمنيت أن ينحف جسدي حتى يصبح في سمك الشعرة فأستطيع المرور وسط الزحام كي أصل لروضة حبيبي.. تمنيت أن أكون روحا فقط حتى أجول كما أشاء.. وتمنيت أن أكون عصفورا أو حمامة أطير و أحط أني شئت دون أن يمنعني مانع.. اقتربت.. اقتربت.. اقتربت.. اقتربت..تذكرت كابوسي القديم عندما تجمد الشمع حولي فجمدني.. الآن أعوم وسط بحر ذراته بشر.. بحر انضغط حتى أصبح في كثافة الحديد.. لو كنت في سمك حد الموسى ربما استطعت المرور..أقول ربما.. كنت حيث لا أتحرك إنما يحركني الموج.. موجة وراء موجة.. بعد دهور استطعت رؤية البساط الأخضر الذي يغطي الروضة الشريفة.. حذرني البعض من أن الروضة الحقيقية لا تتطابق مع البساط.. وكنت قد أعددت الخرائط في قلبي واثقا أن ما لن تدركه عيني سيراه قلبي.. اقتربت.. اقتربت.أخيرا..أخيرا.. دسست قدمي بين الناس وكان إصبعا قدمي الصغيرين على البساط الأخضر.. يا الله.. يا للسعادة والسكون والطمأنينة.. نظر إليّ من كانت قدمي بجواره بل تلامسه بعنف .. خفت أن ينهرني.. كانت عيناي خلف طوفان الدموع تتوسل إليه: لم يعد بقلبي متسع لجرح فسامحني.. تحملني.. ألا يكفي أنك نلت مجد الجلوس فيها فصدق عليّ ببعضها.. كنت أتوسل.. وكان أقصى ما أتمناه أن يسمح لإصبعي قدمي أن يبقيا إلى جواره.. فجأة رأيته ينهض ويدفعني إلى مكانه..بكيت بكيت بكيت بكيت..أشرقت الأرض بنور ربها.. لا تيأس إذن يا مسكين.. إن كانت هذه

رحمة العبد بالعبد فكيف تكون رحمة الرب.. طفقت أصلي وأدعو..كنت أصلي واقفا وأركع واقفا وأسجد على كتف من أمامي..

و..

و..

و..

وفي الأيام التالية وبنصائح إخواني كنت قد استطعت معرفة الأوقات التي تكون فيها الروضة أقل ازدحاما.. فاستطعت أن أنال مجد تعفير وجهي بالسجود وأنفي في البساط الأخضر.. هل يمكن للإنسان أن يتذكر الزمن التي كان فيه جنينا في بطن أمه؟.. ولو أن الجنين خير فهل كان يختار أن يغادر رحابة رحم أمه إلى ضيق الدنيا؟؟ هكذا كنت.

رحت أدعو.. لو أمكن تلخيص الزمن في دقيقة والعمر في لحظة لاستطعت أن أسرد ما دعوت به.. قلت كل شيء كل شيء عن الماضي والحاضر والمستقبل وعن الألم والأمل والرجاء.. قلت كل شيء.. لكن شفتي لم تتحركا.. كان قلبي هو الذي يدعو.. وكان آخر دعائه أن يقبضني الله وأنا ساجد في الروضة.. كنت كجندي خارت قواه يطلب من سيده ويرجوه أن يسحبه من المعركة لعجزه عن المواصلة.

***

في يوم آخر.. كنت في الروضة الشريفة.. وازداد الزحام وحانت الصلاة فوجدت نفسي خارج الصفوف.. وبدءوا يدفعونني للخروج من الروضة.. لو كنت أستطيع تحويل كل خلية من خلاياي إلى نظرة توسل لفعلت.. لكنني لا أستطيع.. شملني دوار وشمل ساقي خدر فكدت أتعثر.. كان يمكنني التحامل على نفسي.. وكان يمكنني أن أخفي ما حدث عن الناس.. لكنني تركتهم يرونه كاملا.. بل ربما بالغت فيه قليلا.. ربما تصنعت أن ركبتي عاجزة عن حملي وأنها تؤلمني.. استغرق الأمر ثانية أو أقل فلم ألم بالتفاصيل.. لكن الحركة آتت أكلها فأشفقوا عليّ.. أشاروا إلى فتى صغير فخرج ووقفت مكانه..

هل كذبت؟

كم ألف عام يمكن أن أهوي بها في النار من أجل ذلك..

لن أنسى أبدا ملامح وجه الفتى.. كان كمن يطرد من الجنة.. كمن ظن أنه حصل على جائزة بالمليارات ثم اكتشف في اللحظة الأخيرة أنها لم تكن له.

***

في الليل..رأيت المرسل المجهول.. لست واثقا إن كنت قد رأيته في الحقيقة أو المنام.. لكنه كان ينظر معاتبا نحوي ويشير إلى ركبتي ويحرك وجهه يمنة ويسرة بما يعني الرفض أو التحذير أو العتاب أو الغضب.. حاولت أن أكلمه فانحبس صوتي.. ومضى.. حاولت أن أجري خلفه.. لكنني فوجئت بنفسي عاجزا عن الحركة.. وكان ثمة ألم كالنار في ركبتي..

بكيت بكيت بكيت بكيت بكيت...

ونمت..

فرحت.. وجدت نفسي قد تحولت إلى عصفور.. طرت بأقصى سرعة.. قلت لنفسي الآن سأستمتع بالروضة كيف أشاء.. طرت فوق رؤوس الناس.. ها هي.. ها هي.. وها أنذا على وشك الوصول.. لكن جدارا غير مرئي منعني.. اصطدمت به صدمة كادت تهلكني.. فانكسر جناحي واشتعل فيه الألم كالنار.. هل أدركت يا مسكين.. كانت المشكلة في الدعاء لا في الإجابة .. لكنك لم تتخيل –يا مسكين- أن الاستجابة لدعاء العقول لا يعني القبول ثم أن القبول لا يعني المثول..

بكيت بكيت بكيت بكيت...

في المنام بكيت.. وعندما استيقظت بكيت ونمت فرأيت أنني أركب سفينة تغرق.. تعلقت فيها بيديّ.. كنا وسط الماء.. مئات وآلاف يتصارعون على النجاة.. وكان البحر غريبا.. كان الماء يتجمد حول بعضنا يغلي حول بعضنا الآخر.. أفلتت يدي السفينة الغارقة.. انقلبت في الماء فتعلقت بحرف السفينة بإصبعي قدمي الصغيرين..

وبكيت بكيت بكيت بكيت...

في المنام بكيت.. وعندما استيقظت بكيت ونمت فرأيت أننا يوم القيامة.. كنت أسير على الصراط في أمان لكن ثقبا انفتح فيه فجأة بطريقة لم أدرك كنهها أبدا.. انقلبت على وجهي وسقطت رأسي نحو الأسفل تحتها جبال من النار لا آخر لها.. في آخر لحظة تعلقت في حرف الصراط بإصبع قدمي الصغيرين.

***

الغريب.. أنني في الأيام التالية.. كنت أذهب إلى الروضة الشريفة محمولا أو مسنودا.. لأن النار التي اشتعلت في ركبتي لم تنطفئ. والحركة التي بالغت فيها أصبحت أفعل أضعافها مجبورا..

***

مع الرحيل انخلع قلبي..

لم أجرؤ على وداع حبيبي..

لعل الزمن فتق يرتق فأجدني معك في الجنة..

لم أجرؤ على وداعه..

فالوداع يا أحب بلاد الله إليه..

الوداع..

فلكل بداية نهاية ولكل أول آخر..إلا الأول والآخر..

حتى أنت.. يا أحب بلاد حبيبي تخربين وتهجرين حتى تدخل وحوش الفلاة إلى الحرم..

لا يعزيني إلا أنك آخر مدن الإسلام خرابا قبل الساعة

لا يعزيني إلا أنني أموت إن شاء الله قبلك..

لا يعزيني إلا أن خراب المدينة يكون بعد موت من كان في قلبه مثقال ذرة من الإيمان

لبيك اللهم لبيك.."1"

في الكعبة

لبيك اللهم لبيك..لا شريك لك..

***

كنا قد أحرمنا من الميقات..

كانت ركبتي ما تزال تؤلمني.. وكان الإخوة يساعدونني..

وفي أحد الاستراحات في الطريق كنا نتناول طعامنا.. هش لنا صاحب المطعم.. كان مضيافا..اهتم بنا كثيرا.. والغريب أنه اهتم بي على وجه الخصوص.. أما أنا فقد كنت مترقبا.. ففي أي لحظة يمكن أن يرسل لي المرسل المجهول أو أحد أعوانه أمرا أو خبرا.. رحت أتفرس في صاحب المطعم.. أستنطقه.. أتوسل إليه.. وبعد أن دفعنا ثمن الطعام فوجئنا بالرجل يرسل لنا تحياته مصحوبة بأطباق من حلوى مختلفة.. ويناول كل واحد منا طبقا.. والغريب أننا اكتشفنا بعد ذلك أنه أعطى لكل واحد منا نوع الحلوى التي يحبها ويشتهيها.. وأسررتها في نفسي.. وقلت أن هذا التصرف يدل على أنه على علاقة بالمرسل المجهول وأن لهذا الرجل شأن.. قد أكتشفه وقد لا أكتشفه.

بعد الطعام غفوت.. وجاءني المرسل المجهول.. كانت عيناه تدمعان ووجهه يضحك.. نظر نحوي في إشفاق ثم ربت عليّ ومسح على ركبتي ومضى فقمت أجرى خلفه ولم أفق إلا بعد أن أدركني إخواني وأجلسوني فقد كنت أجري نائما.. وسألوني في دهشة:

- هل ذهب ألم ركبتك؟

والغريب أنه ذهب كأن لم يكن.

***

وواصلنا المسير..

حتى وصلنا..

لبيك اللهم لبيك..لا شريك لك..

لبيك لا شريك لك لبيك.. إن الحمد .. والنعمة لك والملك.. لا شريك لك..

و أنا أسير على الأرض يحملني الموج البشري نحو الكعبة المشرفة خشيت ألا أشعر بالجلال..

خفت أن أكون ممن قَسَتْ قُلُوبُهُمْ وَزَيَّنَ لَهُمْ الشَّيْطَانُ مَا كَانُوا يَعْمَلُونَ؟..

خشيت أن أكون ممن طَالَ عَلَيْهِمْ الأَمَدُ فَقَسَتْ قُلُوبُهُمْ وَكَثِيرٌ مِنْهُمْ فَاسِقُونَ؟..

كيف امتلكت كل هذه الجرأة لآتي و أنا أحمل على كاهلي هذا التقصير كله..

كيف أتيت بل كيف لم أهرب وأنا في المدينة المنورة..

في المدينة توجد الرحمة كلها وهنا يوجد الجلال كله..

لكن الرحمة هناك مغموسة بالجلال والجلال هنا مغموس بالرحمة..

لبيك اللهم لبيك..

***

ههنا تسكب العبرات..

ههنا..

ههنا..

الويل لك إن جفت دموعك..

الويل لك..

***

هل كانت دموع الشوق؟..

هل كانت التحنان؟..

هل كانت الخوف؟..

هل كانت الرعب؟..

هل كانت خجلا لأننا لم نلذ ببيت الله الحرام كما كان ينبغي لنا أن نلوذ ولم ندافع عنه كما كان ينبغي له؟ ..

هل كنت طفلا غاب وتاه وابتعد فلما آب جاشت مشاعره وفاضت عواطفه فارتد الطرف وعجز الحرف فلم يبق إلا الدموع..

طفلا تداعت عليه الدنيا كما تتداعى الأكلة على قصعتها وطاردته الوحوش، فما أن آب حتى بكى..

هل كنت عبدا اقترب ذراعا ففوجئ بسيده ومولاه يقترب باعا فراح يشكو لمولاه هوانه على الناس..

***

هل كانت..

هل كنت..

هل كان..

أم كانت قبسا من الرحمة تهاطل بالمشيئة كي يطفئ بعض النار المشبوبة فيّ ؟!..

بيت الله الحرام..

أعز مكان في الدنيا و أقدسه..

قلب القلب وروح الروح ورمز الهداية والنور..

***

كم تكون قسوة من يدعوك إلى نسيان أبيك و أمك..

كم يكون إجرام من يدعوك إلى نسيان أبنائك و أهلك..

كم يكون فجور من يدعوك إلى أن تهجر ماضيك كله ومستقبلك كله و أن تعيش أسير اللحظة مجرد حيوان ينتشي باللذة ويزدهي بالقوة..

لماذا يغيظهم إيماننا بالله..

نحن ندعو إلى مكارم الأخلاق فإلام يدعون هم..؟؟..

إلى الحيوانية والوحشية وعبادة الشيطان..؟!..

***

لماذا يدعوننا إلى الكفر..

لماذا..

لماذا..

***

لماذا تحالفت حكوماتنا و نخبتنا الخائنة معهم..

لماذا استعملت كل آليات الكذب الفاجر للمستشرقين والمستغربين لتشكيك الناس في دينهم..

لماذا سلطوا كلابهم لينهشونا.. فمن زنديق يتحدث عن التأسلم إلى خنزير يتحدث عن النص إلى حية رقطاء تنفث السم في العقيدة..

لماذا انتشر مفهوم البروتوكولات بينهم ليهدموا به الدين..

فاسقة منهم، ادعت أن الحج والطواف والسعي كلها عادات وثنية..

اعتمدت الفاسقة على جهود سلطة لا تقل فجرا تعمدت نشر الجهل بالدين، وصرخت الجاهلة أنها اكتشفت أن الطواف والسعي كانا من الشعائر التي تمارس في الجاهلية وقبل نزول الإسلام.. نسيت الجاهلة أو تعمدت أن تنسي أن الإسلام نفسه هو ملة إبراهيم عليه السلام.. و أن ما تدعي أنها قد فوجئت به هو من المعلوم بالضرورة.

***

لابد أن أكتب ملحقا للبروتوكولات أذكر الناس فيه بما نسوه ومنه أن الحج يتعلق بمشروع إلهي عظيم، فهو يذكرنا بالمشروع الذي بدأ بإبراهيم عليه السلام واكتمل بمحمد صلى الله عليه وسلم. ومناسك الحج المختلفة هي مراحل هذا المشروع الإلهي التي يعيدها الحاج بصورة رمزية. فالحاج يفارق موطنه متجهًا إلى الحجاز كما كان إبراهيم عليه السلام قد خرج من العراق متجهًا إلى الحجاز. ويتخلى الحاج عن ملابسه العادية ويلفّ حول جسده رداءين، مماثلين للباس البسيط الذي كان إبراهيم وإسماعيل يرتديانه. وعندما يصل الحاج مكة ويطوف حول الكعبة فهو يقلد الطواف الذي قام به إبراهيم وإسماعيل توثيقًا للعهد الإلهي. وعندما يسعى الحاج سبع مرات بين الصفا والمروة فهو يقلّد سعي هاجر بحثًا عن الماء في الصحراء. وعندما يذهب الحاج إلى منى وينحر قربانه فهو يعيد بصورة رمزية ما فعله إبراهيم حين استعد لنحر ابنه ثم نحر كبشًا بأمر ربه. وعندما يتوجه الحاج إلى الجمرات فيرمي الشيطان بالجمار فهو يكرر عمل إسماعيل عليه السلام الذي رمي الشيطان بالجمرات عندما حاول أن يغويه. ثم يجتمع كل الحجاج بميدان عرفات.. وهذا هو الشكل النهائي للكلمات "لبيك اللهم لبيك" التي يردّدها كل حاج. وهنا يجتمع كل الحجاج في ميدان واحد مفتوح فيعاهدون ربهم عهدًا جماعيًا بأنهم سيظلون ينفذّون في حياتهم القادمة ما تعلموه خلال الحج وأنهم سيعيشون مقلّدين حياة أولئك الأبرار الذين يؤدي الحج تذكارًا لهم. وقد وصف القرآن مناسك الحج بالشعائر أي العلامات.. وهي كلها الوقائع التي وقعت لإبراهيم وأسرته خلال تنفيذ الخطة الإلهية

التي سبق ذكرها. ويقلد الحاج هذه الوقائع بصورة رمزية ويعاهد ربه بأنه – هو الآخر – سيصبح جزءًا من هذا التاريخ بعد أن يعيد إليه حيويته.. فنحن نريده تاريخا حيا وهم يريدونه ميتا.

***

كنت قد قرأت كل هذا وراجعته عشرات المرات مستعينا بالخرائط والقواميس فالمرسل المجهول ضنين بكلماته مقتضب في إشاراته حيث يمكن أن يكون الأمر كلمة ويمكن أن تكون الكلمة حرفا.

قرأت وعاهدت ربي بأنني سوف أحطم حياتي القائمة لأتقدم نحو الحق لا ألوي على شيء، وأنني سأدور حول معنى الألوهية وأوامرها فحيث أمرت أكون.. و لو اقتضت الضرورة لأجل حماية الدين من بروتوكولات حكماء العرب فإنني مستعد لكي أذهب إلى منتهى ما يمكن أن يذهب إليه أحد من البشر وهو أن "يذبح" ابنه ابتغاء مرضاة الله.

***

نعم.. لقد استدار الزمان اليوم مرة أخرى ليعود إلى سيرته التي كان عليها أيام إبراهيم عليه السلام عندما كان الشرك والوثنية يسيطران على فكر البشر ، والحقيقة أن قضية العصر الحاضر هي عين قضية العصر القديم. إما إيمان و إما كفر.

قلت لنفسي: يجب أن يستعد البعض مرة أخرى للذبح، ويجب مرة أخرى أن يُسكِن البعض أولاده في "الصحراء" لإحياء تاريخ الدين من جديد ولمقاومة بروتوكولات حكماء العرب. وكان القضاء على عصر الشرك يتطلب التضحية بنسل بشرى، واليوم نحتاج إلى تضحية مماثلة للقضاء على عصر الإلحاد. وهذا هو أكبر درس للحج، و"الحج المبرور" هو حج من يعود من الأراضي المقدسة بهذا العزم..

وأنا أشهدك يا رب أنني عزمت على هذا[7].

وكما كان الشرك يتمتع بالغلبة العالمية في عهد إبراهيم عليه السلام، فالإلحاد يتمتع بالغلبة العالمية اليوم. وواجب العائدين من الحج اليوم أن ينضموا جميعا إلىّ في مواجهة بروتوكولات حكماء العرب. ويجب عليهم أن يضحّوا في هذا السبيل بكل ما تقتضيه الأحوال منهم، فيجب عليهم أن يحوّلوا التضحية الرمزية إلى تضحية حقيقية.

هل كان المرسل المجهول يعني هذا عندما أمرني بالحج ؟ أن الحج عزم على إعادة هذا التاريخ بصورة رمزية في أيام الحج، وبصورة عمل مخطط في الحياة الحقيقية بعد انقضاء أيام الحج.

***

لبيك اللهم لبيك..

لبيك لا شريك لك لبيك..

إن الحمد والنعمة لك والملك..

لا شريك لك..

***

أتوقع اللقاء مع مرسل المخطوط في كل لحظة وفي كل خطوة لأنه لم يحدد زمانا ولا مكانا بل إنه لم يعد باللقاء وعدا صريحا..

توقعته في الطريق.. وتوقعته في المدينة.. وها أنذا أتوقعه هنا.. وإن كان يغلب على ظني أنه سيكون في عرفات.. لقد قال لي اذهب إلى الحج.. والحج عرفة..

***

أطوف مع الطائفين..

سبحانك..

سنة الوجود كله هي الطواف..

أتأمل ذلك النظام الكوني المعجز الذي تعتمد الحركة فيه على الدوران حول مركز معين إن الأرض التي نعيش عليها تدور في فلك خاص بها حول الشمس مرة كل عام. والقمر يدور في فلك خاص به حول الأرض مرة كل شهر عربي، كما أن الكواكب الأخرى تدور في أفلاك خاصة بها حول الشمس، ومعظم هذه الكواكب لها أقمار تدور حولها.فنحن إذن نعيش في كون لانهائي تعتمد الحركة فيه على الدوران الذي هو أشبه بالطواف، وكأننا بهذا نلفت الأنظار إلى ناموس كوني وسنة عامة تتجلى في الخلق كله. وإذا انتقلنا إلى عالم الذرة، فإنها تتكون من أجزاء أصغر تطوف حول المركز..

سبحانك..

لبيك اللهم لبيك..

لا يتخلف عالم الأحياء عن هذه السنة الكونية التي تدل على وحدة الكون ووحدانية الخالق، فقد كشف العلم الحديث من خلال تقنية المجاهر (الميكروسكوبات) أن "السيتوبلازم" في الخلية الحية يدور أو يطوف حول نواتها.[8]

وهكذا يتعدد الطائفون، سواء في حالة الإلكترونات حول نواة الذرة أو الكواكب حول الشمس أو الأقمار حول الكواكب مراكز المجرات، أو المجرات حول مركز كوني لا نعرفه، فالكل يسبح ويطوف مصداقًا لقوله تعالى: "كل في فلك يسبحون".

***

ليس من بقايا الوثنية إذن يا حصب جهنم يا جنود البروتوكولات والشيطان .. إنما هو يرمز إلى سر عظيم من أسرار الكون فكأن الكعبة المشرفة مركز للجاذبية الروحية التي ينبغي أن تكون بين العبد المؤمن وبيت الله العتيق، هذا البيت الذي يستقبله المسلمون ويتجهون إليه في صلاتهم خمس مرات على الأقل كل يوم وهم بعيدون عنه. وهذه الجاذبية الروحية هي القوة الخفية التي تجعل كل قادم يطوف حول الكعبة بمجرد الوصول إليها، تمامًا مثلما يطوف أي جِرم سماوي بمجرد وقوعه في أسر جاذبية جِرم آخر أكبر منه.

ولطالما بكيت خشوعا وانبهارا وحنانا عندما عرفت أن حركة الطواف واللف والدوران حول الكعبة هي انسجام مع حركة الكون؛ ذلك لأن الحركة المنضبطة هي الحركة جهة اليمين - عكس الحركة اليسارية لعقارب الساعة - وهذا هو عين ما يفعله الطائف بالبيت.. وهو ما تفعله الكواكب والنجوم والمجرات.

***

لبيك اللهم لبيك.

أطوف مع الطائفين..

أبحث بينهم عن المرسل المجهول..

أقارن طوافي بطواف الإليكترون حول البروتون و بطواف الشمس حول الأرض وبطواف الشمس حول المجرة بطواف المجرة حول الكون..

أهتف : لا إله إلا أنت سبحانك..

أقارن طوافي بطواف السيتوبلازم حول النواة في الخلية فلا أملك إلا أن أهتف: لا إله إلا أنت سبحانك..

لا إله إلا الله .. واحد أحد.. وحدة المنهج والنظام.. سبحانه.. تركيب الذرة ونظامها هو نفسه تركيب المجموعة الشمسية ونظامها.. والطواف هو ذات الطواف.. لكنني أشارك فيه.. فلا إله إلا أنت سبحانك..

وأصرخ: كيف جرؤا على الكفر..

كيف جعلوا بينهم وبين الله حمقهم.

***

لبيك اللهم لبيك..

أطوف مع الطائفين..

أتذكر مراحل الجنين في الرحم حيث يلخص في دورته دورة الكائن الحي كله..

الحج أيضا يلخص في مناسكه الوجود البشري كله..

وما أشبه الطائفين في هذين الإزارين البسيطين بيوم النشور.

***

لبيك اللهم لبيك..

ما من واحد من هؤلاء الطائفين إلا وهو مستعد أن يبذل ما يملكه كله حتى يصل إلى الحجر الأسود ليقبله..

ولكن ينادى للصلاة، فيتوقف الطواف فجأة، ويصطف الناس حول الكعبة، وترى الحجر الأسود وقد نسيه الجميع فكأنه لا يوجد.

أنت يا من كرمك الله تستطيع التوقف عن الطواف لأنك حملت الأمانة..

أنت يا من كرمك الله تستطيع أن تجعل من هذا التوقف مزيدا من الإيمان..

ليس الطواف إذن، وليس تقبيل الحجر الأسود سوى تنفيذ لأمر ..

فإن صدر أمر آخر له الأولوية نفذ على الفور..

تماما كما تصرف الصلاة الطائفين عن الطواف والمقبلين عن التقبيل.

لا إله إلا الله..

لا إله إلا الله الواحد القهار، رب السموات والأرض وما بينهما العزيز الجبار.

قمة التوحيد.

وكنت أطوف مع الطائفين..

وقلت لنفسي أن هذه القدرة المذهلة على التحكم في النفس والشعور هي عين ما يرعب أعداءنا.

نعم.. عشرات الآلاف.. بل مئات الآلاف يطوفون فما أن تقام الصلاة حتى يتوقف الطواف على الفور..

أي قدرة مذهلة على التحكم في الحركة وفي الشعور..

وعشرات بل مئات الآلاف يتنافسون تنافسا لا يمكن وصفه ولا تصوره على الوصول إلى الحجر الأسود.. فما أن تقام الصلاة حتى يتوقف كل ذلك على الفور..

أي قدرة هائلة مذهلة..

أي انتماء هائل مذهل.. ليس إلى الكعبة بل إلى رب الكعبة.. وليس إلى الحجر الأسود بل إلى خالق الحجر الأسود..

أي قوة هائلة سأملكها لو تمكنت من إقناع هؤلاء أن يقفوا معي للانتصار على بروتوكولات حكماء العرب.

***

لبيك اللهم لبيك..

لبيك لا شريك لك لبيك..

إن الحمد والنعمة لك والملك..

لا شريك لك..

أي قدرة مذهلة عند العالم والجاهل على حد سواء، عند الصبي والشيخ، الرجل والمرأة، قدرة مذهلة على استقبال الأمر وفهمه وتنفيذه على الفور.

أي جيش مذهل يمكننا أن نملكه لو قام على نفس هذا الأساس: الإيمان والتوحيد.. أي جيش مذهل يملك مثل تلك القدرة الهائلة على التحكم في كل هذه الجموع على مستوى الحركة ومستوى المشاعر في نفس الوقت..

وكيف أمكن أن يهزمنا أحد..

***

لبيك اللهم لبيك..

كانت أول دعوة دعوت الله بها أن ينصر الإسلام والمسلمين..

***

أطوف مع الطائفين..

أبحث عنه..أنتظره..

تخيلت لوهلة أن أجد أن من يطوف إلى جواري هو هو..

يا رب..

يا رب..

يا رب..

***

أسالك بكل اسم هو لك سميت به نفسك أو أنزلته في كتابك، أو علمته أحدا من خلقك، أو استأثرت به في علم الغيب عندك، أن تنصر الإسلام والمسلمين..

يا رب.. اللهم لا سهل إلا ما جعلته سهلا وأنت تجعل الحزن إذا شئت سهلا.. فاجعل أمر الكافرين علينا من حكام أعدائنا وحكامنا سهلا..

يا رب.. أعوذ بك أن نضل، أو نُضل، أو نزل، أو نُزل أو نظلم أو نُظلم، أو نجهل، أو يجهل علينا..

يا رب..

جاءنا ابتلاء الأولين وليس لدينا إيمانهم..

وما أشبه حال المسلمين اليوم بالحال التي وصفها الله عز وجل في محكم كتابه إذ قال: {إِذْ جاؤُوكُمْ مِنْ فَوْقِكُمْ وَمِنْ أَسْفَلَ مِنْكُمْ وَإِذْ زاغَتِ الأَبْصارُ وَبَلَغَتِ الْقُلُوبُ الْحَناجِرَ وَتَظُنُّونَ بِاللَّهِ الظُّنُونا ، هُنالِكَ ابْتُلِيَ الْمُؤْمِنُونَ وَزُلْزِلُوا زِلْزالاً شَدِيداً} [الأحزاب: 33/10-11].

تلك هي حال المسلمين اليوم تماماً كما وصفها الله سبحانه وتعالى بالأمس، مع فارق كبير، هذا الفارق يشكل الكارثة الكبرى؛ ألا وهي أن المؤمنين الذين أصابهم ذلك البلاء الذي وصفه الله عز وجل كانوا صادقين مع الله، أما المسلمون اليوم فأكثرهم خونة لإسلامهم، معرضون عن مولاهم وخالقهم سبحانه وتعالى، يوالون أعداءهم وأعداء مولاهم وخالقهم عز وجل. تلك هي المصيبة التي ينفرد بها المسلمون الآن. هذه المحنة التي تدور رحاها على إخوة لنا هم بِضْعَة من جسد هذه الأمة الإسلامية الواحدة، هذا البلاء الماحق الذي كاد أن يَجْتَثَّهُم، هذا الذي ترونه مما لا يستطيع القلب أن يتصوره وأن يتمثله. ما هو موقف قادة الأمة العربية، ولا أتحدث عن الأمة الإسلامية كلها، ما موقفهم من هذا الذي يجري صباح مساء؟ لاشيء، لا يزال كل منهم منصرفاً إلى شأنه، إلى لهوه،

لا يزال كل منهم منصرفاً إلى النهج الأمثل الذي ينبغي أن يحافظ به على عرشه أو على كرسيه يدرس ويستذكر ويطبق البروتوكولات التي تمكنه منا.

يا رب..

يا أرحم الراحمين ارحمنا وإلى غيرك لا تكلنا وعن بابك لا تطردنا ومن نعمائك لا تحرمنا ومن شرور أنفسنا ومن شرور خلقك سلِّمْنا.

اللهم يا من لا يرد سائله ولا يُخيِّب للعبد رجاءه إنا قد بسطنا إليك أكف الضراعة متوسلين إليك بأسمائك الحسنى ما علمنا منها وما لم نعلم.

اللهم ردنا إليك رداً جميلاً . اللهم ردنا إليك وأنت راضٍ عنا .

اللهم اقذف رجاءك في قلوبنا واقطع رجاءنا عمن سواك حتى لا نرجو أحداً غيرك فأنت مولانا وَ وَلِيِّنا في الدنيا والآخرة يا ذا الجلال والإكرام.

اللهم يا عظيم نسألك باسمك العظيم أن تَكْفِنَا كل أمر عظيم.

يا مُفَرِّجاً فَرِّجْ يا مُفَرِّجاً فَرِّجْ يا مُفَرِّجاً فَرِّجْ..

اللهم إنا نسألك ونتوسل إليك بذل عبوديتنا لك وبعظيم افتقارنا إليك، نسألك ونتوسل إليك بدموع الثكالى، بدموع الأطفال الذين يُتِّموا، بدموع الأُسَر التي شُرِّدت، نتوسل إليك يا مولانا برحمتك التي وسعت كل شيء، يا أرحم من سُئِل، ويا أكرم من أعطى، نتوسل إليك يا رب بعبادك الشُّعْث الغُبْر الذين لو أقسم عليك أحد منهم لأبررت قَسَمَه، نتوسل إليك يا رب بوعدك الذي قطعته على نفسك {وَلَيَنْصُرَنَّ اللَّهُ مَنْ يَنْصُرُهُ} نتوسل إليك بذلك كله بين يدي دعائنا وبين يدي أكفنا المُقْبِلة إليك نسألك اللهم أن تنتصر لإخواننا عبادك المستضعفين المؤمنين المظلومين.

يا رب : ارفع مقتك وغضبك عنا ولا تؤاخذنا إن نسينا أو أخطأنا ، ولا تعاملنا بما فعل السفهاء منا، ولا بما يفعل حكامنا..

يا كاشف كل ضر وبلية . يا عالم كل سر وخفية.

اللهم انقطع الرجاء إلا منك وأُغلقت الأبواب إلا بابك فلا تكلنا إلى أحدٍ سواك في أمور ديننا ودنيانا طرفة عين ولا أقل من ذلك وأعذنا من الشر كله واجمع لنا الخير كله يا أكرم من سئل وأجود من أعطى.

يا حي يا قيوم، برحمتك نستغيث..

اللهم إنا ببابك نقف فلا تطردنا وإياك نسأل فلا تخيبنا .

اللهم إنك تعلم أننا لا نملك من الجهاد الذي أمرتنا به في هذه الساعة إلا هذا الالتجاء، إلا هذا الرجاء، إلا أن نطرق بابك العالي يا رب العالمين، فنسألك بإيماننا بك، وبتوحيدنا لك، نسألك بأنك ولينا الأوحد الذي لا ولي من دونك، أن تستجيب الساعة دعاءنا فتنصر عبادك المؤمنين المستَضْعَفين في فلسطين و أفغانستان والعراق والشيشان وكشمير وسائر بلاد المسلمين، وأن تردَّ عنهم كيد الكائدين بما شئت وكيف شئت يا رب العالمين.

اللهم انتقم من أعدائك وأعدائنا، اللهم انتقم منهم، اللهم انتقم من أعدائك وأعدائنا انتقاماً يشفي غليل صدور قوم مؤمنين يا رب العالمين يا أكرم الأكرمين.

اللهم انتقم من حكامنا الذين أذلونا هذه المذلة و أوصلونا إلى هذا الحال..

انتقم ممن يعلم البروتوكولات ومن يتعلمها ومن عرف بها فسكت عنها..

إلهي أنت القائل: {وَكَذَلِكَ أَخْذُ رَبِّكَ إِذا أَخَذَ الْقُرَى وَهِيَ ظَالِمَةٌ إِنَّ أَخْذَهُ أَلِيمٌ شَدِيدٌ} [هود: 102/11] أَرِنَا اللهم كيف يكون أخذك الأليم الشديد لهؤلاء المستكبرين عليك الطغاة على عبادك.

يا رب إن عبادك المؤمنين الذين يُسْحَقون ويُمْحَقون وإن كانوا قِلَّةً ولكنهم مؤمنون ولكنهم صادقون، اللهم إنهم قد رَخَّصُوا أرواحهم واستهانوا بحياتهم في سبيل مرضاتك، فنسألك اللهم بصدق إيمانهم بك وبصدق التجائهم إليك أن تستجيب الساعة دعاءنا. اِرفع اللهم هذا الكرب عن إخوتنا وجيراننا يا رب العالمين.

اللهم إنا نسألك ونتوسل إليك بحبك لرسولك محمد صلى الله عليه وسلّم الذي دعاك ليلة بدر قائلاً: ((اللهم إن تخذل هذه العصابة فلن تُعْبَد في الأرض)) ندعوك بما دعاك به رسولنا محمد صلى الله عليه وسلّم، ونستمطر التلبية التي لبيت بها رسولك محمداً صلى الله عليه وسلّم، ننتظر النصر الذي أكرمت به رسولك محمداً صلى الله عليه وسلّم. نسألك اللهم بانتسابنا إليه، نسألك اللهم بأننا من أمته، نسألك اللهم بأننا صادقون على العهد سائرون على الدرب أن لا تخيّب آمالنا يا رب العالمين.

***

اللهم إنك قلت وقولك الحق ادعوني أستجب لكم ، اللهم هذا الدعاء ومنك الإجابة وهذا الجهد وعليك التِّكلان ولا حول ولا قوة إلا بالله العلي العظيم.

***

جلست في صحن الكعبة أتلو ما تيسر من القرآن الكريم..

في زمني الأول –قبل وصول المخطوط إليّ- كنت أقرأ القرآن بعقلي معظم الأحيان، وبقلبي أحيانا، لكنني في تلك السويعات التي لا أنسى حلاوتها أبدا رحت أقرأ القرآن بوجودي كله، والكعبة المشرفة أمامي، وكل شيء قد اختلف حتى شكل الحروف وصوتي، و أنا لا أكف عن القراءة مذهولا وثملا بنشوة لم أحسها قبل ذلك قط، وكنت إذ أقرأ مرعوبا من دخول وقت الصلاة لأنها ستقطعني عن قراءة القرآن وكأنني بالانقطاع عن التلاوة ولو بالصلاة سأنقطع عن الهواء الذي أتنفسه فإذا بدأت الصلاة أصبحت مرعوبا لأنها سرعان ما ستنتهي وكأنما بنهايتها سيتوقف تدفق الدماء في عروقي، أحسست ساعتها بقبس من الرحمة يشملني، قبس؟ بل طوفان، يغسلني، ويطهرني من درن الدنيا ونجاستها لأعود إلى براءة الخلق الأول وطهارته، وراح جزء من نفسي يخاطب جزءها الآخر في لوعة: يا أحمق يا مسكين، قضيت عمرك في الصحراء، شوتك الشمس، وجمدك صقيع الليل، وأدمت قدميك صخور كالحراب، و روعتك وحوش الفلاة، وغرقت فيما لم يكن لك به ضرورة لأن الطريق مقطوع مقطوع، بك أو بدونك، ذلك أن أمر الله نافذ و إن جلت على الأفهام حكمته، لكنك اخترت الطريق الوعر وغفلت أحمق يا مسكين عن طريق آخر كان بجوارك دائما، طريق يحفه الأمن والجلال والروعة والنشوة، طريق مرصوف بالجوهر مصفوف بالياقوت محوط بالملائكة، طريق القرآن، وتلك السويعات الفريدة التي أحاول منذ ذقت حلاوتها أن أستعيدها دون جدوى.

في تلك السويعات كنت أكاد أصرخ:

- هل أريد من الدنيا شيئا آخر؟، هل توجد في الدنيا سعادة أكثر من هذه؟

ثم ما ألبث حتى أستدرك:

- بل هل أطمع في الآخرة في نشوة أكثر من تلك.؟ يكفيني هذا، يكفيني ويزيد، تهبط على قلبي السكينة ويغرقني الحب، فالبشر جميعا ليسوا إخوة فقط، بل إن تلك الشمس بكل ما فيها من نار هي أختي في الخلق، وهذا القمر بكل ما فيه من ضياء هو أخي، خلقنا نفس الخالق البارئ المصور جلت قدرته وحكمته فهو البديع. وجميعهم يسبح مثلي ويسجد.

تذكرت أنه عندما تقدم العمر بسيدنا خالد بن الوليد أخذ المصحف وبكى .

وقال: أشغلنا عنك الجهاد .

بكيت بكيت بكيت بكيت..

يا سيدنا خالد، أشغلك عنه الجهاد فتبكي.

فماذا لو كنت مثلنا و أشغلتك عنه الدنيا.

بل تشغل الدنيا أهل الكعبة عنها.. فيستحلونها..

نعم.. يستحلونها ..فلا يستحلُّ البيت الحرام إلا أهلُه، فإذا استحلوه يصيبهم الهلاك ثم يخرج رجل من أرض الحبشة يقال له ذو السويقتين فيستحل البيت الحرام ويخرب الكعبة وينقضها حجراً حجراً ويسلب حليتها ويجرِّدها من كسوتها وذلك في آخر الزمان ولا يُعمر البيتُ بعد هدمه أبداً.

وأبكي.. لا أتصور مكة بغير الكعبة.. ولا أتصور الدنيا بغير مكة..

....

كنت ساعتها جالسا أمام الكعبة لا يشغلني عن القرآن شيء، وجاءتني الإشارة والبشارة، كنت أجلس على حافة ممر، وجاء الجندي ليخلي الممر وجذب الكثيرين جدا ممن أمامي ومن خلفي كي يخلي الممر للمصلين، لكنه تركني، قلت لنفسي لعلى لم أتجاوز المسموح ولعله لم يرني، لكنه بعد حين تصنع أنه يسلم علي ليهمس في أذني:

- لقد تركتك متعمدا.

وتهاطلت دموعي تسبح:

- لا إله إلا أنت سبحانك إني كنت من الظالمين، لك الحمد.

شككت للحظة أنه من أنتظر: المرسل المجهول..

لكن سرعات ما شغلني القرآن عنه..

وساعتها كنت أحس كما لو أن خواصا جديدة أضيفت إلى سمعي وبصري وقلبي وعقلي فأصبحت أسمع ما لم أكن أسمع و أرى ما لم أكن أر و أحس بما كان لا يمكنني الإحساس به فأفهم ما لم أكن أفهم، بل حتى صوتي قد تغير وأصبح لنبراته في ترتيل القرآن رنين لم أسمعه قبل ذلك أبدا. كان الصوت طوفانا ملموسا ومحسوسا من النور ولم تكن الحنجرة مصدره بل من القلب كان يأتي، ولم أكن-ساعتها- أسمع بأذني وحدها.كان القلب أيضا هو الذي يسمع وكانت نياطه هي التي تهتز، من أجل ذلك كنت أسمع هدير صوت النجم الثاقب، هل تخيل أحدكم يوما، وهو الذي تعود أن يزعج مسامعه صوت طائرة تحلق، هل تصور كيف يكون صوت هدير دوران الأرض حول الشمس، بل صوت دوران الشمس نفسها، هل تخيل أحدكم أن يرى أبعد من فرسخ أو فرسخين، فكيف

بمن يرى سرعة الضوء التي يتسع بها الكون ويتمدد، هل أطعنا القرآن هل تدبرنا هل أحسسنا هل عقلنا؟؟؟؟.

كنت جالسا أقرأ القرآن، أخشى أن يفرط القلم فيفرّط، فلم أكن أقرأ بقدر ما كنت أذوب، وكنت أتعبد بالنظر إلى الكعبة، وكان إخوتي من الناس يطوفون حولها تسبيحا وعبادة، فاض الحب فطغى، أصبح الإخوان إخوة و أصبح الإخوة أشقاء، وفي نفس الوقت، كانت النجوم أمة يطفن في السماء تسبيحا لله وعبادة، كن يسابقنني، وكان القمر أمة يدور طوافا وعبادة.

وكان اتجاه الدوران كله هو اتجاه الطواف حول الكعبة..

****

وكنت أبحر في بحر القرآن ذلك الإبحار الممتع الذي يجعلني لا أريد أن أعود إلى الشاطئ أبدا، تمنيت أن أظل كذلك حتى أموت، وطاف بخاطري أنه لو تحققت أمنيتي فإنني لن أحس بالموت، سوف يكون مجرد انتقال ما أبسطه وما أهونه، مجرد جلباب رثَّ واتسخ فآن أوان استبداله، أما من داخل الجلباب القارئ للقرآن فسيظل يقرأه لا يشعر حتى باستبدال ثوبه.

هل كانت تلك السويعات هي اكتشاف سر اسم الله الأعظم الذي يذهب بعض العلماء إلى كونه حالة وجدانية يكون أي اسم من أسماء الله فيها هو اسمه الأعظم.؟.

ربما..

لكنني أعترف، أنني أبدو أمام نفسي كمن أضاع أثمن شيء في حياته التي لا يبقيه عليها إلا الأمل في العثور ذات يوم على ما فقد.

أبدو أمام نفسي كشخص دخل الجنة ثم أخرج منها.

هل يوجد ثمن في الدنيا ينكص هذا الشخص عن دفعه حتى يعود إليها؟!.

تضاءلت الدنيا. . وحتى اهتمامي بالمرسل المجهول قد تضاءل..!!

لبيك اللهم لبيك.."2"

في عرفات

كنت على مشارف عرفات ألبى..

وكان قلبي مشغولا بالمرسل المجهول للمخطوط..

هل ألقاه حقا؟.. كيف ألقاه؟.. أين ألقاه؟؟..

هذه هي المحطة الأخيرة..

لا.. لا .. ليست الأخيرة.. بقيت المزدلفة وبقيت منى..

لبيك اللهم لبيك..

كان الرهط الذي تعرفت عليه قد وثق بى.. اشتدت الثقة حتى اضطررت لأن أقسم لهم أنني لست المرسل المجهول للمخطوط.. وأنني لست سوى حافظ ناقل ناشر..ما يميزني عن سواي أنني أحتفظ بالنسخة الأصلية للمخطوط.. بينما ما يتداول بين الناس نسخ مصورة أو منقولة كي يزيد فيها من يزيد وينقص من ينقص.. بل ويحرف من يحرف.. فلقد لاحظت والنار تحرق قلبي أن بعض الناس ممن زعموا أنهم سيتبعونها زادوا عليها ما ليس منها خدمة لمصالحهم.

وأنا أحدثهم انفجر سؤال في قلبي كالنزيف وكالنار..

كيف لم أفطن..

لقد اشتد تركيزي طيلة الوقت على حكامنا وولاة أمورنا.. مدركا أن السمكة حين تفسد فيها الرأس تفسد.. لكن.. لماذا لم أمد بصري كي أرى أكثر.. لماذا لم أر إلا جلالة الجلالات وفخامة الفخامات وسمو السموات.. لماذا وقر بخاطري أن الأمر قد اقتصر على ذلك الحكيم الشيطاني الذي يعلمهم حكمة الرؤساء والملوك.. لماذا لم أتصور أن لذلك الحكيم الشيطان أتباعا وتلاميذ ومساعدين.. وأن هؤلاء الأتباع والتلاميذ والمساعدون أقل قدرا من أن يحاضروا بين الملوك.. لكنهم يذهبون إلى الآخرين.. لماذا لم أضع بين

احتمالاتي أن واحدا منهم يذهب إلى علمائنا كي يمسخ من يستطيع أن يمسخه منهم خنازير وقردة.. لماذا لم أضع في حسباني أن واحدا منهم يذهب ليعلم الصحفيين كيف يكذبون وكيف ينافقون.. وأن آخر يذهب إلى القضاة يدربهم كيف يكونوا من قضاة النار.. كيف يتعلمون القانون لا ليطبقوه بل ليهدروه.. لماذا لم أتصور أن واحدا منهم يذهب إلى جهاز العسس.. فيعلمهم كيف يكونون أشد ضراوة من الوحوش وأكثر شراسة من كلاب الصيد.. لماذا لم أتخيل أن آخر يذهب إلى الوزراء.. وآخر لوكلائهم.. وآخر للشعراء وآخر للكتاب وآخر.. وآخر .. وآخر.. كيف عميت بصيرتي وانطمس عقلي.. بل كيف جاز لي أن أتصور أن الرجلالشيطاني الذي يعلم الملوك كيف يكونون ملوكا والرؤساء كيف يكونون رؤساء والأمراء كيف يكونون أمراء .. كيف جاز لي أن أتصور أنه فرد لا هيئة أخطبوطية تحيط بنا كما تحيط خيوط العنكبوت بذبابة.. كيف انطلى على عقلي الكليل أن يحسب ولو للحظة أنه واحد وليس مؤسسة هائلة.. وأنني إذا انتويت الجهاد والتصدي لن أواجه فردا.. بل جيشا عرمرما..

لبيك اللهم لبيك..

اقترب مني الرجل الحادي عشر.. رجل بلد الـ"بدون".. همس لي:..

-هناك سر يثقل على قلبي أريد أن أفضى إليك به.. ففي بلدنا كما تعلم جاوز عمر حاكمنا تسعين عاما.. ولقد انقلب على ملكنا السابق وقتله.. ظل ستين عاما يعدد عيوب النظام الملكي ويمن علينا أنه قد قضى عليه.. فرحنا به في البداية وتبادلنا التهاني ولكننا بعد ذلك بكينا على أيام بكينا حينها منها.. في منتصف سنته الخامسة والثلاثين في الحكم أمسك هو عن التنديد بالملك.. كان هو أسوأ من الملك ألف مرة.. وكان أكثر شرا حتى من كل ما قيل عنه.. اتفق مع الأعداء ونحن نعلم أن يبيعنا ويبيع الدين مقابل الحكم.. وباع .. وباع.. ولم يعد لدى الناس أمل في أي تغيير قبل أن يأتيه عزرائيل.. ستون عاما من الأمل.. ستون عاما من الصبر.. ستون عاما من الترقب.. ستون عاما من الانتظار.. ستون عاما من اليأس.. ستون عاما من التعذيب.. ستون عاما من التزوير.. ستون عاما من الكذب.. ستون عاما من مطاردة من يقول لا إله إلا الله محمد رسول الله..

نظرت إليه في دهشة فليس في كل ما قال أي سر.. فواصل:

-مات معظمنا قبل أن يحمله مركب الصبر إلى مبتغاه.. لكن بقى الأمل في أن حاكمنا لا يمكن أن يعيش أكثر مما عاش.. كنا كمن أشرف على الغرق.. فجاهد وجاهد وجاهد وقاوم وقاوم وقاوم حتى أعماه الإعياء لكنه أحس باقتراب الشاطئ .. ثم فجأة إذا بموجة هائلة تدفعه إلى أبعد مما كان..

نظرت إليه مستزيدا كي أفهم فواصل:

-لم أفهم كيف يصنعون الرؤساء والملوك إلا بعد أن قرأت ما وصلني من "بروتوكولات حكماء العرب" هي التي كشفت لي السر..

فنظرت إليه مستزيدا كي أفهم.. فقال:

-هل رأيت كيف صنعوا بوتن ملك الروس ؟..

فأومأت فواصل:

-حاكمنا العجوز يدبر ويخطط.. يعلم كم يبغضه الناس.. ويعلم أن اللحظة التي ينتقل الحكم فيها إلى من سواه فإن الناس قد تنبش قبره لتفعل في رمسه ما عجزت أن تفعله به..

نظرت إليه مستزيدا فقال:

-يخطط الذئب العجوز للانتخابات المزورة القادمة.. سوف يدفع ابنه للترشيح في واحة بعيدة عن العاصمة.. وبالتزوير سوف ينجح.. وفى جلسات مجلس الشيوخ الأولى سوف يهاجم نظام حكم أبيه.. سوف يهاجم الفساد والظلم والقهر والطغيان والكذب والرشوة والمحسوبية وجميع ما تعرف.. سوف تكون تمثيلية مدبرة.. فما من عضو في مجلس شيوخنا إلا وهو خصي باع رجولته كي يتاح له شرف الاطلاع على عورة سيده.. سوف يقوم كل خصي بما أسند له.. وسوف تتم التمثيلية الكبرى بل المهزلة.. سوف تؤيد الأغلبية الخصية الابن ضد أبيه.. وسوف تحشد المظاهرات لتأييد الابن ضد أبيه.. وسوف يتظاهر الذئب العجوز أنه لا يملك سوى الاستسلام أمام رغبة رعيته .. سوف يسألهم عما يريدون .. وسوف ينفجر الناس بالنشوة للنصر الكاذب.. فيدسون بينهم من يقودهم للمظاهرات التي تطالب بالإبن خلفا لأبيه.. ويتصنع الذئب أنه ينزل على أمر الجماهير.. وهكذا.. سوف يصل الابن إلى منصب الحاكم كمطلب جماهيري.. لنبدأ ستين عاما أخرى ننتظر فيها عزرائيل[9]..

***

لبيك اللهم لبيك..

لبيك لا شريك لك لبيك..

***

كنا قد وصلنا إلى جبل الرحمة..

أسترجع خطى حبيبي..

أتذكر خطبة الوداع..

وأبكي..

هل ها هنا كانت تقف ناقتك القصواء يا حبيبي؟..

يا شفيعي يوم القيامة..

يا من برسالته خرجت من ظلمة الظلمات إلى النور..

يا من أدى إلينا أمانة ربه.. وبلغنا رسالته.. ليضيعها ولاة أمورنا .. ولنضيعها.. فكيف وقد ضيعناها نأمل في نجاة..

كنت أواجه الصخرات من جبل الرحمة..

وكان قلبي بين ضلوعي يسجد.. وكان الجبل يسجد وكانت الشمس تسجد..

وكنت أقول لنفسي كيف نواجه رسول الله صلى الله عليه وسلم يوم القيامة حين يأتي الله به علينا شهيدا..

وقلت لنفسي أننا وحق جلال الله الذي ما قدروه حق قدره نؤمن.. لكن ولاة أمورنا لا يصدقونك يا حبيبي..

إنهم على دين ذلك الفاجر الذي أجابك إذ تدعوه:

"والله لا أكلمك كلمة أبدا، إن كان الله أرسلك كما تقول فأنت أعظم خطرا من أن أرد عليك الكلام، وإن كنت تكذب فما ينبغي لي أن أكلمك.."

يقولون ذلك يا حبيبي ثم يغرون بنا سفهاءهم وعبيدهم وعسسهم ورؤساء تحريرهم وقضاتهم يسبوننا ويسخرون بنا ويطاردوننا ويعتقلوننا ويقتلوننا..

كنت أواجه الصخرات..

ولم يكن هناك إمام أعظم.. فما من إمام أعظم اليوم في أمتك يا حبيبي إلا منفىً أو مأسور أو معتقل أو مقتول أو هارب..

كنت أواجه الصخرات من جبل الرحمة..

وكانت عيني تدمع وقلبي يسجد ولساني يدعو.. فيشكو إلى الله ضعف قوتنا وقلة حيلتنا وهواننا على أعدائنا وأعداء الله بعد أن تحالف ملوكنا مع أعداء الله علينا..

كنت أصرخ:

يا أرحم الراحمين، أنت رب المستضعفين، وأنت ربنا ، لمن تكلنا؟.. إلى عدو ملكته أمرنا؟ .. أم إلى ملوك جعلوا همهم في الدنيا أن يجففوا منابع دينك.. وأن يطاردوا أولياءك في أربعة أركان الأرض .. إلى من تكلنا ؟!.. إلى أمير خان ورئيس هان فمالئوا

يا رب علينا عدونا وعدوك.. أم إلى عسس كان عليهم أن يسعوا في الأرض كي ينفذوا يا رب أمرك فإذا بهم لا يسعون في الأرض إلا ليبطشوا بمن يقوم بأمرك.. أم إلى قضاة كان عليهم أن يحكموا بيننا بشرعك ..فإذا بهم يا رب يبيعونه بعرض الدنيا الزائل فيبلغ بهم الفجور أن يحكموا على من ينادى بشريعتك وشرعك..

يا أرحم الراحمين، أنت رب المستضعفين، وأنت ربنا ، لمن تكلنا؟.. إلى أبى جهل يسوسنا؟؟.. ــنعم..أبو جهل.. فقد أعادته البروتوكولات هو وإخوانه إلى الساحة حية فتية- أم إلى أبى لهب وقد مالأ علينا عدونا وعدوك.. وإلى الملك الضليل.. والحافظ لدين الله فما حفظ والمنتصر بدين الله وما انتصر.. والمستعين بالله ولم يستعن إلا بالشيطان.. والمعتصم بالله ولم يعتصم إلا بالغرب.. والمتوكل على الله ولم يتوكل إلا على التعذيب والتزوير... .. هؤلاء يا رب هم أمراؤنا وملوكنا وحكامنا وقوادنا ووزراؤنا ورؤساء هيئاتنا وعسسنا وقضاتنا ورؤساء تحريرنا وكتابنا الذين تنشر مقالاتهم في أكبر الصحف بأضخم الأبناط.. ثأرنا منهم يوم القيامة عندك..

إلى من تكلنا..

أنت الحق لا حق إلاك..

وقد ابتليتنا.. فخفف علينا ابتلاءك.. نحن عبيدك.. نحن الضعفاء لكننا لا نؤمن بسواك ..

ابتليتنا بهم يا رب.. فعلمنا كيف نواجه الابتلاء لننتصر على البلاء..

خارت قوانا يا رب..

من يحصى من قتل منا يقول لم يسجن ولم يعتقل أحد..

ومن يحصى من سُجن أو اعتقل يقول لم يقتل أحد..

من يحصى من قاوم منا واعترض يقول لم يوافق ولم يستسلم أحد..

ومن يحصى من وافق واستسلم يقول لم يعترض ولم يقاوم أحد..

ولقد حاولنا وعزتك وجلالك..

حاولنا..

حاولنا حتى بلغت القلوب منا الحناجر .. فاستيأسنا..

نعرف أننا لم نحاول كما ينبغي أن تكون المحاولة..

ولم نحبك كما كان ينبغي أن نحبك..

ولم نستشهد في سبيلك كما كان يجب أن نستشهد..

نعرف يا رب أنك أخذت علينا العهد والميثاق فنسينا الميثاق وخُنّا العهد..

نعرف فنستغفر فنتوب..

ونعرف أن الأولى بنا أن نستغفر عن استغفارنا لأننا لم نعرف كيف يكون الاستغفار وأن نتوب عن توبتنا التي لم تعرف كيف تكون التوبة..

خطاءون يا رب نحن لكننا عبادك التوابون فألهمنا كيف نواجه الابتلاء.. أعنا وأرنا فيهم يا رب آية..

خطاءون نحن يا رب.. لكننا توابون..

ضعفاء نحن يا رب .. ولم يعد لها من دونك كاشفة فلو خرجنا عليهم هلكنا.. ولو أطعناهم هلكنا.. ولو دخلنا إلى دورنا هلكنا..

حاصرونا يا رب.. ملكوا علينا أقطار الأرض.. خاننا أمراؤنا وشيوخنا فانحازوا إليهم.. وأمية بن خلف يقود جيشا من ألف ألف لا همّ لهم إلا اقتناص من يقدس اسمك ويطالب بتنفيذ شرعك.. وليس لنا من ناصر سواك.. فانصرنا..

خذلنا أنفسنا ونبينا يا رب فلا تغضب علينا .. نعوذ بنور وجهك من أن ينزل بنا غضبك، أو يحل علينا سخطك..

نعوذ بنور وجهك الذي أشرقت له الظلمات وصلح عليه أمر الدنيا والآخرة

أحبنا يا رب واجعلنا نحبك وامنحنا نصرك..

تب علينا..رحمتك بنا لا عدلك فينا.. فلو لم تدركنا رحمتك نخسر الدنيا والآخرة..

أحبنا.. نعوذ بك أن تذهب بنا لتأتى بقوم تحبهم ويحبونك فتنصرهم.. أحبنا نحن يا رب .. وأرنا من بريق النصر ومضة..

اغفر لنا واحمنا وتب علينا وانصرنا..

إن لم يكن بك غضب علينا فلا نبالي، ولكن عافيتك هي أوسع لنا، لك العتبى حتى ترضى، ولا حول ولا قوة إلا بك.

***

هل ها هنا كانت تقف ناقتك القصواء يا حبيبي..

وها هنا يا حبيبي كنت تقول:

"أيها الناس ، اسمعوا قولي ، فإني لا أدري لعلي لا ألقاكم بعد عامي هذا..

أيها الناس ، إن دماءكم وأموالكم عليكم حرام إلى أن تلقوا ربكم ، كحرمة يومكم هذا ، وكحرمة شهركم هذا ، وإنكم ستلقون ربكم ، فيسألكم عن أعمالكم.."

هل ها هنا كانت تقف ناقتك القصواء يا حبيبي.. فليتني كنت منها شعرة أو حتى بعرة وليتني كنت تحتها ذرة رمل عسى الله أن يعتقني لكنني خلقت بشرا وحملت أمانة لم أؤدها..

هل هاهنا كانت تقف ناقتك القصواء يا حبيبي إذ رحت تبلغنا الرسالة:

"أيها الناس ، فإن الشيطان قد يئس من أن يعبد بأرضكم هذه أبداً ، ولكنه إن يطع فيما سوى ذلك فقد رضي به مما تحقرون من أعمالكم ، فاحذروه على دينكم.."..

حتى هذا لم نحافظ عليه..

فلكأنك قصدت قوما سوانا يا حبيبي.. صدقت وكذبنا .. فالشيطان يرتع الآن في أرضنا ويُعبد.. وليس بيننا وبين ولاة أمورنا يا حبيبي شأن من شئون الدنيا لكنه إما إيمان وإما كفر .. وقد اخترنا فسطاط الإيمان يا حبيبي.. وإن الزمان قد استدار كهيئته يوم خلق الله السماوات والأرض .. ولسنا ندري والله ما نفعل.

هل ها هنا كانت ناقتك القصواء يا حبيبي..

وهل ها هنا كنت تقول:

"أيها الناس ، اسمعوا قولي واعقلوه ، تعلمنّ أن كل مسلم أخ للمسلم ، وأن المسلمين إخوة ، فلا يحل لامرئ من أخيه إلا ما أعطاه عن طيب نفس منه ، فلا تظلمن أنفسكم.."

لكننا ظلمنا أنفسنا يا حبيبي..

***

لبيك الله لبيك..

لبيك لا شريك لك لبيك..

***

بعد الزوال كان إمام يخطب.. لم أكن أتابع ما يقول.. كانت عيناي تبحثان عن المرسل المجهول .. كيف سيظهر أين سيظهر متى سيظهر.. والإمام يخطب.. وأنا أبحث.. وبرق البصر في عين التقت بعيني ..

خفق القلب..

خفق القلب..

خفق القلب..

قلت لنفسي هذا هو..

كانت ملامحه أليفة على عيني..

لست أدري كيف..

قلت أكلمه..

قلت لا تكشف سرك إن كان هو سيكلمك..

ارتفع صوت الإمام الذي يخطب:

- "ألم يأن للذين آمنوا أن تخشع قلوبهم لذكر الله"..

فرجع الرجل القهقرى وهو يقول:

- بلى والله.. آن يا رب..

وأنا أسمعه وأراه وأتابعه..

بدأت أتذكر..

لقد رأيت هذه الملامح مرة في المنام..

لكنني رأيتها مرة أخرى..

أين ؟ لا أتذكر..

وبغض النظر عن رؤية البصر فقد رأيته بالبصيرة..

هذا هو المرسل المجهول وليس لدي شك في ذلك.. وشبح البسمة الذي رأيته على وجهه منذ لحظات رأيتها قبل ذلك..

أنا واثق أنني رأيتها قبل ذلك..

أين..أين..أين ..أين..

آآآآآآه..

هل هذا معقول ..

هذا الرجل هو من ظننته رئيس الجند في الحرم النبوي.. بجوار القبر الشريف.. عند الروضة..

بلغ بي الانفعال أقصاه..

تخلى عني عقلي فضاع حرصي.. صرخت فيه:

- أنت المرسل المجهول.. أنت المرسل المجهول.. أنت المرسل المجهول..

واجهني بنفس الابتسامة..

ابتسامة غامضة لم أفهم معناها أبدا..

سرى في جسدي ما يشبه الكهرباء..

اندفعت نحوه كي أصافحه.. كي أعانقه.. كي ألثم وجهه ويديه.. كي أشكره..

ولكن قبل أن أصل إليه إذا به يصرخ صرخة هائلة فيسقط على الأرض فأنكب عليه فيسرُّ لي بكلمات فأنكبُّ على يديه .. فتهولني برودتهما فأكتشف أنه قد قبض فأصرخ صرخة عظيمة وأسقط مغشيا على فيحملني الرهط إلى الخيمة تصرعني الحمى فأفيق على الثلج على رأسي وقدمي فيغشى على فأفيق فأسمع من يقول منهم: أنت إذن؟! فأقول : أنا ماذا؟.. فيقولون: قلت كل ششيء تحت وطأة الحمى فغشى علىّ.. فأفقت فسمعتهم يقولون: انتشرت البروتوكولات جميعها بين الحجاج جميعهم.. فغشى علىّ فأفقت.. فسمعت من يقول لن يستطيعوا حبسها عنا بعد اليوم .. فجزاك الله عنا خيرا .. فالآن فهمنا ما التبس علينا فغشى علىّ فرأيت الرجل.. كان حيا.. وكان يطير في الهواء ويحلق في السماء فنظر إلىّ باسما.. قال : أولم تفهم.. قلت بلى.. فأفقت فنسيت ما كنت قد فهمت أو أنسيت فغشى علىّ فرأيت أبى.. وكانت قدماه في الأرض ورأسه في السماء.. وكنت أراه.. وكانت أمامي مخاضة لم أعرف إن كانت ماء أم كانت زيتا أم كانت شمعا .. فسرت على الماء فغرقت في الهواء فعلمت أنني أنتقل من حال إلى حال فصرخت : واكرباه.. فنظر أبى إلىّ مواسيا ومشجعا وهو يقول : لا كرب عليك بعد اليوم.. كان كبيرا جدا أكبر من أي إنسان على وجه الأرض وكنت صغيرا جدا أصغر من أي طفل على وجه الأرض وكنت أبحث عن يده أقبض عليها كي أشعر بالأمان.. فنظر نحو إصبعي قدمي الصغيرين وقال لا تحتاج مزيدا.. ثم وجدته يعاتبني بمرارة: ألم أعلمك ألا تأخذ الحلوى من الغرباء ؟ فصرخت فيه: هل كانت مسمومة؟ وجاوبني الصمت فسألته : وذلك الرجل هل كان من فريق البروتوكولات؟ وساد الظلام فسألته: هل اتبعوني إلى هنا ولم يكن ثمة إجابة فقلت: قتلني الكلب.. قتلني الكلب.. قتلني الكلب.. ثم أردفت :

كنت أريد السيف لا السم ودما مهراقا يضعه الله في ميزاني يوم القيامة ثم صرخت فيه يا أبي سيبتّكون الجينوم فأجابني باستهانة فهل يستطيعون أن يبتّكوا الأرواح. فأفقت فوجدت بعضهم يرعاني ويغير الثلج على رأسي وعلى قدمي.. وقلت لهم.. احذروا فالعسس يتبعونا ورجال الشلطان يحاصروننا.. سيستولون على أصل المخطوط.. الغوث الغوث والنجدة النجدة.. ساعدوني يا حجاج بيت الله.. ساعدوني يا حجاج عرفات.. في يدكم أن تغيروا التاريخ لكن افهموا واجتمعوا واتحدوا.. النجدة.. يكادون يصلون إلينا.. أشم رائحة.. رائحة الذئاب والكلاب والثعالب.. أشمهم.. أسمعهم.. احملوني إلى جبل الرحمة.. وكان البعض الآخر يقرأ:

البروتوكول التاسع

يا جلالة الجلالات ويا فخامة الفخامات:

لن يطول حديثي لكم اليوم فثمة مهام عاجلة على مستوى العالم تحتاج وجودي. لذلك فسوف أطرح عليكم رؤوس موضوعات عاجلة.. منبها أن الجزء الأهم والأخطر هو ما سأحاضركم فيه بعد عودتي. ويتضمن أشياء عديدة منها كيفية شل حركة الجيش وتدمير قدرته على مواجهتكم ومنها مواجهة الموجات الجديدة للتطرف والإرهاب ومنها علم دراسة المستقبل. وفي هذا الصدد فإنني أرد على رسالة واحد منكم دون تحديد اسمه.. إنه يعاتبنا لأن أجهزة مخابراته اكتشفت أننا نعد الرئيس القادم لبلاده. وردي عليه أننا بصدد خطة طويلة المدى نحدد فيها أسماء الرؤساء والملوك والأمراء وشخصياتهم وعائلاتهم ودرجة تعليمهم في المائة عام القادمة. لا يجب أن نترك شيئا للظروف.

نقطة أخرى هامة جدا.. يجب أن تواجهوها بقوة..

لا بد أن تؤكدوا طول الوقت على أن الدين مقدس ولا يجب أن يدنس بالحياة الواقعية.. وأنه يجب أن نوقره ونطهره فلا ندخله في السياسة أبدا.. باختصار شديد.. نريد الدين جثة محنطة في متحف وليس كيانا حيا فاعلا لأن هذا الكيان سيلتهمكم جميعا.

وكذلك يجب أن نفصل بين الثقافة والدين.. أنا أعلم .. وربما تعلمون أنتم أيضا – وأقول ربما لأني أعرف أن معظمكم لا علاقة له بالثقافة– أن ثقافة الأمة هي دينها.. لكننا أمام الناس يجب أن ننفي ذلك باستمرار.. أن ننفيه بالدرجة التي يحتملها الناس.. ففي البلاد المتخلفة يجب أن نفعل ذلك بركل

الدين لأعلى بحجة قداسته.. وفي البلاد التي نمت يجب أن نحيل الدين إلى قسم الأساطير والخرافات.

هناك نقطة أخرى مهمة جدا..

إن جهدي معكم كله يتعلق بالعلوم النظرية.. لكن لي مجهود آخر بعيد عنكم لأنه فوق مستوى عقولكم.. جزء علمي بحت قد تتساقط ثماره عليكم قريبا.. هذا الجزء يتعلق بدراسة الجينوم البشري.. فهناك دلائل على أننا على وشك اكتشاف الجين المتعلق بالدين.. وإذا نجحنا في ذلك سنكون قد حققنا انتصارنا الأكبر في معركة النهاية.. إذ سيكفي حينا غاز ينشر أو رذاذ ينثر أو مسحوق يذاب فإذا بالدين يخلع من القلوب خلعا..

سنحاول أن نصل إلى مجتمع متوازن.. نخبة شرهة لا تشبع أبدا.. وأغلبية خانعة لا تغضب أبدا..

والآن دعونا نعود إلى ما كنا فيه..

أريد أن أنبهكم لأمر خطير لا يلتفت معظمكم إليه هو أهمية البوليس. معظمكم ينظر إليه بازدراء باعتباره شق السلطة الذي يتعامل مع العامة .. لكن الأمر ليس كذلك..إن لخدمات البوليس أهمية عظيمة لدينا، لأنهم قادرون على أن يقوموا بدور أساسي في تنفيذ مشروعاتنا، وأن يستنبطوا تفسيرات معقولة للضجر بين الطوائف، وأن يعاقبوا أيضا أولئك الذين يرفضون، لقد أفسدنا عليهم البوليس الرسمي حتى لم يعد ذو نفع لهم وإنما أصبح منفذا لأغراضنا حاميا لأمننا مهددا لأمنهم.. ولقد بلغ من إفسادنا إياه أن أصبح أكثر إجراما من العصابات المحترفة ، وبمثل هؤلاء الناس سيكون يسيرا علينا أن نتابع أغراضنا، وأن نحطم الصلابة العظيمة الفائقة لأعدائنا.. ولن تستطيعوا أن تفعلوا هذا دون سيطرة كاملة وتوظيف كامل للبوليس وامتداداته وجيوش البلطجية التي يوظفها ويسيطر عليها لتوظيفها عند اللزوم وتنظيم تجارة المخدرات والتهريب وآلاف الأشياء الأخرى.

لن نستطيع الحديث عن البوليس اليوم فالوقت قصير.. ولأنه قصير فسوف أستغله في توجيه نظر فخاماتكم وجلالاتكم وسموكم إلى نقاط مختصرة علنا نتناقش فيها في المرات القادمة.. وهي نقاط هامة جدا فلا تنسوها أبدا:

- لا تتركوا حولكم سوى الملوثين والمدانين والخونة..

- إنني أتناولكم كما أنتم لا كما يجب أن تكونوا..

- أهمية وطرق البطش بالمعارضين والقضاء عليهم..

- إن الناس يذعنون لكم بإرادتهم على أمل تحسين أحوالهم

- توصلوا إلى قمع إرادة التغيير بإقناعهم أن سيتجهون من سيء إلى أسوأ.

- يجب أن يظل المعارضون دائما متفرقين وفقراء.

- الاستمالة أو الإبادة..

- الركوع والخضوع أو الجوع..

لا تتعرضوا أنتم للمساجد.. دعوا عملاءكم من الثوار يفعلون ذلك ولو بإنزال الخطيب من على المنبر.. انتبهوا: يمكن السيطرة على الناس بواسطة أناس منهم أكثر مما يمكن السيطرة عليهم بالجيش أو بالشرطة.

- اعلموا أن الشعوب تنتقم من الجرائم الصغرى في حقها لكنها لا تستطيع الانتقام للجرائم الكبرى لأنها ستكون مشلولة

- تجنبوا الفضائح الشخصية والأخلاقية.. افعلوا ما شئتم لكن بعيدا عن عيون الناس..

- الحمى في البداية صعبة التشخيص سهلة العلاج وفي النهاية سهلة التشخيص صعبة العلاج وهكذا الحال في أمور الدولة فالحكيم يرى الخطر قبل وقوعه.

- اطمئنوا إلى المعارض الذي يحاربكم بقوته، فقوته محدودة والفشل نصيبه، الخطر من المعارض الذي يشعل حمال العامة فيحاربون معه. هذا هو الخطر الذي ينبغي سحقه دون هوادة.

- خططوا لارتكاب جرائمكم بالجملة دفعة واحدة ومرة واحدة حتى لا تضطروا للعودة إليها في وقت آخر

- نزح الثروة قد يتم بالاستيلاء والنهب والمصادرة وتلك خطة الأغبياء أما الأذكياء فيقومون باستدراج الناس إلى مشاريع اقتصادية.

- لا يمكن أن تكون سياسياً أبداً إلا أن تكون منافقاً كذاباً عديم المروءة !!

- السياسي هو شخص لديه القدرة على إقناع كل فرد في المجتمع سواء المحلي أو الدولي أنه يفهم فعلا احتياجاته و رغباته و يسعى لتحقيقها بأساليب مشروعة معترف بها مع أنه في قرارة نفسه لا يهتم لذلك كله فهو يفهمك لكي يسيطر عليك و يسألك عن احتياجاتك ليضغط عليك من خلالها و في النهاية فهو لا يسعى إلا لتحقيق ما يريد هو أو من يعمل لحسابه . و الغريب أن المواطنين في كل العالم يؤمنون " نوعاً ما " بأن السياسي يسعى لتحقيق مصالحهم الشخصية و يعتقدون بأن الحكومة ما تشكلت إلا لتجعل المواطن سعيداً ۟ !! ,

ـ السياسي الناجح ليس له وجهة نظر خاصة و ليس له عقيدة مفصلة معلنة و لكنه يتكلم بعموم و إجمال. والسياسي الناجح ينبغي له أن لا يدعو إلى التدين و لا إلى الإلحاد و لا إلى التفسخ و لا إلى أي مذهب و ذلك ليكون " حاكماً لكل الناس " أما السياسي المتدين فلا يحق له أن يحكم غير المتدين لأنه يجحف بحقه و لا يمنحه الحرية في ممارسة معتقده الملحد و لهذا يجب أن يكون السياسي باهت العقيدة ممسوخ الشخصية الفكرية فيكون بذلك " حاكماً لكل الفئات " و لهذا تجد السياسيين يغرمون بعبارات مثل (التوافق) و (الوسطية في تعاطي الأمور) و (عدم التقليد) و (الإصلاح) و (مواكبة التقدم) و (جلب السعادة) و لأنها حتى و إن كانت عبارات جميلة و ربما فاضلة غير أنها تمنح السياسي حق التذبذب و التأرجح و المراوغة و الجمع بين المتناقضات و ليس لها تعريف محدد يخرج منها ما هو و هذا ما يسمى بمصطلح السياسة بـ (السيطرة الرمادية) حيث يجد المواطن أنه محكوم بنظام واقعي له سمعة محترمة و لكن ليس له حقيقة واضحة !! .

ـ كل ما أردت الوصول إليه هو توضيح أن السياسة ليست طلاسم سحرية و لا معادلة عبقرية و لكنها ببساطة " خداع ذكي و كذب كثير و فرص مستغلة و جمع بين التناقضات و جرأة على التغيير الجذري و على الدم و رائحة البارود " !. و أن السياسي يدفع نصف عمره للحفاظ على وصفه بـ " الخلوق التقي الإنسان " و يدفع النصف الآخر لكي لا يلتزم بأي شيء تقتضيه تلك الصفات ! .و أن السياسية لا تعترف بدين و لا أخلاق و أن السياسي يقدس " التوفيق و التنسيق " بين المتناقضات و يشعر بأن العيش مع المتناقضات هو النجاح الحقيقي بينما صفاء المبدأ و شفافية المعتقد تعتبر خلقاً ساذجاً و تلقائية صبيانية ! .

دعكم من تاريخ الأمة.. تجاهلوه وركزوا على تاريخ الملوك واضعين في اعتباركم أننا نتعلم من التاريخ أن الرجل لا يمكن أن يتعلم أي شيء من التاريخ.

- من حقكم بل المفروض عليكم أن تخدعوا الناس جميعا لكن لا تخدعوا أنفسكم أبدا..احصلوا على الحقائق أولاً ومن ثمّ يمكنكم تشوّيهها بقدر ما تتمنّون.

- تذكروا أنكم كبار طالما ظلت شعوبكم صغيرة.. أقوياء طالما هي ضعيفة.. فاحرصوا على ثبات المعادلة.. واعلموا أن المعادلة تنقلب بغباء بعضكم لا بذكاء معارضيكم.. وتذكروا أن للذكاء حدودا لكن لا حدود للغباء.

- أنبهكم مرة أخرى إلى خطورة الدين فالدين يعد من أكبر أسباب " تفتت الولاء " فالدين ينزع الولاء من كف الحاكم و يجعله لله ! لأن الدين يقول بأن الملك لله يعز من يشاء و يذل من يشاء و يهب الملك لمن يشاء والأرض أيضاً لله يورثها من يشاء من عباده لهذا تجد أن الأمير الذي يحكم إمارة إسلامية بالوراثة الجبرية يحرص على أن يكون جزءاً من الدين و بعضهم يجعل نفسه هو الدين بل يغير حتى اسمه فيصير (الرئيس المؤمن) لكي يكون الولاء منصرفا إليه و إذا اضطر إلى مخالفة الدين أو أراد ذلك فإنه يضطر أن يوجد معاني جديدة للولاء المقدس بحيث ينزعه من كف الدين و يجعله في كف " الوطنية " أو " العرقية " لأنها هي التي بنت الوطن أما الدين فيفرق بين الشعب!! .

- اذكر بالنظرية السياسية الحديثة المبنية على التعددية و الأحزاب فلكي يفتت الملك الولاء المقدس في قلب شعب مملكة ما فإنه يفتح المجال لانتماءات جديدة فكرية و عقدية و نفعية كحرية التجارة ثم يتقمص هو شخصية السياسي التعددي النفاقي الدبلوماسي الذي يسعى لتحقيق رغبات كل الناس فيتحول المجتمع من ولاء محوري مقدس كان مداره على الدين إلى ولاءات كثيرة كلها تصب في صالح " تثبيت حكم الأمير " لأن الأمير هو الوحيد الذي يزعم بأنه يحترم كل تلك الولاءات فيكون الولاء كله للأمير ليس لأنه ينتمي لنفس انتماءات شعبه و لكن لأنه يفسح المجال لها و يزعم احترامها و الحرص على راحتها , فليست العلمانية و الليبرالية و غيرها من المذاهب التي تنشأ كتيارات صراع داخلي ناتجة علن فيروس دخل بالخطأ فانتشر و تفشى و الصحيح أنها

" منابع تم فتح القنوات لتدفقها بشكل طوعي " لأنه في الإمارات الملكية لا يحدث شيء أبداً إلا بإذن الأمير !!.

ـ بعض الأمراء يسعى فعلاً لجعل شعبه شعباً غير متدين لكي يتحكم بمسألة الولاء المقدس فيحولها من الدين إلى العلمانية والقومية والمذاهب المختلفة التي تشتت الناس..

ـ كل شعب لابد له من ولاء مقدس جديد بدل القديم يجتمع عليه و لا يمكن لأي شعب أن يجتمع إلا على ولاء مقدس مهما كان ذلك الولاء حتى و إن كان " جيفة حمار !! "

ـ مارسوا مع المتمردين عليكم " حرب الأسد و البرغوث " .. ولما كنتم أنتم الأسود فاعلموا أن المعارضة المسلحة أو الفوضوية تلعب معكم لعبة لا تقصد هزيمتكم بل إرباككم و هذه هي طريقة البرغوث الذي يلسع الأسد فيحك مكان لسعته فلا هو أدمى الأسد و لا الأسد يستطيع أن يجده و كذلك لا يستطيع أن يعيش حياة سوية و لا أن ينام فيتمنى الأسد لو أن البرغوث يتحول إلى أسد لكي يجلس و يتفاهم معه و ينهي هذه المشكلة و المعاناة وليس أمامكم في مواجهة ذلك إلا أن تقولوا للمعارضة المسلحة : يا براغيث تحولوا إلى أسود و تعالوا نتفاهم على ترك القتال و إنهاء المعركة والتفاوض وتقسيم السلطة.. سيقعون في الفخ.. وسيكون الملك هو الأسد الحقيقي بينما ينالون هم ألقاب الأسود الصورية و فتات السلطة !! .

ـ إذا أردت أن تريح نفسك من رجل فاعمد إلى إحدى طريقتين :
الأولى : أن تتملقه و تحسن إليه !
الثانية : أن تخمد أنفاسه و تنتهي من أمره ! .

***

انتهى الوقت..

انتظروني في الجزء الأهم والأخطر من هذه البروتوكولات.

الفصل الأخير

محضر اجتماع الخيمة في عرفات

هذا ما يقر به أصحاب الخيمة يوم عرفات وما حدث مع الرجل الصالح الذي لم نعرف منه حتى اسمه.. معتذرين أننا لن نستطيع كتابة أسمائنا.. لسبب لن يغيب عن فطنتكم..

كان رحمه الله ما يزال يصرخ:

احذروا فالعسس يتبعونا ورجال السلطان يحاصروننا.. سيستولون على أصل المخطوط.. الغوث الغوث والنجدة النجدة.. ساعدوني يا حجاج عرفات.. في يدكم أن تغيروا التاريخ لكن افهموا واجتمعوا واتحدوا.. النجدة.. يكادون يصلون إلينا.. أشم رائحة.. رائحة الذئاب والكلاب والثعالب.. أشمهم.. أسمعهم.. احملوني إلى جبل الرحمة..

ظننا أنه هذيان الحمى فواصلنا قراءة البروتوكول حتى نهايته على أمل أن تخف الحمى أو يغلبه الإجهاد..

ولأننا في فترة معرفتنا القصيرة به لم نعهد عليه إلا الصدق والأمانة والجدية فقد استجبنا له أخيرا وحملناه إلى جبل الرحمة وهو يصرخ ويهتف ويهمس ويبكي:

لبيك اللهم لبيك..لبيك.. لن أترك المخطوط يقع في أيديهم أبدا.. سأنقذه .. سأضعه إلى حيث لا يستطيعون الحصول عليه أبدا.. قولوا للناس.. أن ما أملكه هو الأصول التي يجب أن يعودوا إليها ويراجعوا عليها وأن يحذروا النسخ المزورة والموضوعة.. قولوا لهم أن يجتمعوا كل عام هنا وليحضر كل واحد منهم الورقة الأصلية من المخطوط التي سأسلمها له اليوم.. عاما بعد عام سوف يكتمل المخطوط في أيديكم..

كنا قد وصلنا إلى جبل الرحمة .. فأشار لنا إلى مكان فذهبنا به إليه فطلب منا أن نبعد الناس فأبعدناهم رغم الزحام والمجهود والمشقة.. زحف على يديه وقدميه.. طلب منا أن نرفع صخرة.. رفعناها فإذا تحتها لفائف..

صرخ فينا:

احملوني واصعدوا الجبل..

ولولا الحالة التي كان عليها ما أطعنا..

صعدنا به إلى قمة الجبل عند الشاهد.. وإذا به يقفز كما لو كان لا يعاني أي مرض ويفك اللفائف فيخرج منها أوراقا فيتجه إلى أنحاء الجبل الأربع وهو يصرخ:

- هذا هو أصل المخطوط.. هذا هو السم والترياق.. لا تضيعوه أبدا.. وتذكروا أن هذا هو الأصل.. لا أصل غيره.. إنه ليس مع أحدكم.. وسيدعي البعض ذلك.. وليس مع بلد وستزعم البلاد ذلك .. وليس مع قبيلة وإن أقسمت على ذلك..أصول المخطوط معكم جميعا.. كل واحد منكم يمسك ورقة منها.. لن تعودوا إلى الأصول إلا إذا عدتم إليها.. ولن تعودوا إليها إلا إذا اجتمعتم جميعا.

وفي كل ناحية كان يقذف بمجوعة من الأوراق وكانت الريح نشطة بل عاصفة فأصبحت الأوراق تتناثر والحجاج في كل مكان يتلقفونها.. كان قد ابتعد عنا وهو ينثر الأوراق.. ومع الورقة الأخيرة كان الإجهاد قد بلغ به كل مبلغ.. ووجدناه يصرخ:

- اللهم قد بلغت.. اللهم فاشهد..

وفي تلك اللحظة فوجئنا بفرقة من الشرطة مدججة بالسلاح تصعد بسرعة نحونا يهتفون في مكبر صوت:

- إرهابي.. سلم نفسك..سلم نفسك..

وفي وقت قليل جدا كانوا قد حاصروه.. لم يبد أي مقاومة.. قبل أن يدركوه كان قد سقط على الأرض.. وضعوا القيود في يديه.. لكننا سمعنا قائدهم يقول:

- لا داعي للقيد.. إنه ميت..

وحملوه معهم بعد أن تركوا بعضهم يسألون الناس هل يوجد من يعرفه فأنكر الجميع وأنكرنا..

كانت الشمس على وشك الغروب.. فهرعنا إلى الخيمة فكتبنا هذا الإقرار على عجل ليشرح للناس اللحظات الأخيرة لأخينا.. وأخذنا أغراضنا وأغراض الشهيد -نحسبه كذلك- وغادرناها وبدأت النفرة ونحن نتهامس بأن ننهي المناسك بأقصى سرعة قبل أن يصل العسس إلينا..

وكان الهواء ما زال يردد الأصداء:

- اللهم قد بلغت.. اللهم فاشهد..

- اللهم قد بلغت.. اللهم فاشهد..

- اللهم قد بلغت.. اللهم فاشهد..

تمت

بدأت كتابتها شهر فبراير 2000م ماعدا الفصول الثلاثة الأخيرة التي أكملت في جوار الرسول الكريم صلى الله عليه وسلم في:

الجمعة 14 صفر 1434 هـ الموافق 28 ديسمبر 2012

كتب للمؤلف

اغتيال أمة- طبعة أولى	1987	سياسى	مكتبة مدبولى
الحاكم لصا	1989	رواية	مكتبة مدبولى
مباحث أمن الوطن – صودرت بعد الطبع.	1991	مجموعة قصص قصيرة	مكتبة مدبولى
اغتيال أمة - طبعة ثانية مزيدة	1991	سياسى	مكتبة مدبولى
قصر العينى	1992	رواية	مكتبة مدبولى
من مواطن مصرى إلى الرئيس مبارك	1993	سياسى	الشركة العربية للطباعة والنشر
إعلانات مبوبة	1994	مجموعة قصص ونصوص أدبية	دار جهاد للنشر
مباحث أمن الوطن (غير المصادرة)	1997	رواية	مكتبة مدبولى الصغير
إنى أرى الملك عاريا	1999	سياسى	مكتبة مدبولى
بغداد عروس عروبتكم	2000	سياسى	مكتبة مدبولى الصغير
الوعى ينزف من ثقوب الذاكرة	2001	سياسى	مكتبة مدبولى
بل هي حرب على الإسلام	2002	سياسي	مكتبة مدبولي
الإخوان المسلمون -جزءان	2008	تاريخي -سياسي	المختار
هلك الفاجر	2011	سياسي	مكتبة جزيرة الورد
فلسطين عروس عروبتكم	2011	سياسي	مكتبة جزيرة الورد
نعم.. نحن نظلم النصاري	2011	سياسي	مكتبة جزيرة الورد

حفل إفطار رمضاني	2011	رواية	مكتبة جزيرة الورد
كارثة القومية العربية	2011	سياسي	دار ابن الجوزي
إعلانات مبوبة	2011	قصص	دار ابن الجوزي
بل هي حرب على الإسلام ط 2 مزيدة	2013	سياسي	دار ابن الجوزي
الوعي ينزف من ثقوب الذاكرة ط2 مزيدة	2013	سياسي	دار ابن الجوزي
إني أرى الملك عاريا	2013	سياسي	دار ابن الجوزي
بروتوكولات حكماء العرب	2013	رواية	

[1] - يرجى ملاحظة أن الكلمة تأتي على لسان المتحدث. ونستغفر الله العظيم.

[2] - لاحظوا أن هذا الفصل نشر في صحيفة الشعب المصرية في مارس عام 2000 م. وقد زعم البعض أن هذا العمل-وليس الوليمة فقط- كان سببا رئيسيا في إغلاق صحيفة الشعب.

[3] - مفهوم بالطبع أن الحديث عن العبارة السلام ومالكها الصوري ممدوح إسماعيل الذي هرب إلى لندن ومالكها الحقيقي زكريا عزمي أو مبارك. نشر هذا الفصل في صحيفة الشعب المصرية في مارس عام 2000م.

[4] - كما ورد فيما سبق فقد كانت هذه الجملة محشورة بين السطور بقلم وخط مختلفين ولسنا ندري إن كانت من ضمن المخطوط الأصلي أم لا أو من ضمن خطة التمويه.

[5] - هذه الجملة للمرحوم: المستشار يحيى الرفاعي.. ضمير القضاء والقضاة.

[6] - كلمة مشطوبة في المخطوط لم نتمكن رغم كل المحاولات من قراءتها فقد كان الطمس شديدا.

[7] - بعض الأفكار مقتبسة بتصرف من وحيد الدين خان وغيره من المفكرين الإسلاميين.

[8] - كان هذا من ضمن الأجزاء المكتوبة بخط مختلف عن بقية البروتوكولات.

[9] - ملاحظة هامة جدا: كان هذا ما نشر بنصه في صحيفة الشعب يوم 20 أبريل عام 2000. كان أحد أصدقائي صديقا حميما لأحد كبار المسئولين في رئاسة الجمهورية وقد أخبره بهذه الخطة بحذافيرها والتي أعدوها لتولية جمال مبارك وترشحه في دائرة مصر الجديدة. كانت الخطة على وشك التنفيذ ولكن النشر في الشعب أجل تنفيذها. فيما بعد إغلاق الشعب إثر أزمة الوليمة قابل زكريا عزمي المرحوم إبراهيم شكري-رئيس حزب العمل آنذاك- ولم يفتح له موضوع الوليمة بل موضوع التوريث الذي أثارته الشعب.